Daniel Dettling · Christof Prechtl (Hrsg.)

Weißbuch Bildung

Daniel Dettling · Christof Prechtl (Hrsg.)

Weißbuch Bildung

Für ein dynamisches Deutschland

VS VERLAG FÜR SOZIALWISSENSCHAFTEN

VS Verlag für Sozialwissenschaften
Entstanden mit Beginn des Jahres 2004 aus den beiden Häusern
Leske+Budrich und Westdeutscher Verlag.
Die breite Basis für sozialwissenschaftliches Publizieren

Bibliografische Information Der Deutschen Bibliothek
Die Deutsche Bibliothek verzeichnet diese Publikation in der Deutschen Nationalbibliografie;
detaillierte bibliografische Daten sind im Internet über <http://dnb.ddb.de> abrufbar.

Dieses Buch ist aus der Kooperation von berlinpolis und der vbw – Vereinigung der Bayerischen
Wirtschaft e. V. mit Unterstützung des VBM – Verband der Bayerischen Metall- und Elektro-
Industrie e. V. hervorgegangen.

Die vbw ist die freiwillige, branchenübergreifende Interessenvereinigung der bayerischen Wirtschaft. Sie vertritt rund 80 bayerische Arbeitgeber- und Wirtschaftsverbände und über 30 Ein-
zelunternehmen.

1. Auflage September 2004

Alle Rechte vorbehalten
© VS Verlag für Sozialwissenschaften/GWV Fachverlage GmbH, Wiesbaden 2004

Der VS Verlag für Sozialwissenschaften ist ein Unternehmen von Springer Science+Business Media.
www.vs-verlag.de

Umschlaggestaltung: KünkelLopka Medienentwicklung, Heidelberg

ISBN 3-531-14411-1

Inhalt

Einleitung: Für ein dynamisches Deutschland

Daniel Dettling

Das deutsche Bildungssystem hat seinen guten Ruf mit der PISA-Studie 2000 verloren. International gesehen ist das deutsche Bildungssystem bestenfalls Mittelmaß. Erschreckend hoch ist die Zahl der jungen Menschen ohne Schulabschluss. Der Abstieg in die Arbeitslosigkeit ist für viele von ihnen programmiert. Die Entzauberung der Dichter- und Denker-Nation hat das Thema Bildung für kurze Zeit zwar auf die Titelseiten von Zeitungen und in die Talkshows gebracht, politisch geschehen ist aber seitdem wenig. Auf dem Feld der Bildung erweist sich der real existierende deutsche Föderalismus als besonders blockademächtig. Wer ist zuständig, wer verantwortlich? Erschwerend kommt hinzu, dass es keine schlagkräftige „Lobby" für Bildung gibt. Der Ertrag von Bildungsinvestitionen wird erst mit zeitlichen Verzögerungen deutlich, so dass sich das Thema Bildung politisch nicht wahlentscheidend auswirkt.

Deutschland in der Zange

Neben der Globalisierung sind es zwei Herausforderungen, die eine neue Bildungspolitik besonders dringend erforderlich machen: die finanzielle Situation der öffentlichen Hand und die demographische Katastrophe. Problematisch ist nicht, dass die Bevölkerung in Deutschland schrumpft. Problematisch wäre auch nicht, wenn in Deutschland im Jahre 2080, ginge die Geburtenentwicklung so weiter, nur noch 40 Millionen Einwohner leben und damit die Bevölkerungsdichte (Einwohner pro Quadratkilometer) der des Deutschen Reichs von 1871 oder unseren Nachbarn Frankreich und Polen entspräche. Problematisch ist aber der dramatische Absturz als Folge der Halbierung der Geburtenzahlen in Deutschland - West zwischen 1965 (1,1 Millionen Geburten) und 1975 (650 000 Geburten) und die „Stabilisierung" auf diesem niedrigen Niveau. Derzeit ist die Kindergeneration fast ein Drittel kleiner als die Elterngeneration. Die Kinder, die damals nicht geboren wurden, stehen heute und morgen nicht als Eltern, Arbeitskräfte und Steuerzahler zur Verfügung.
Die Folgen der Demographie für das Thema Bildung sind eindeutig:

Weißbuch Bildung
Das Programm in 10 Thesen

1. *Eine Bildungsrevolution ist ein starker Wachstumsmotor.* Wachstum und Wohlstand können - allein schon aufgrund des demographischen Wandels - nur durch mehr Investition in das so genannte Humankapital gesichert werden. Kluge Köpfe sind Deutschlands neue Devisen.
2. *Der Bildungswettbewerb ist international.* Alle Bildungsreformen müssen den Anforderungen einer global vernetzten Wissenswelt genügen. Dazu gehören auch Kriterien wie Leistung, Wettbewerb und Effizienz.
3. *Bildungspolitik ist die beste präventive Sozialpolitik.* Gleiche Lebenschancen hängen vor allem von gleichen Startchancen in der Bildung ab. Eine frühe Förderung der Kinder prägt deren weiteren Bildungsweg. Je solider das Fundament ist, desto überflüssiger wird der soziale Reparaturbetrieb.
4. *Persönlichkeitsbildung als Ziel.* Bildung ist mehr als die Anhäufung von Wissen. Fach-, Sozial- und Methodenkompetenz und emotionale Intelligenz sind Teil einer ganzheitlichen Bildung von Herz und Verstand.
5. *Bildung hört nie auf.* Lebensbegleitendes Lernen entscheidet über die Zukunft jedes Einzelnen und der gesamten Gesellschaft.
6. *Erfahrung und Wissen als Chance nutzen.* Die Weiterbildung der älteren Generationen eröffnet die Möglichkeit, ihre Erfahrungen und ihr Wissen auch aktuell umfassend zu nutzen.
7. *Eigenverantwortung vor Fremdverantwortung.* Jeder Einzelne muss sich in Zukunft - je älter desto stärker - für seine Bildungsbiographie selbst verantwortlich fühlen.
8. *Mehr Markt - weniger Staat.* Auch für das Bildungssystem gilt: Deregulierung und Wettbewerb schaffen Innovation und Effizienz.
9. *Individuelle Angebote für Spitze und Breite.* Nur mehr differenzierte, begabungsgerechte Angebote werden den unterschiedlichen Begabungen der Menschen gerecht. Bildung muss zu Leistungen in Spitze und Breite befähigen.
10. *Investition in Bildung und Wissen zahlt die besten Zinsen.* Geld für mehr und bessere Bildung ist gut angelegt.

- Es sind massive Mehrausgaben für die Altersversorgung sowie für die Gesundheits- und Pflegekosten nötig. Das künftige BIP ist bereits heute schon zu großen Teilen verplant und umverteilt.
- Dieses Problem wird in den 2030er Jahren dramatisch zunehmen und dann selbst die Agenda 2010 in einem milden Licht erscheinen lassen, *falls jetzt die Weichen nicht richtig gestellt werden.*
- Die Anspruchslawinen aus der Vergangenheit bei gleichzeitiger Alterung der Gesellschaft würden die Staatsquote *(ohne rechtzeitige Gegensteuerung)* bis 2030 auf 60 Prozent treiben und die Gesamtverschuldung ebenfalls auf über 60 Prozent des BIP. Investitionen in Bildung und Forschung werden dann kaum noch realisierbar sein.

Deutschland - ein bildungspolitisches Entwicklungsland

Auf fast allen bildungspolitisch relevanten Feldern – ob Kindergarten, Schule, Hochschule, Erwachsenenbildung – hat Deutschland den Anschluss an die Weltspitze verloren: Im vorschulischen Bereich ist Deutschland ein Entwicklungsland; auch die Schulen haben sich im PISA Vergleich und ähnlichen Untersuchungen als unterdurchschnittlich gezeigt; die Universitäten sind für ausländische Studenten nicht attraktiv. Während Dänemark und Schweden beispielsweise sieben Prozent ihres BIP für Bildung aufwenden, liegt Deutschland mit 5,3 Prozent unter dem OECD-Durchschnitt von 5,5 Prozent.

Deutschland- statt Sonderweg europäischer Weg

Mit der Umsetzung der von 40 Staaten unterzeichneten Bologna-Deklaration werden die Studiengänge in Europa harmonisiert. Eine europäische Hochschullandschaft entsteht. Der Wettbewerb zwischen den Hochschulen wird zunehmen. Künftige Studierende werden ihren Studienort immer öfter aufgrund des Profils und des Rufs einer Hochschule auswählen. Ausschlaggebend werden das Renommee, die Betreuung, die Studiendauer, die Forschungsausstattung und andere Rahmenbedingungen sein. In der Wissensgesellschaft von morgen ist hoch qualifizierte Bildung von entscheidender Bedeutung, für eine Volkswirtschaft wie für den Einzelnen. Hoch qualifizierte Bildung fördert nicht nur den Wohlstand einer Volkswirtschaft, sondern auch die Arbeitschancen und Lebensqualität der einzelnen Menschen.

Deutschland geht im Bereich der Bildungspolitik bislang den nationalen Sonderweg. Überall im europäischen Ausland werden Lerninhalte bereits im

Vorschulbereich vermittelt. Flächendeckende Curricula für Kindergärten berei-
ten in vielen Ländern auf die Grundschule vor. Frühes Lernen setzt sich in diesen
Ländern auch in den *Grundschulen* fort: Das Einschulungsalter ist dort niedriger,
die Betreuung ganztägig. Mehr Autonomie, Qualitätskontrolle und einheitliche
Bildungsstandards sind auch in den *weiterführenden Schulen* die Regel. Alle
Bildungseinrichtungen sind unterfinanziert und überreguliert. Während in den
Kindergärten teilweise hohe Gebühren erhoben werden, ist die Gebührenfreiheit
der Hochschulen sozialpolitisch kaum noch zu rechtfertigen. Die Folge sind
überlange Studienzeiten, eine hohe Abbrecherquote und eine miserable Betreuung der Studenten. Die deutsche Universität ist das „beste" Beispiel für das System der staatlich organisierten Verantwortungslosigkeit.

Europa soll nach dem Willen der Regierungen bis zum Jahr 2010 die welt-
beste Wissensgesellschaft werden. Das Ziel wird nicht zu erreichen sein. Die
Bürger und Unternehmen geben für Bildung gerade einmal ein Fünftel dessen
aus, was der private Sektor in den Vereinigten Staaten investiert. Die Unterschiede im EU-Raum sind groß und werden bis zum Jahr 2020 zu einer größeren
Ungleichheit führen, wenn nicht bald umgesteuert wird. Den Deutschen ist die
eigene Bildung offenbar wenig wert. Warum sollen dann asiatische, amerikanische oder osteuropäische Studenten Deutschland den USA vorziehen? Wie soll
so eine Wissensgesellschaft entstehen?

Es sind zwei Szenarien für die Wissensgesellschaft denkbar: Das eine Szenario beschreibt Regionen und Orte der Exzellenz in einem „Meer von Igno-
ranz". Eine wenige profitieren von den Chancen der neuen Welt, der Rest ver-
gnügt sich als „couch potatoe" (Ralf Dahrendorf) vor dem Fernseher und auf den
Multimediamärkten. Ihr Leben wird durch „MacJobs" bestimmt. Das andere
Szenario besteht aus der Kombination von wenigen Elite-Universitäten und guten Bildungsangeboten in der Breite. Eine Wissensgesellschaft, die soziale Ausgrenzung ablehnt, muss das zweite Szenario zum Ziel haben.

Deutschland braucht eine Wissensökonomie

Die Wissensökonomie schafft neue Voraussetzungen für gute Lebenschancen.
Humankapital ist Deutschlands wichtigster Rohstoff. Eigenschaften wie soziale
Fertigkeiten, Führungsfähigkeit, „emotionale Intelligenz", kulturelles und soziales Kapital werden wichtiger. Die Welt des lebenslangen Lernens fordert von den
Menschen, sich schnell und effektiv und immer wieder neu in Sachverhalte ein-
zuarbeiten und sich Kompetenzen selbst neu anzueignen. Diese Fähigkeiten
werden sehr früh erworben, zu einem großen Teil bereits vor der Einschulung.

Zuwachs an Erwerbsarbeit wird in Zukunft fast ausschließlich auf dem Gebiet der Dienstleistungen zu erwarten sein. Der Trend geht in Richtung wissensintensiver Stellen. Diese verlangen eine ständige Weiterqualifizierung. Die Wissensökonomie stellt höhere Anforderungen an den Einzelnen. Früher konnten gering qualifizierte Arbeiter in der Regel mit einem existenzsichernden Dauerarbeitsplatz rechnen. Dies gilt heute nicht mehr. Gefordert sind bessere Fertigkeiten; die Anforderungen an marktfähige Kriterien werden vielfältiger. In der Wissensökonomie werden ein niedriges Ausbildungsniveau und ungenügende Fähigkeiten für den Einzelnen lebenslang auf eine prekäre Beschäftigung, niedrige Einkommen und wiederkehrende Perioden von Arbeitslosigkeit hindeuten.

Deutschland: mehr Wachstum nur durch Bildung

Soziale Herkunft, Wirtschaftswachstum und der sich abzeichnende Konflikt der Generationen hängen unmittelbar zusammen. Bildungsarmut führt zu Wachstumsarmut und Verlust an Lebenschancen. Wer gut ausgebildet ist, verdient nicht nur mehr, sondern lebt länger und gesünder und hat mehr Chancen wieder auf die Beine zu kommen, wenn Lebensrisiken wie Kündigung, Arbeitslosigkeit oder Krankheit eintreten. Zwischen Wirtschaftswachstum und der Anzahl von Hochschulabsolventen besteht ein direkter Zusammenhang. Bildung kostet zunächst Geld, wirkt aber langfristig wachstumsfördernd. Der Nutzen übersteigt die Kosten bei weitem. Eine alternde Gesellschaft braucht eine andere ökonomische Strategie: mehr Wachstum durch ein hohes Bildungsniveau. Deutschland ist in Zukunft auf jedes Talent und jedes Kind angewiesen, auch im aufgeklärten Interesse der gesamten Gesellschaft.

Aus der Perspektive einer aufgeklärten Gesellschaft ist es daher wichtig, dass künftige Generationen kompetent und produktiv sind, weil sie zahlenmäßig klein sein werden und dennoch die wachsenden transferabhängigen Bevölkerungsgruppen mittragen müssen. Voraussetzung ist, dass nicht nur die Armut *an* Kindern, sondern auch die Armut *von* Kindern bekämpft wird. Aus armen Kindern werden in der Regel arme Eltern, wie international vergleichende Studien gezeigt haben. Im vergangenen halben Jahrhundert hat es keinen realen Rückgang der Sozialvererbung gegeben, weder im Hinblick auf Bildung noch im Hinblick auf Einkommen. Allein Schweden ist im europäischen Vergleich eine Ausnahme. Kinderarmut gibt es dort fast überhaupt nicht. Der Wohlstand von morgen wird vom Bildungsgrad der Jugend abhängen. Wenn 20 oder 30 Prozent der Jugendlichen gering qualifiziert und später arbeitslos sind, werden auch die Altersbezüge der künftigen Rentner deutlich geringer ausfallen, als wenn dieser Anteil bei nur fünf Prozent liegt. Die Sicherung von Wohlstand und Lebenstandards wäre langfristig für beide Altersgruppen gefährdet, die gesamte Gesellschaft würde verarmen. Jeder, der heute über 40 Jahre alt ist, muss daran interessiert sein, dass das Produktivitätspotenzial der heutigen Kinder maximal gefördert wird.

Die künftige Sozialpolitik wird von alten Lebenslügen und überkommenen Strukturen Abschied nehmen müssen. Wenn es darum geht, mehr Gleichheit der Lebenschancen zu gewährleisten, dann muss die Aufwärtsmobilität der Menschen erhöht werden. Die beste präventive Sozialpolitik ist die Bildungspolitik. Nacheilende Programme sind teuer und ineffektiv. Wer die Wurzeln der sozialen Ungleichheit bekämpfen will, muss den gleichen Erwerb von Humankapital ermöglichen.

Deutschland muss in kluge Köpfe investieren!

Mehr und bessere Bildung für mehr Studierende kostet Geld. Höhere Investitionen werden notwendig. Doch woher sollen sie angesichts der sich verschlechternden Finanzlage der öffentlichen Haushalte kommen? Für das Bildungssystem stehen zu wenig öffentliche Gelder zur Verfügung. Wie können neue Einnahmequellen erschlossen werden? Welchen Beitrag müssen der Einzelne, der Staat und die Unternehmen leisten? Und wie wird das Gut Bildung reguliert und gesteuert, wenn die Einrichtungen und Träger möglichst autonom und unabhängig organisiert sein sollen? In Skandinavien dominiert die Nachfragesteuerung, in Deutschland die Angebotssteuerung. In den nordischen Ländern schließen sich private Gewinnwirtschaftung und staatlich subventionierte Aufgaben nicht mehr aus. Gewinnbringende Angebote können mit der Kommune vertraglich festgelegt werden. Die Folge: ein wachsender Markt an Dienstleistungen. Es ist vor allem der PISA-Sieger Finnland, der auf Marktstrategien setzt und beispielsweise zunächst über Gutscheine und inzwischen über direkte Geldmittel die Nachfrage nach Kindertagesbetreuung steuert. In allen skandinavischen Ländern wird den Eltern eine stärkere Rolle zugebilligt.

Deutschlands Bildungsagenda 2020

Wie sieht zu Beginn des 21. Jahrhunderts und vor der demographischen Katastrophe das Leitbild für die Bildung der Zukunft aus? Ein solches kann zwar nicht verordnet oder geplant werden. Ein neues Leitbild muss aber formuliert, begonnen und mit Inhalt gefüllt werden. Die Hoffnung auf den Erhalt des Bestehenden mag verständlich sein, ist aber zu wenig. Erfolgreiche kollektive Leitbilder enthalten immer etwas Neues und wecken auch außerhalb des eigenen Landes Neugier und Begeisterung. Voraussetzung hierfür ist ein kultureller Wandel: Kernbestandteil des neuen Bildungsdeutschlands müssen gleiche Ausgangs- und Aufstiegschancen sein, wenn die kreativsten Köpfe bleiben und ausländische Eliten Deutschland attraktiv finden sollen. Wer diesen Wandel am frühesten und offensivsten betreibt, wird politisch, wirtschaftlich und gesellschaftlich den größten Erfolg haben. Dem demographischen und wirtschaftlichen Schrumpfungsprozess kann Deutschland nur durch mehr Investitionen in Bildung begegnen. Es wird eine Umverteilung vom heutigen Sozialstaat in die Bildungsgesellschaft geben müssen.

Das Buch will auf die folgenden drängenden Fragen Antworten geben:

- Wie legitimieren wir den Übergang? Warum braucht es eine *andere* Politik für die Wissensgesellschaft?
- Wie definiert sich Bildung in dieser Gesellschaft von morgen? Vor welchen Herausforderungen stehen Kindergärten, Schulen, Hochschulen und Betriebe?
- Woher kommen die hochqualifizierten Eliten?
- Welche Verantwortung haben Bund, Länder, Kommunen und neue selbstständige Bildungseinrichtungen? Wie kann eine neue Zusammenarbeit zwischen staatlicher Verantwortung im Bildungsbereich und privaten und unternehmerisch motivierten Bildungsanbietern aussehen? Braucht es eine Neustrukturierung der Bund-/Länderkompetenzen mit Modellcharakter auch für alle anderen Sachthemen, die in der permanenten Blockadesituation des real existierenden föderalistischen Systems stecken bleiben?
- Wie soll Bildung künftig finanziert werden? Wer muss sich wie beteiligen?

Weil Wachstum in Deutschland vor allem von Bildung abhängt, müssen Wissenschaft, Forschung und Unternehmen enger zusammen arbeiten. Wenn sich der Staat künftig auf die bildungspolitischen Rahmenbedingungen beschränkt, können Bildungsinstitutionen auch unternehmerisch denken und handeln.

Was vor allem fehlt, ist ein systematischer Dialog der künftigen Verantwortungsträger aus Wirtschaft, Politik, Wissenschaft und Kultur.

1. Kapitel: „Wachstum durch Bildung!"

1.1 „Bildung neu denken!"

Daniel Dettling und Christof Prechtl

Nach zwei gescheiterten Bildungsreformen in den 50er und 70er Jahren steht das deutsche Bildungssystem vor einer dritten und vielleicht letzten Chance. Die Aussichten auf nachhaltigen Erfolg stehen scheinbar gut. In Politik, Wissenschaft und Wirtschaft herrscht Einigkeit über die *Mängel* des Bildungssystems:

- Die Bildungsbeteiligung ist unzureichend und sozial ungleich verteilt; die Leistungselite ist zu klein, der Anteil der Leistungsschwachen und Bildungsverlierer zu hoch.
- Lern- und Arbeitszeiten werden ineffizient genutzt und so verschwendet.
- Der finanzielle Mitteleinsatz ist im OECD-Vergleich zu gering.
- Es fehlen Leistungsanreize und Wettbewerbsinstrumente.
- Bürokratisierung, Überregulierung und Interventionismus verhindern die Übernahme von dezentraler und individueller Verantwortung.
- Qualitätsstandards, Evaluierung und Personalentwicklung sind weitgehend unbekannt.

Auch die wichtigsten *Herausforderungen* für den Bildungsstandort Deutschland werden übergreifend geteilt:

- Der demographische Wandel erfordert eine Politik des Lebensbegleitenden Lernens und eine stärkere Absicherung der Übergänge.
- Die technologischen Revolutionen stellen neue Chancen, aber auch Risiken dar.
- Die Arbeitsgesellschaft von morgen erfordert ein rascheres Umlernen, wachsende Qualifikationen und insgesamt mehr Flexibilität.
- Neue Erwerbsstrukturen verlangen eine andere Tarif- und Arbeitsmarktpolitik.
- Globalisierung und Europäisierung erhöhen den Wettbewerb und setzen das Bildungssystem von außen zusätzlich unter Druck.

Deutschland 2020: Aufstieg und Wachstum durch Bildung

Unterschiedlich sind jedoch die Schlussfolgerungen, die von den maßgeblichen Akteuren in der Politik und den Verbänden gezogen werden. Dieses Buch versteht sich daher als Programmschrift und Appell zugleich. Es ist eine *Programmschrift*, weil seine Beiträge und Thesen einen übergreifenden und ganzheitlichen Reformansatz verfolgen. Es ist aber auch ein *Appell* an die Verantwortlichen von Bund und Ländern, kostbare Zeit nicht länger zu verschwenden und jenseits der Parteilogik im Interesse kommender Generationen zu handeln. Damit ist es letztlich auch eine Handlungsanleitung. Entworfen wird eine Bildungsgesellschaft von der Zukunft aus. Die nötigen Institutionen müssen der Situation der künftigen Arbeits- und Lernbiographien gerecht werden. Die Bildungsbiographie folgt nicht mehr der alten Lebenstreppe Ausbildung-Beruf-Rente, sondern ist durchlässiger, flexibler und abwechslungsreicher. Arbeit und Freizeit lassen sich weniger scharf trennen. Bildung ist aufgrund der zunehmenden Individualisierung und dem Wandel der Industriegesellschaft zur Wissensökonomie stärker denn je Persönlichkeitsbildung. Der Einzelne wird zum „Wissensunternehmer", der verantwortlich für seine Bildungsbiographie ist und sein eigenes lebensbegleitendes Lernen plant. Bildungseinrichtungen, ihre Träger und der Staat insgesamt haben den Zugang zu Bildung voraussetzungsgerecht sicherzustellen.

Der gemeinsame Zeithorizont ist das Jahr 2020. Spätestens dann befindet sich der dramatische Überalterungsprozess auf seinem Höhepunkt. Der ansetzende Bevölkerungsrückgang muss jedoch nicht unbedingt mit einem Rückgang von Humankapital verbunden sein. Der größte Anteil des Humankapitals steckt in den heute 30- bis 40jährigen, die 2020 in das Rentenalter wechseln. In den nächsten Jahren muss Deutschland Antworten auf zwei Fragen finden:

1. Wie kann auch 2020 das Humankapital im Interesse der betroffenen Jahrgänge eingesetzt und entwickelt werden?
2. Wie kann zwischenzeitlich neues Humankapital aufgebaut und besser genutzt werden?

Das heutige Bildungssystem muss radikal neu gedacht werden. Ein neues Bildungssystem ergibt sich jedoch nicht allein aus einer Analyse künftiger Veränderungen und Bedingungen. Ohne klare Leitbilder für Leben, Lernen und Arbeiten wird jede Politik für die Wissensgesellschaft scheitern. Die Lernenden und Arbeitenden wollen zunehmend selbstverantwortlicher und in Bezug auf ihr Leben unternehmerischer tätig sein. Der omnipräsente und –potente Staat ist passé, erwartet und verlangt wird ein unterstützender, Übergänge absichernder Staat. Der Mega-Trend Individualisierung macht die strikte Trennung zwischen Arbeit und Freizeit, zwischen Familie und Beruf obsolet. Verantwortlich und qualitative genutzte Zeit wird zur größten Herausforderung für Organisations- und Personalentwicklung.

Deutschland wird es sich nicht länger leisten können, auf die Bildungsreserven aus bildungsfernen Schichten, der Frauen und anderer Gruppen verzichten zu können. „Aufstieg und Wachstum durch Bildung" wird zur entscheidenden Aufgabe einer Politik für die Wissensgesellschaft. Mit den Werten und Ansprüchen werden sich auch die Strukturen und Institutionen ändern müssen. Das künftige Bildungssystem muss

- ein höheres Maß an Individualisierung ermöglichen;
- Selbstbestimmung und –verantwortung für die eigene Bildungsbiografie zur Regel machen;
- Bildungsbereitschaft und –erfolg belohnen;
- Arbeits- und Lernbedingungen familienfreundlicher gestalten;
- Weiter- und Aufstiegsqualifizierung lebenslang offen halten;
- soziale wie kognitive Fähigkeiten anerkennen und fördern und
- Privatinitiativen ermöglichen und nicht behindern.

Neuausrichtung des Bildungssystems

Jede Vision beginnt mit einer Revision. Bildungsziele und –inhalte bedürfen im Zeitalter des demographischen Wandels, der Globalisierung und der Individualisierung einer neuen Ausrichtung. Statt enger Fachorientierung werden Prinzipien wie Überfachlichkeit, Berufsorientierung, exemplarisches Lernen und Interkulturalität wichtig. Wichtiger werden auch „weiche" Kompetenzen und Schlüsselqualifikationen wie Verantwortungsbereitschaft, Kommunikations- und Führungsfähigkeit, Team- und Selbstorganisationsfähigkeit. Entscheidend für die Wettbewerbsfähigkeit und künftige Finanzierbarkeit des Sozialstaats wird die Verbesserung der Bildungsqualität sein. Die Wissensgesellschaft ist mehr denn je auf qualifizierte Mitarbeiter und Fachkräfte angewiesen. Bildungseinrichtungen müssen daher bereits heute Leistungs- und Inhaltsprofile entwickeln und veröffentlichen. Ständige Leistungsevaluierungen von den Kindergärten bis zu den Universitäten dürfen kein Tabu sein. Eine „Stiftung Bildungstest" kann die Qualität von Bildungs- und Weiterbildungsangeboten sicherstellen.

Das deutsche Bildungssystem braucht einen Professionalisierungsschub. Lehramtsstudierende werden zu praxisfern und zu staatsnah ausgebildet. Abschlüsse wie BA und MA ersetzen das heutige Staatsexamen. Studienbegleitende Praktika werden zur Regel. Der Weiterbildungsmarkt muss dringend reformiert und aufgewertet werden. (Bildungsbiographie-)Berater sollten ein BA-Studium absolvieren. Das Management von Differenzierung und Individualisierung wird zur wichtigsten Aufgabe des neuen Bildungssystems. Lernen sollte künftig altersheterogen, aber voraussetzungshomogen organisiert sein. Ältere Arbeitnehmer eignen sich vor allem als Berater und Qualifizierer. Kinder und Jugendliche mit besonderem Förderungsbedarf erhalten zusätzlichen Unterricht. Schulferien dürfen nicht für alle lernfreie Zeiten sein. Mit der Ressource „Zeit" wird verschwenderisch umgegangen. Späte Einschulung, zu lange Ausbildungszeiten und zu früher Renteneintritt passen nicht in eine Zeit des lebensbegleitenden Lernens. Altersgrenzen für Arbeit und Ausbildung machen keinen Sinn und sollten abgeschafft werden. Bildungs- und Arbeitskonten ermöglichen ein flexibleres Lernen und Arbeiten. Insgesamt fehlt es an einer Kultur der Kooperation zwischen Bildungseinrichtungen, Verwaltung, Wirtschaft und anderen Verantwortlichen. Die Bildungsräume ähneln eher geschlossenen Anstalten als offenen Systemen. Das Prinzip und Steuerungsinstrument der Eigenverantwortung und Autonomie konsequent zuende gedacht bedeutet eine Verlagerung zentraler Entscheidungen: Budget, Personal, Inhalte, Partner, Finanzen. Bildungseinrichtungen, Arbeits-, Schul- und Jugendämter und Betriebe sollten sich zu einem System der Bildungsberatung zusammenschließen.

Auf den Start kommt es an!

Entscheidend für den späteren Berufsweg ist die frühe Förderung. In Europa ist die Ganztagsschule der Regelfall, nicht aber in Deutschland. Außerdem fehlt es an einem bedarfsdeckenden, kostengünstigen Angebot an arbeitsplatznahen Tageseinrichtungen von Kindern im Alter bis vier Jahre. Ein solches Angebot ist Voraussetzung einer neuen wachstumsorientierten Bildungspolitik. Der Einstieg in das Schulsystem soll flexibel und begabungsgerecht gestaltet werden, d.h. eine Einschulung mit 4 Jahren muss möglich sein. Außerschulische Lernangebote wie Nachhilfe und Sprachförderung sollten stärker gefördert und ermöglicht werden. Dieser Wandel wird nur durch eine Einbeziehung der Eltern möglich sein. Eltern sind aktiv in das Leben der Einrichtungen zu integrieren. Anstelle des dreigliedrigen Schulsystems sollte ein zweigliedriges System treten. Die Hauptschule als „Restschule" sollte abgeschafft werden. Institutionelle Durchlässigkeit sollte die Regel darstellen.

Die Finanzierung des neuen Bildungssystems Das neue Bildungssystem wird es nicht zum Nulltarif geben. Um die Vorschläge dieses Buches umzusetzen, bedarf es einer Steigerung der Ausgaben von heute 5,3 auf 5,8 Prozent des BIP. Diese Investitionen zahlen sich langfristig mehr als aus. Zwischen dem

Bildungsgrad und dem Wachstum einer Volkswirtschaft besteht ein unmittelbarer Zusammenhang.

Eine bessere Bildungsquote erhöht das Wirtschaftswachstum, indem es die Innovations- und Beschäftigungsfähigkeit steigert. Eine bessere Vereinbarkeit von Familie und Beruf führt zu einer höheren Erwerbsbeteiligung der Frauen. Ein früherer Eintritt in das Berufsleben und eine verlängerte Phase der Erwerbstätigkeit erhöht die Produktivität. Die neue Aufgabe des Staates ist es daher, zur Herstellung und Sicherung von Chancengerechtigkeit ein System des Sozialausgleichs im Rahmen der Bildungsfinanzierung zu entwickeln. Statt materielle Einkommensarmut erfolglos bekämpfen zu wollen, sollte Politik die Verhinderung von Bildungsarmut als Aufgabe angehen.

Aus Gründen der Chancengerechtigkeit sollte die vorschulische Förderung und Betreuung weitgehend kostenfrei sein. Dafür sollten sozialverträgliche Studiengebühren erhoben werden. Die privaten Nutznießer sollten hier zu einem Drittel an den Kosten beteiligt werden, was ca. 2000 Euro Studiengebühr pro Jahr bedeutet. Bei besonders guten Leistungen werden die Gebühren erlassen.

Unternehmen, die Ausbildungspersonal bereit stellen, sollten stärker entlastet werden als bisher („Bildungsprämie"). Ob der Wandel zur Bildungs- und Wachstumsgesellschaft gelingt, wird wesentlich von den Unternehmen abhängen. Ohne sie wird es das Humankapital von morgen schwer haben.

Neuer Mix: Staat, Markt und Bürgergesellschaft

Auch die strikte Trennung zwischen öffentlichen und privaten Bildungseinrichtungen erweist sich als überholt. Der staatliche und nicht-staatliche, bürgerschaftlich organisierte oder private Bereich muss stärker und nachhaltiger zusammen arbeiten. Nach der Deregulierung des Bildungswesens wird es auf eine erfolgreiche Re-Regulierung ankommen. Zielvereinbarungen, Qualitätsstandards und Wettbewerbsinstrumente, die den Nachfrager von Bildung stärken und weniger den Anbieter, sind die neuen Steuerungsinstrumente. Bildung ist ein Quasi-Markt, der dem Nutzen der Lernenden verpflichtet ist. Weder der Staat noch der Markt werden es allein richten können. Erst die Unterscheidung in Gewährleistung, Erfüllung und Finanzierung wird eine neue Ordnungspolitik für das Bildungswesen möglich machen. *Institutions matter!*

Moderne Bildungspolitik bedeutet eine Politik für mehr Chancen für mehr Menschen nicht nur am Anfang, sondern immer wieder im Verlaufe des Lebens. Bildungspolitik also um der Freiheit der (vielen und unterschiedlichen) Menschen willen. Bildung als Bürgerrecht und zugleich auch als Menschenrecht derer, die (noch) keinen Bürgerstatus haben, ganzheitlich und umfassend: als

Entfaltung der Anlagen, Fähigkeiten und Stärken, die in jedem (jungen) Menschen stecken. Es sind im wesentlichen fünf Akteure, von denen nicht nur in der Bildungspolitik alles abhängt: Staat und Wirtschaft, (Bürger)Gesellschaft und Familie und nicht zuletzt die einzelne Person und ihre Verantwortung für sich und sein Leben. Von diesen fünf Akteuren, von ihrer inneren Verfassung und von der Art der Beziehungen zwischen ihnen (ob sie sich blockieren oder unterstützen) hängt es ab, ob die Bildungsanstrengungen ihre Ziele hinsichtlich Qualität *und* sozialer Gerechtigkeit erreichen oder nicht.

Jeder dieser fünf Akteure und die mit ihm verbundene Logik (Hierarchie, Markt, Solidarität, Liebe, Eigenverantwortung) hat bestimmte Stärken *und* definitive Grenzen. Es gibt Dinge, die *nur* der Staat oder der Markt oder die Familie leisten kann, und es gibt Dinge, die jeder von ihnen gerade *nicht* leisten kann. Die Eigentümlichkeit der deutschen Debatte besteht aber nun gerade darin, dass man je nach ideologischer Prägung die Stärken (des Staates, des Marktes, der Familie) mythologisiert und deren Grenzen tabuisiert – mit folgenschweren Fehlsteuerungen. Gerade das Bildungswesen braucht auch in Zukunft einen starken Staat, der das öffentliche Interesse und die öffentliche Verantwortung durchzusetzen in der Lage ist. Dazu gehört auch, wo immer es aus sozialen Gründen geboten ist, die Nachfrage nach Bildungsgütern gezielt mit „sozialer" Kaufkraft zu versehen (Subjekt- statt Objektsteuerung). Es geht nicht so sehr um mehr oder weniger Staat, sondern um einen anderen, intelligenten Staat. Nicht alleine *was* der Staat tut ist das Problem, sondern *wie* er es tut. Der produzierende und der verteilende Staat ist überholt, die Zukunft gehört dem gewährleistenden Staat, der sicher stellt, dass Ziele auch tatsächlich erreicht und soziale Übel auch wirkungsvoll bekämpft werden („ensuring state").

Zentral für dieses neue Staatsverständnis ist die Unterscheidung zwischen der öffentlichen Verantwortung für, der jeweiligen Produktion von und schließlich der Finanzierung der Bildungs- und Sozialgüter. Die öffentliche Verantwortung für die Qualität und die soziale Offenheit des Hochschulwesens bleibt demnach beim Staat. Vieles spricht dafür, dass mehr Markt und Wettbewerb bei der „Produktion" der Bildungsgüter im Rahmen einer staatlich verbürgten Ordnung positive Folgen haben werden. Bei den Bildungsausgaben steht Deutschland vergleichsweise eher schlecht da. Die schlechte Bilanz im Schul- und Hochschulwesen ist jedoch nicht in erster Linie auf einen Mangel an Geld, sondern auf falsche Strukturen zurückzuführen und deshalb auch nicht allein durch mehr Geld zu beheben. Neues Geld in den alten Schläuchen dürfte wenig ändern. Es sind institutionelle Ursachen, institutionell bedingte Fehlanreize, die zu dem doppelten Versagen (Qualität und soziale Gerechtigkeit) des Bildungswesens führen.

Leitbild: bürgerschaftlicher Republikanismus

Das Buch „Weißbuch Bildung - Für ein dynamisches Deutschland" verfolgt das *Leitbild des bürgerschaftlichen Republikanismus* und fragt wie die Organisation der Gesellschaft und der oben genannten fünf Akteure sich auf den sozialen und politischen Status der Menschen auswirkt. Dieses Leitbild blendet materielle Fragen, die notwendige Umverteilung eingeschlossen, keineswegs aus, relativiert sie aber und unterwirft sie einer Begründungspflicht. Man kann das Bildungswesen, den Sozialstaat, den Arbeitsmarkt und vieles andere mehr so organisieren und finanzieren, dass am Ende für viel Geld wenig erreicht wird und oft genug das Gegenteil von dem, was einmal all die Anstrengungen legitimiert hatte, nämlich eine bessere Qualität und mehr Gerechtigkeit. Es ist deshalb Zeit zum Umdenken - für ein neues Leitbild und für ein besseres und gerechteres Bildungssystem - für Staat, Wirtschaft und Gesellschaft.

Literatur

Bildung neu denken! Das Zukunftsprojekt, Vereinigung der Bayerischen Wirtschaft e.V. (Hrsg.)

1.2 Humankapital: Devisenquelle der Zukunft

Thomas Straubhaar

Bildungsplätze stehen in einem weltweiten Wettbewerb. Dabei geht es um vielmehr als nur um die Frage, wo die „hellsten Köpfe" in Zukunft studieren. Es geht darum, wo sie studieren, bleiben und so den Kern eines Clusters schaffen, dessen Ausstrahlung weit über das eigentliche Humankapital eines Studiums hinausgeht. Bildungspolitik wird zu Standortpolitik. Es geht darum, Investitionen in „Humankapital" zu fördern, mobile Wissensträger anzuziehen, zu halten und zur lokalen Erwerbstätigkeit in einem lokalen Cluster zu bewegen. Für diese *Brain Gain-Strategie* sind attraktive lokale Lebens- und Arbeitsbedingungen die Schlüsselfaktoren, die in der Regel wichtiger sind als eine direkte, oft falsche Anreize setzende, staatliche Politik der Humankapitalproduktion.

Das Kapital der Wissensgesellschaft

In der Wissensgesellschaft des 21. Jahrhunderts wird „Bildung" zum strategischen Erfolgsfaktor. „Humankapital" tritt an die Stelle von „Sachkapital". Es geht nicht mehr um Maschinen, sondern um Wissen. Wie lassen sich schneller bessere Leistungen erbringen? Immer mehr Menschen, die bis anhin ihr Geld mit der Produktion von Gütern verdient haben, werden ihr Einkommen durch Produktion, Transfer und Anwendung von Wissen erzielen. „Humankapital" entsteht durch Investition in „Bildung". Der Bildungsmarkt wird einer der am stärksten und schnellsten wachsenden Dienstleistungssektoren überhaupt sein. Volkswirtschaften, die mit der Ausfuhr von Waren ihre Importe finanzierten, werden zunehmend „Bildungsdienstleistungen" aller Art exportieren.

Für Deutschland bietet sich die Chance, zu einem weltweit führenden Bildungsplatz zu werden, und zwar nicht nur für junge Deutsche, sondern für Menschen allen Alters aus allen Ländern. Was mit einigen wenigen privaten Hochschulen zaghaft beginnt, ließe sich problemlos auf „International Universities", „Corporate Universities" für multinationale Firmen aus der ganzen Welt und „Senioren-Universitäten" für wohlhabende Rentner(innen) aus Europa erweitern. Es ist höchste Zeit, das strategische Potenzial des Exports von Humankapital zu erkennen und eine der wichtigsten Devisenquellen der Zukunft rechtzeitig zu erschließen.

Internationalisierung von Bildungsplätzen

Einmal mehr haben die USA die strategische Bedeutung eines international offenen Bildungsplatzes längst erkannt. Während es in Deutschland noch als unanständig, asozial und deshalb als tabu gilt, von „Bildung als Produktionsfaktor" zu sprechen und „Hochschulen als Geldmaschinen" zu sehen, wird in den USA mit dem Verkauf exzellenter Aus- und Weiterbildung ungeniert ganz schön Cash gemacht. Unverhohlen werben US-amerikanische Hochschulen um Studierende aus aller Welt. Versprochen werden "exzellentes Unterrichtsniveau und exzellente Professoren". Etwas kleiner gedruckt folgen die Angaben der Studiengebühren, die im Durchschnitt bei 10.000 US-Dollar pro Jahr und in Einzelfällen auch doppelt so hoch liegen können.

Weit mehr als eine halbe Million ausländischer Studierender - rund ein Drittel aller weltweit mobilen Auslandsstudenten – haben den USA im Studienjahr 2002/03 fast 12 Milliarden US-Dollar in Form von Studiengebühren und Ausgaben zum Lebensunterhalt gebracht (Quelle: Institute of International Education). Rund drei Viertel der Gelder haben ihre Quelle außerhalb der USA, sind also Devisenzuflüsse. „Bildung ist der fünftwichtigste Dienstleistungsexport geworden" (Quelle: US Department of Commerce). Es sollte den Europäern zu denken geben, dass ein immer größerer Anteil aller Doktorand/innen im Fach „Ökonomie" an US-amerikanischen Universitäten Ausländer/innen sind - ein zwar schleichender, aber längerfristig wahrlich beachtlicher Brain Gain für die US-amerikanische Volkswirtschaft!

Unnötig zu erwähnen, dass die zahlungswilligen ausländischen Studierenden eine Quersubventionierung der einheimischen US-Landeskinder ermöglichen, so dass Ausländer(innen) bis zu zehnmal mehr pro Studium bezahlen als ihre US-Kommilitonen und sich ohne Ausländer viele Studiengänge für Graduierte kaum über Wasser halten könnten.

Die international hoch wettbewerbsfähige US-Doktorandenausbildung und die Studierenden aus aller Welt schaffen eine Vielzahl gut bezahlter Jobs auch und gerade für weniger qualifizierte Arbeitskräfte - direkt durch die Nachfrage nach Vorlesungen, Seminaren, Tutorien und studienbegleitenden Dienstleistungen aller Art, indirekt durch ihre Nachfrage nach Konsumgütern und Dienstleistungen für den Lebensunterhalt. Diesen milliardenschweren Ausbildungsmarkt überlässt Europa den USA nahezu kampflos. Noch immer gilt es in Deutschland als anrüchig, mit Bildung Geld zu verdienen oder gar Gewinne zu machen. Studiengebühren bleiben verboten - oft sogar im Bereich der postuniversitären Weiterbildung, bei der es darum geht, erfolgreichen Absolventen eines ersten universitären Studiengangs eine weiterqualifizierende Zweitausbildung zu vermitteln.

Wichtiger als die unmittelbaren Einnahmen des Bildungsplatzes dürfte jedoch die langfristige Nachhaltigkeit des erfolgreichen US-amerikanischen Aus-
bildungsmarktes sein, die sich auf zwei Kanälen abspielt:

1. Mit dem Studium in den USA verinnerlichen ausländische Studierende den
   "american way of life". Nicht zuletzt gewöhnen sie sich an US-
   amerikanische Produkte. Sie werden an Apparaten, Instrumenten, Hard- und
   Software ausgebildet, die ihnen von Microsoft, Compaq, Apple und anderen
   US-Firmen mehr oder weniger kostenlos zum Einstieg zur Verfügung gestellt werden. Die ausländischen Studierenden werden so ohne viel weiteres
   Dazutun in ihrem späteren Berufsleben zu Botschaftern des amerikanischen
   Lebensstils. Die schleichende „Amerikanisierung der Welt" und der Sieges-
   zug der amerikanischen Massenkonsummarken - wie CocaCola, McDonald,
   Procter&Gamble, Kodak, Nike, WaltDisney - sind eine naheliegende Konsequenz. Wenn in diesem Jahrzehnt die „Starbucks"-Kaffeewelle nach Europa überschwappt und das gemütliche Tea Room, das französische Café o-
   der die italienische Kaffeebar verdrängen wird, dann sollten wir uns daran
   erinnern, dass die „Starbucks coffee shops" in kleinen überfüllten Kaffestu-
   ben am Rande amerikanischer Universitäts-Campus ihren Ursprung hatten!

2. Der größte *Brain Gain"* dürfte den USA aber dadurch entstehen, dass
   viele der Studierenden aus aller Welt - und vor allem gerade die besonders
   erfolgreichen - nach dem Studienabschluss gleich in den USA bleiben oder
   sich von US-amerikanischen Firmen anwerben und in ihre Heimatländer
   entsenden lassen. Rund die Hälfte aller Doktoranden hängt an ihre Studien
   noch einen längeren USA-Aufenthalt an, viele von ihnen kommen überhaupt nicht mehr zurück: „Viele der besten Nachwuchswissenschafter
   Deutschlands, die als Studenten oder Postdocs in die USA kommen, bleiben
   auf Dauer in ihrem Gastland. Ihre Forschungserfolge kommen daher primär
   der wissenschaftlichen und wirtschaftlichen Leistungsbilanz der USA zugute", schreibt die German Scholars Organization (GSO) in einem soeben
   veröffentlichten Aufruf „Zurück nach ‚Good old Germany'". Die GSO versucht wenigstens einen Teil der rund 6.000 deutschen „Postdocs" – von denen ca. ein Viertel bis ein Drittel ihre Karriere zeitweise oder gar auf Dauer
   in den USA fortsetzen – zu einer Rückkehr nach Deutschland zu bewegen.

Klar ist, dass während der gemeinsamen Zeit an US-amerikanischen Universitäten *strategische Allianzen* mit künftigen ausländischen Entscheidungsträgern in
Politik, Wirtschaft und Verwaltung geschmiedet werden, die zu lebenslangen
Seilschaften führen. Keine US-amerikanische Hochschule wird sich die Chance
nehmen lassen, die besten Studierenden schon während des Studiums zu hegen

und zu pflegen, wohlwissend, dass hier mit dem Tag des erfolgreichen Abschlusses "Ehemalige" geschaffen werden, denen das Wohlergehen ihrer Alma mater
alles andere als gleichgültig sein wird. Denn der Marktwert des universitären
Abschlusses hängt unmittelbar mit der Reputation und Qualität der besuchten
Hochschule zusammen. Damit ergibt sich eine natürliche Symbiose von Bildungsanbietern und ihren erfolgreichen Bildungsnachfragern. Beide haben sie
ein genuines Interesse an einem langfristigen Erfolg „ihrer" Universität.

Der „Brain Gain" des offenen (internationalisierten) US-amerikanischen
Bildungsplatzes ist eine hervorragend in die Realität umgesetzte Anwendung
eines theoretischen Konzepts, das besagt, dass die *Verfügbarkeit über Humankapital* zentral sei für das langfristige wirtschaftliche *Wachstum einer Volkswirtschaft*. Damit stellt sich natürlich unmittelbar die Frage, ob nicht auch andere
Volkswirtschaften einer ähnlichen Strategie folgen könnten und versuchen sollten, mobile Wissensträger anzuziehen und damit den Humankapitalstock auf
"billige" und "nachhaltige" Art als Trittbrettfahrer zu vergrößern. Welche Anforderungen stellen sich aus einer Internationalisierungsstrategie für einen Bildungsplatz?

Erfolgsfaktoren der Internationalisierung eines Bildungsplatzes

Was als "virtuelle" Universität noch am Anfang steht, wird in der Wissensgesellschaft des 21. Jahrhunderts zur Normalität werden. *Anbieter und Nachfrager* von
Humankapital, *Produktion und Nutzung* von Humankapital sowie *Wohn- und
Arbeitsort* der Träger von Humankapital werden räumlich weit auseinander liegen können. Wie beim Geldkapital auf internationalen Finanzmärkten findet
auch beim „Humankapital" eine Internationalisierung der „Anlagestrategien"
statt. Die Träger von Wissen und spezifischen Fähigkeiten optimieren ihren
Return on Investment in einem globalen Suchprozess. Mehr denn je führt das
Ergebnis zu einer grenzüberschreitenden Mobilität von hochqualifizierten Fach-
und Führungskräften. Dabei sind in den letzten Jahren neue Formen der Ertrags-
optimierung des Humankapitals wichtiger geworden. Vor allem die unterneh-
mensinterne internationale Mobilität qualifizierter Arbeitnehmer ist deutlich
angestiegen.

Die Mobilität der Wissensträger auf internen und externen Arbeitsmärkten
führt zu einer räumlichen Entkoppelung von Wiss*produktion* und Wissens-
nutzung. Sie erschwert eine präzise Identifikation der Wirkung öffentlicher Hu-
mankapitalinvestitionen (beispielsweise in Form von staatlichen Subventionen
an ebenso staatliche Bildungsinstitutionen). Es stellt sich die Frage, ob jene, die
eine Humankapitalproduktion (also die Bildung-, Aus- und Weiterbildung) *öf-*

fentlich finanzieren, auch in der Lage sind, die Früchte ihrer Anstrengungen zu ernten und die positiven Wachstumseffekte des Wissens zu nutzen. Oder ob es aus der Sicht der Öffentlichkeit nicht eine ökonomisch effizientere *"Brain Gain"-Strategie* geben würde.

Standorte, denen es gelingt, Wissensträger anzuziehen, zu halten, deren Qualifikationen zu nutzen und damit den *Pool an verfügbaren qualifizierten Arbeitskräften zu vergrößern*, erzielen nämlich einen wachstumsstimulierenden *Brain Gain*-Effekt. Damit kommt es zu einem weltweiten Wettbewerb der Standorte um die "hellsten" Köpfe. Gerade hochqualifizierte Wissensträger sind auch überdurchschnittlich mobil. Sie orientieren sich innerhalb einer globalen Arbeitsteilung danach, an welchem Ort sie die höchste Produktivität und damit das höchste Faktoreinkommen erzielen. Immobile Produktionsfaktoren fragen „*was sollen wir tun*" (um mobile Wissensträger anzuziehen), während mobile Wissensträger fragen „*wohin sollen wir gehen*" (um ein möglichst hohes Einkommen zu erzielen). Die relative Attraktivität der komplementären mehr oder weniger standortgebundenen Faktoren ist entscheidend dafür, wieweit mobile Wissensträger an einem Standort gehalten bzw. angezogen werden können.

Hier scheinen bis heute die USA die besten Karten zu haben. Dabei sind „Sommer, Sonne, Strand" nur die vordergründigen Trümpfe. Wichtigste Gründe für das Bleiben in den USA sind nämlich viel mehr das strategische Werben um junge motivierte Studierende mit attraktiven (Aus-)Bildungsgängen und mit einer engen Vernetzung zu privaten Firmen, die den Hochqualifizierten später ermöglichen, ihre (Aus-)Bildungserfolge zu internalisieren. Dazu gehören das stimulierende Klima der Spitzenforschungszentren, die offenen und flexiblen Berufsstrukturen, die gerade jungen ehrgeizigen Menschen attraktive Karrieremöglichkeiten bieten, der hohe Lebensstandard und die starke Unternehmenskultur. Wie sehr dieses kreative Umfeld unmittelbar auf die produzierende Wirtschaft „überschwappt", lässt sich am Beispiel der Biotechnologie in Kalifornien eindrücklich veranschaulichen. Diese geschickte Brain Gain-Strategie generiert positive Wachstumseffekte und verbessert damit auch die Beschäftigungs- und Einkommensmöglichkeiten der weniger qualifizierten einheimischen US-Arbeitskräfte.

Bildungspolitische Konsequenzen

"Sommer, Sonne, Strand" wirken durchaus verlockend, um mobile Wissensträger anzuziehen. Aber auch Regionen, die nicht mit diesen *natürlichen* Faktoren werben können, haben hervorragende Chancen, sich für mobile Wissensträger attraktiv zu machen. Ins Zentrum rückt die „*künstliche*" Attraktivität des Preis-

Leistungs-Verhältnisses öffentlicher Güter und Dienstleistungen und den hierfür zu entrichtenden Steuern, Abgaben und Gebühren. Für höherqualifizierte Arbeitskräfte ist die *Lebensqualität* eine dominante Größe. Sie wird wesentlich bestimmt durch eine ausgeprägte Rechtsstaatlichkeit, garantierte Eigentumssicherheit, eine effiziente Verwaltung, ein hohes Ausmaß an innerer und äußerer Sicherheit, aber auch durch ökologische Faktoren, wie saubere Luft und Wasser oder besonders erholsame Naherholungsgebiete.

Wie weit Standorte eine „künstliche" Attraktivität zu schaffen, zu halten und weiter zu steigern in der Lage sind, hängt insbesondere von der *Offenheit der Systeme* ab:

- Die Offenheit bezüglich des Ein- und Austritts ist für die mobilen Wissensträger wichtig, weil eine Standortentscheidung ohnehin mit erheblichen Fixkosten verbunden ist, die großenteils dem Charakter von verlorenen Kosten (sunk costs) entsprechen. Hier werden den mobilen Wissensträgern oft zusätzliche künstliche Ein- und Austrittskosten auferlegt (Behördengänge für An- und Abmeldung, Einreise-, Aufenthalts- und Beschäftigungsrestriktionen für Familienangehörige, Anerkennung von Diplomen und Zeugnissen, ortspezifische Qualifikationsnachweise wie Meisterprüfungen oder Zulassungszertifikate, Zutrittsquoten für Selbstständige, Handwerks- oder Gewerbebetriebe). Viele dieser Regulierungen zielen natürlich nicht nur auf ausländische Wissensträger, sie können aber gerade bei mobilen Fach- und Führungskräften zu einem Abschreckungseffekt und damit einem Fernbleiben führen (eine Option, die für bereits gebundene Ortsansässige wesentlich kostspieliger wäre).
- Die Offenheit gegenüber noch wenig bekannten technologischen Neuerungen wird entscheidend sein, wo mobile Wissensträger ihre Innovationen in die Güter- und Dienstleistungsproduktion werden einfließen lassen. Wichtig werden hier die Ein- und Austrittsbarrieren, die für Neugründungen aufgebaut werden. Wie leicht ist es, eine Unternehmung zu gründen, welche administrativen, gewerberechtlichen, baurechtlichen oder feuerpolizeiliche Regulierungen stehen dem entgegen? Wie rasch können Mitarbeiter/innen eingestellt, aber auch wieder entlassen werden? Wie steht es mit dem Konkursrecht? Wie sehr gilt ein Scheitern als Stigma, das lebenslang einen Neubeginn verhindert?
- Die relative Attraktivität wird neben den standortgebundenen Ausstattungsfaktoren von den institutionellen Rahmenbedingungen bestimmt. Frei zugängliche Märkte, Eigentums- und Vertragssicherheit, Transparenz, Konsistenz und Stetigkeit staatlichen Handelns mögen hier als Stichworte dienen. Vor allem aber gehört dazu auch die Offenheit der sesshaften Bevölke-

rung Neuem und Neuen gegenüber. Damit sind Risikofreudigkeit, Reformwille, Innovations- und Veränderungsbereitschaft angesprochen.

- Schließlich gehört zur Offenheit auch eine *Offenheit der Gesellschaft* für neue alternative Lebens- und Erwerbsformen. Ein kreatives und innovatives *„Milieu"* (Common Spirit) entsteht eben oft nicht in fest gefahrenen gesellschaftlichen Verhaltensweisen und Erwartungshaltungen. Wie einfach ist es jungen Selbständigen möglich, ihre Ideen unkompliziert umzusetzen? Werden gesellschaftliche, sprachliche, kulturelle oder auch schlicht andersdenkende und –handelnde Minderheiten als Problemfaktoren ausgegrenzt, oder wird ihr „Anderssein" als Chance für Neuerungen gesehen?

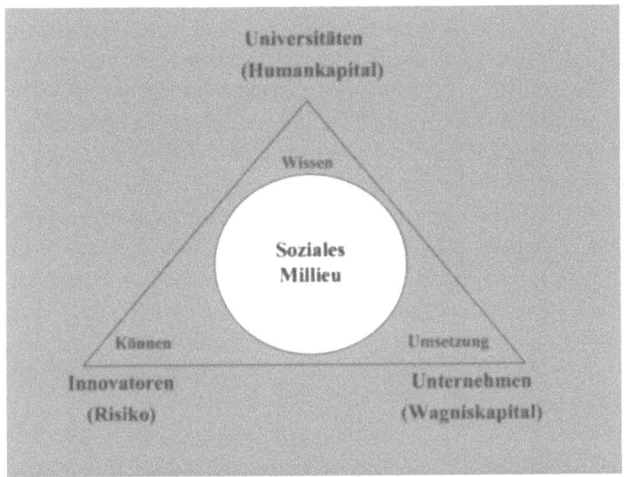

Abbildung: Voraussetzungen für ein erfolgreiches Bildungs-Cluster

Für einen Bildungsplatz insgesamt geht es darum, die Grundlage für eine erfolgreiche *Symbiose* von *internalisierbaren „Skills"* und *überschwappendem „Knowledge"* zu schaffen. Es gilt, das „Können" einzelner Menschen mit dem an bestimmten Orten vorhandenen „Wissen" zusammenzubringen und in eine maximale wirtschaftliche Wertschöpfung zu transferieren. Eine erfolgreiche Symbiose erfolgt nicht räumlich gleichmäßig. Sie entsteht *lokal geklumpt* um katalytische Kristallisationspunkte (*Michael Porter* hat hierfür den anschaulichen Ausdruck der *Cluster* geprägt). In verschiedenen Fallstudien ließ sich eine lokal konzentrierte starke Wechselwirkung finden von Forschern und Firmen, die deren Wissen in Produkte und Dienstleistungen umsetzen („*Silicon Valley"* – *Effekt*). Universitäten und Forschungsinstitutionen wirken dabei als Kristallisationspunkt und Katalysatoren für lokale Firmenaktivitäten. Das Silicon Valley in Kalifornien ist hier eine US-amerikanische Erfolgsgeschichte, die Region zwischen Edinburgh und Glasgow (Silicon Glen) ein erfolgreiches europäisches Beispiel. Es könnte sich auch in Deutschland wiederholen lassen.

Schlussfolgerungen

Mit guter Bildung wird sich mikro- wie makroökonomisch viel Geld verdienen lassen. Es ist nicht unanständig, sondern schlicht notwendig, „Humankapital" als Produktionsfaktor zu sehen, in den um so mehr investiert wird, je höher die erwarteten Renditen sind. Es ist auch nicht unmoralisch, mit attraktiven Bildungsangeboten Geld zu verdienen. Statt mit der Produktion von Sachkapital (also Maschinen, Apparaten, Geräten u.a.m.) könnten und sollten immer mehr Deutsche ihr Einkommen durch die Produktion von Humankapital (also Bildungsdienstleistungen) erwerben. Dabei ist nicht nur an Lehrkräfte und Professoren gedacht. Dazu gehören auch alle, die an Universitäten Güter- und Sachleistungen liefern, die Gebäude reinigen, in der Mensa mitarbeiten, Studierende zum Campus fahren oder auf die Kleinkinder der Wissenschaftler/innen aufpassen.

Eine „Brain Gain-Strategie" kann nicht kurzfristig von heute auf morgen erfolgreich umgesetzt werden. Am Beginn sollte jedoch die klare Absicht stehen, von einer diffus wirkenden staatlichen Rundum-Finanzierung der Wissensproduktion Abstand zu nehmen und sich darauf zu konzentrieren, attraktive Standortbedingungen für mobile Wissensträger zu schaffen. Um es - übertrieben scharf formuliert - auf den Punkt zu bringen: *Was hilft es, mit knappem staatlichem Geld, zuerst Humankapital zu produzieren, dann aber der wenig attraktiven eigenen Rahmenbedingungen wegen, die mobilen Wissensträger zu verlieren und die Nutzung des Humankapitals anderer (Standorten) zu überlassen?* Anstatt eine Input-orientierte Humankapitalproduktion finanziell mit öffentlichen Mitteln zu fördern, sollten sich Politik und Staat darauf konzentrieren, Rahmenbedingungen zu schaffen, die es für mobile Wissensträger attraktiv machen, ihr Humankapital in den *lokalen Produktionsprozess* einzubringen. Dabei wird es immer weniger darum gehen (können), von mobilen Wissensträgern eine auf Staatsbürgerschaft und "Pass" basierende Solidarität zu erzwingen. Vielmehr wird die Erkenntnis wachsen, dass die standortgebundenen Nutznießer etwas dafür tun müssen, um in den Genuss der positiven Wachstumseffekte der Wissensträger zu kommen. Direkte Subventionen spielen hierbei eine vergleichsweise geringere Rolle als die Offenheit Neuen und Neuem gegenüber. Wer hier die Zeichen der Zeit richtig erkennt, wird im Zeitalter der Wissensgesellschaft mit einem attraktiven Bildungsplatz viel Geld verdienen und damit den Wohlstand einer Nation entscheidend fördern können!

1.3 Wachstum durch Wissenschaft

Stefan Kooths

„Kohle in Bildung", „Zukunftsinvestitionen statt Vergangenheitssubventionen", „Innovation und Gerechtigkeit", „Wohlstand durch Fortschritt" – die Liste derartiger politischer Schlagwörter ließe sich beliebig verlängern. Anders als noch in der bildungspolitischen Debatte der 1970er Jahre ist die politische Stoßrichtung mittlerweile aber eine andere. Angesichts der unbefriedigenden ökonomischen Entwicklung verspricht man sich von akademischer Bildung und wissenschaftlicher Forschung den entscheidenden Beitrag zur Überwindung des derzeit zentralen ökonomischen Problems: Wissenschaft soll Wachstum schaffen. Mit diesem Wachstum, so die Hoffnung, entstünde dann die zusätzliche Beschäftigung, auf die man zum Abbau der Massenarbeitslosigkeit und für die Finanzierung der sozialen Sicherungssysteme so dringend angewiesen ist. Forschungsgetriebene Produktivitätssteigerungen sollen darüber hinaus nicht nur die Folgen des demographischen Wandels abfedern, sondern auch die Lohnstückkosten im Hochlohnland Deutschland in erträglichen Grenzen halten. Es scheint, als würden Wissen und Wissenschaft mehr und mehr zu einer Universalwaffe der Wirtschaftspolitik. In dieser Hinsicht sind die Aussagen der verschiedenen politischen Parteien nahezu deckungsgleich. Wer heutzutage in der politischen Arena als modern gelten will, singt das hohe Lied der Wissenschaftsförderung und wähnt sich unter Hinweis auf die Neue Wachstumstheorie auf solidem volkswirtschaftlichen Grund. Dieser Beitrag wirft einen kritischen Blick auf diese Sichtweise. Hierzu wird zunächst die Entwicklung der wirtschaftlichen Wachstumstheorie unter dem Aspekt der Wissenschaftsförderung vorgestellt. Dem schließt sich eine Diskussion von Handlungsempfehlungen an, die über die Gleichsetzung von Wissenschaftsförderung und Wissenschaftssubventionen hinaus gehen.

Wissenschaft und Wachstum

Eine Instrumentalisierung der Wissenschaft zur Förderung des Wirtschaftswachstums ist grundsätzlich problematisch, weil beide Bereiche unterschiedlichen Zielen verhaftet sind, die sich nur unsystematisch überlappen. Wissenschaft dient dem Erkenntniszuwachs, ohne dass die Nützlichkeit der gewonnenen Erkenntnisse weiter hinterfragt werden müsste. Allenfalls wird eine ethische Diskussion über die Zwecke (und damit über die Grenzen) der Wissenschaft und ihrer Ergebnisse akzeptiert. Davon abgesehen ist wissenschaftlicher Fortschritt aber über den reinen Erkenntnisgewinn hinaus zweckfrei. Demgegenüber resultiert Wirtschaftswachstum letztlich aus der Anwendung neuer technischer Methoden, die es erlauben, mit den gegebenen knappen Ressourcen einer Volkswirtschaft effizienter umzugehen, um damit den Wohlstand (gemessen als Pro-Kopf-Einkommen) eines Landes zu steigern. Hierbei spielt der technische Fortschritt die dominierende Rolle. Technischer und wissenschaftlicher Fortschritt sind aber nicht deckungsgleich. Technischer Fortschritt bezieht sich auf neue Produktionsmethoden (Verfahrensinnovationen) oder bringt völlig neue Güter zur Bedürfnisbefriedigung hervor (Produktinnovationen). In einem marktwirtschaftlichen Anreizsystem reagieren die Unternehmer als Impulsgeber für den technischen Fortschritt unmittelbar auf die Knappheitsbedingungen in einer Volkswirtschaft, indem sie die Weiterentwicklung von Verfahren und Produkten dort vorantreiben, wo der Bedarf an Verbesserungen als besonders dringlich empfunden wird. Zwar fußen neue technische Lösungen auch auf dem wissenschaftlichen Fortschritt, allerdings führt deshalb mehr Wissenschaft nicht automatisch zu mehr Wachstum. Zum einen ist die Kausalität zwischen wissenschaftlichen Entdeckungen und vermarktungsfähigen Innovationen keineswegs eindeutig. Zahlreiche Erfindungen, die als Basisinnovationen das Fundament für wirtschaftliche Wachstumsimpulse geliefert haben, sind unternehmerisch getrieben worden. Am Anfang stand dabei ein ökonomisches Problem, zu dessen Lösung dann gezielt auch wissenschaftlich geforscht wurde. Das liefert ein anderes Bild als die verbreitete Vorstellung, dass wissenschaftliche Forschung eine bunte Wiese an Möglichkeiten bereitstellt, aus denen sich Unternehmer die eine oder andere nützliche Entdeckung herauspicken und nur noch zur Marktreife entwickeln müssten. Das mag es auch geben, jedoch kann diese Sicht keine Exklusivität für sich in Anspruch nehmen. Zum anderen ist zu beachten, dass diejenigen Fälle, in denen zufällige wissenschaftliche Entdeckungen tatsächlich den Anstoß zu neuen ökonomischen Möglichkeiten gegeben haben, nicht über alle Wissenschaftsgebiete gleichermaßen streuen. Ingenieur- und naturwissenschaftliche Disziplinen dürften zur Überwindung von Knappheitsproblemen im statistischen Mittel mehr beizutragen haben als etwa die Entzifferung einer alten Keilschrift. Aus akademischer Perspektive sind alle Wissenschaften gleichwertig, unter dem Wachstumsaspekt sind sie es nicht. Wer im politischen Prozess Wissenschaft sagt, aber technischen Fortschritt meint, muss dann auch bereit sein, die ökonomischen Gesetzmäßigkeiten auf den Wissenschaftsbetrieb anzuwenden. Dies beinhaltet insbesondere die Diskriminierung verschiedener Disziplinen nach den potenziellen Wachstumsbeiträgen. Ob diese Einschätzung bei allen Politikern, die sich von der Wissenschaft die Lösung des Wachstumsproblems versprechen, ohne weiteres geteilt wird, darf bezweifelt werden.

Als Zwischenfazit ist festzuhalten, dass Wissenschaft und Wachstum keine per se harmonischen Ziele darstellen. Ein Teilbereich der Wissenschaft kann aber in der Tat dem technischen Fortschritt dienen. Dessen Beziehung zu Forschung, Entwicklung und Humankapital und die sich daraus ergebende Rolle als Wachstumsmotor sei im Folgenden anhand der volkswirtschaftlichen Wachstumstheorie verdeutlicht, auf die sich die Vertreter einer „modernen" Wirtschaftspolitik gerne berufen.

Wachstum in der ökonomischen Theorie

Wirtschaftliches Wachstum stellt darauf ab, dass sich die Güterproduktion und damit die Konsummöglichkeiten pro Kopf der Bevölkerung im Zeitablauf ausdehnen — entweder durch vermehrten Faktoreinsatz (Mengenkomponente) oder durch Verfeinerung der Produktionsverfahren und Produkte (Technologiekomponente). Um die sich mit diesen Zusammenhängen befassende ökonomische Theorie im politischen Diskurs richtig einordnen zu können, ist darauf hinzuweisen, dass es sich bei der Wachstumstheorie um eine Langfrist- und Vollbeschäftigungstheorie handelt. Dies hat weitreichende wirtschaftspolitische Implikationen, wie folgende Überlegungen zeigen:

Das Langfristige der volkswirtschaftlichen Wachstumstheorie spiegelt sich in einem Konstrukt wider, das als Steady-state Wachstumsrate bezeichnet wird. Diese Wachstumsrate wird in einem volkswirtschaftlichen Gleichgewicht erreicht, das sich im einfachsten Fall dadurch auszeichnet, dass sich das Pro-Kopf-Einkommen und die Kapitalintensität einer Volkswirtschaft im Zeitablauf mit identischer und konstanter Rate ausdehnen. Das zentrale Erkenntnisziel der Wachstumstheorie besteht darin, diejenigen Faktoren herauszuarbeiten, die das Niveau dieser langfristigen Wachstumsrate bestimmen. Daher werden alle Einflussgrößen ausgeklammert, die nur einen temporären Wachstumseffekt implizieren. Im Wachstumsgleichgewicht wächst eine Volkswirtschaft gemäß einem Entwicklungspfad, der nur noch von den dauerhaft wirksamen Wachstumsfaktoren bestimmt wird.

Für die Ableitung politischer Handlungsempfehlungen ist zu beachten, dass sich alle Aussagen, welche die Wachstumstheorie zur Beeinflussung des Wirtschaftswachstums macht, auf die langfristige Gleichgewichtswachstumsrate beziehen. In den Kategorien von politischen Entscheidungsträgern dürften die hierbei auftretenden Wirkungsverzögerungen als extrem langfristig empfunden werden. Die Halbwirkungszeit wachstumsrelevanter Faktoren liegt bei ca. 20

Jahren, d. h. es vergehen etwa fünf (zehn) Legislaturperioden, bis die Hälfte (drei Viertel) des Effektes einer den Wachstumspfad beeinflussenden Maßnahme erreicht ist.

Weil die Wachstumstheorie auf dauerhaft tragfähige Wachstumsfaktoren abstellt, wird wirtschaftliches Wachstum grundsätzlich in Vollbeschäftigungs-modellen untersucht. Die im Rahmen eines Konjunkturaufschwungs auftreten-den temporären Wachstumseffekte, die lediglich die Mehrproduktion durch eine verbesserte Kapazitätsauslastung widerspiegeln, sind daher nicht Gegenstand der Wachstumstheorie. Selbst wenn es gelänge, die Arbeitslosigkeit dauerhaft auf einen niedrigeres Niveau abzusenken, ergäbe sich daraus aus wachstumstheoreti-scher Perspektive lediglich ein Niveau- aber kein dauerhafter Wachstumseffekt. Der generelle Ansatz der Wachstumstheorie geht daher von vorneherein von Vollbeschäftigung sämtlicher Produktionsfaktoren aus. Aus diesem Grund lassen sich aus den wachstumspolitischen Aussagen dieser Theorie keine unmittelbaren Handlungsempfehlungen für die Beschäftigungspolitik ableiten. Eine wie auch immer aus der Wachstumstheorie abgeleitete Wachstumspolitik ist daher kein Ersatz für eine beschäftigungsorientierte Arbeitsmarkt- und Lohnpolitik.

Ohne technischen Fortschritt kein Wachstum

Nachdem nunmehr der Untersuchungsgegenstand klarer umrissen ist, sei auf die wirtschaftspolitischen Implikationen der verschiedenen Versionen der modernen Wachstumstheorie näher eingegangen. Am Anfang dieses Forschungszweiges steht die Neoklassische Wachstumstheorie, deren Hauptleistung darin besteht, die Existenz und Stabilität eines marktwirtschaftlichen Wachstumsgleichge-wichts modellhaft abgebildet zu haben. Für die hier betrachtete Thematik liefert diese Theorie einen wichtigen Ausgangspunkt: Das Pro-Kopf-Einkommen einer Volkswirtschaft kann auf Dauer nur wachsen, wenn es technischen Fortschritt gibt. Allein über Ersparnisbildung und Investitionstätigkeit lässt sich hingegen kein dauerhafter Wachstumsprozess aufrechterhalten, weil dem abnehmende Grenzerträge des akkumulierbaren Faktors Kapital entgegenstehen. Der techni-sche Fortschritt ist in diesem Modell allerdings lediglich als Funktion der Zeit formuliert. Als Bedingungstheorie war damit die Botschaft der Neoklassik ein-deutig: ohne technischen Fortschritt kein Wachstum. Da das technische Wissen in diesem Modell aber wie Manna vom Himmel fällt, blieb der entscheidende Wachstumsmotor einer Volkswirtschaft unerklärt. Demzufolge war das sich daraus ableitende wirtschaftspolitische Programm recht unergiebig: Letztlich bleibt nichts anderes übrig als abzuwarten und auf gute Ideen zu hoffen („Kommt Zeit, kommt Fortschritt").

Alle maßgeblichen nachfolgenden Erweiterungen der Wachstumstheorie zielten darauf ab, den offenbar entscheidenden aber bislang exogenen technischen Fortschritt zum Gegenstand der ökonomischen Erklärung zu machen. Die ersten Ansätze dieser Art sind als Humankapitalmodelle bekannt geworden. Die Learning-by-doing-Variante dieser Modelle gehen davon aus, dass sich die Arbeitskräfte im Zuge ihrer Produktionstätigkeit Erfahrungen aneignen, welche die abnehmenden Grenzerträge des Sachkapitals ausgleichen können mit dem Ergebnis, dass Volkswirtschaften umso schneller wachsen, über je mehr Erfahrungen sie verfügen. Empirisch waren diese Modelle nicht besonders überzeugend, da sich die Implikation, dass große Länder systematisch schneller wachsen müssten als kleine, nicht bestätigen ließ. Auch aus theoretischer Sicht blieb die Frage ungeklärt, wie allein durch Lernkurveneffekte bei konstanter Technologie immer weitere Produktivitätssteigerungen möglich sein sollen.

Wissen ist mehr als Erfahrung

Neben den bereits Mängeln haftet den Learning-by-doing-Modellen eine weitere Schwachstelle an, die von den Learning-by-schooling-Modellen der Humankapitaltheorie aufgegriffen wurde. Wissen (insbesondere technisches Wissen) ist mehr als bloße Erfahrung. Wissen erwirbt man daher nicht einfach so im Vorübergehen, sondern die Aneignung von Wissen erfordert seinerseits den Einsatz von knappen Ressourcen. Dies wird in den Learning-by-schooling-Varianten der Wachstumstheorie dadurch abgebildet, dass Humankapital entweder unmittelbar in der Produktion von Endnachfragegütern oder im Bildungssektor zur Erzeugung neuen Humankapitals verwendet werden kann. Diese Modelle sind daher auch treffend als Learning-or-doing-Modelle bezeichnet worden. Im Ergebnis liefern sie die Möglichkeit dauerhaften Wachstums, wobei die Wachstumsrate insbesondere von der Produktivität des Ausbildungssektors abhängt. Unterstellt wird dabei, dass sich der Zuwachs an Humankapital proportional zu den im Bildungssektor eingesetzten Ressourcen verhält – eine durchaus kritische Annahme (unterstellt man hingegen auch im Bildungssektor abnehmende Ertragszuwächse, so versiegt die Quelle des dauerhaften Wachstums). Wirtschaftspolitisch kommen diese Modelle zu einem gänzlich anderen Ergebnis: Die sich bei rein marktwirtschaftlichen Bedingungen (sowohl im Produktions- wie im Bildungssektor) einstellende Wachstumsrate ist volkswirtschaftlich effizient. Dies setzt aber voraus, dass sich die Wirtschaftssubjekte die Früchte ihrer Ausbildungsinvestitionen auch tatsächlich aneignen können. Staatliche Umverteilungsaktivitäten wirken in diesem Zusammenhang im wahrsten Sinne des Wortes kontraproduktiv: Wenn die Erträge von privaten Bildungsinvestitionen über hohe Steuer-

sätze reduziert und statt dessen die Folgen von Bildungsunterlassung durch hohe
Transfers im unteren Einkommensbereich gemildert werden, dann sind die privaten Anreize für den Aufbau von Humankapital systematisch nach unten verzerrt und die Volkswirtschaft entwickelt sich auf einem insgesamt suboptimal
niedrigen Wachstumspfad. Fasst man die wesentlichen Aussagen der Learning-
by-schooling-Modelle zusammen, so legen sie eine weitgehende Privatisierung
des tertiären Bildungssektors und eine Umgestaltung des Abgaben- und Trans-
fersystems in Richtung auf eine geringere Spreizung der Steuersätze nahe.

Staatliche Subventionierung als Lösung?

Zwar lassen sich aus den Humankapitalmodellen bereits Mechanismen ableiten,
die zu dauerhaftem Wachstum führen, eine endogene Erklärung des eigentlichen
technischen Fortschritts leisten sie aber noch nicht. Diesen Schritt vollziehen die
Ansätze der Neuen Wachstumstheorie (Endogene und Semi-endogene Wachs-
tumsmodelle). Im Zentrum stehen die Forschungs- und Entwicklungsaktivitäten
(F&E) gewinnmaximierender privater Unternehmen, deren Innovationsanreiz
daher rührt, dass sich ihnen in einem Umfeld unvollständigen Wettbewerbs mo-
nopolistische Preisspielräume bieten, durch die sie ihre F&E-Kosten am Markt
verdienen können. Der unvollständige Wettbewerb resultiert wiederum aus einer
zunehmenden Arbeitsteilung. Neben diesen Spezialisierungseffekten spielen
technologische Spillovers eine wichtige Rolle für den Wachstumsprozess. Dies
hat zur Folge, dass der Zuwachs an technischem Wissen umso größer ausfällt, je
höher der aktuelle Stand des technischen Wissens bereits ist. Damit profitieren
innovierende Unternehmen auch von den F&E-Aktivitäten ihrer Konkurrenten.
So wie ein Zwerg auf den Schultern eines Riesen weiter sehen kann, als es die
eigenen Möglichkeiten erlauben würden, so sind Unternehmen allein deshalb
produktiver, weil sie auf dem gesamten bereits von anderen entwickelten technischen Wissen aufbauen können. Da die eigenen Entwicklungsanstrengungen
indirekt auch anderen Unternehmen zugute kommen, ein Innovator für diese
Leistung aber nicht vom Markt entgolten wird, bleiben die privaten F&E-
Anstrengungen hinter dem gesamtwirtschaftlich optimalen Niveau zurück. Als
wirtschaftspolitische Konsequenz ließe sich hieraus eine Subventionierung von
F&E-Aktivitäten privater Unternehmen ableiten. Einschränkend ist bereits an
dieser Stelle zu sagen, dass die Endogene Wachstumstheorie allenfalls der
Richtung nach eine solche Subventionslösung indizieren kann. Für eine Quanti-
fizierung der Effekte und der sich daraus ableitenden Ermittlung der notwendigen Subventionshöhe fehlt bislang eine auch nur annähernd brauchbare empirische Grundlage. Unabhängig davon rückt die Logik dieser Theorie aber auch

noch andere, in der öffentlichen Debatte oftmals unbeachtete Zusammenhänge in den Vordergrund. Einige davon seien hier kurz angesprochen.

Problematische Annahmen der Wachstumstheorie

Die zum Teil recht drastischen Annahmen der Wachstumstheorie lassen sich exemplarisch an den so genannten Nord-Süd-Modellen veranschaulichen. Hierzu stelle man sich die Welt zweigeteilt vor: Dem innovativen Norden, der permanent forscht und dabei laufend neue Produkte und Verfahren entwickelt, steht der imitierende Süden gegenüber, der überhaupt nicht forscht, sondern nur die Innovationen des Nordens kopiert. Je intensiver nun die Imitationsaktivitäten des Südens, desto höher die Wachstumsrate im Norden. Die Ursache für dieses verblüffende Ergebnis liegt darin, dass durch die Produktionsverlagerung von Endnachfragegütern in den Süden im Norden Kapazitäten für weitere Forschungs- und Entwicklungsanstrengungen frei werden, die das Wissen und damit die Produktion noch schneller wachsen lassen. Voraussetzung hierfür ist allerdings ein reibungsloser Strukturwandel. Die Arbeitskräfte, die in der nördlichen Endnachfragegüterproduktion freigesetzt werden, müssen bei dieser Modelllogik tatsächlich im Forschungs- und Entwicklungsbereich eingesetzt werden können. Dies ist kurzfristig vollkommen unrealistisch. Aber auch langfristig erscheint es zweifelhaft, ob eine steigender Anteil an Wissensarbeitern tatsächlich zu einem proportionalen Anstieg der Wissensproduktion führen kann oder ob dies nicht durch eine Ungleichverteilung individueller Eignungen und Begabungen innerhalb einer Bevölkerung abgeschwächt wird. In Bezug auf den Aufbau von Humankapital ist die Neue Wachstumstheorie jedenfalls extrem optimistisch. Sie geht davon aus, dass, wenn es sein muss, jeder für wissenschaftliche Arbeiten mit gleicher Produktivität eingesetzt werden kann. Obwohl als Angebotstheorie konzipiert, so erweist sie sich in Bezug auf den Faktor Humankapital doch als recht nachfrageseitig.

Sobald die Annahme konstanter Ertragszuwächse in Bezug auf den Humankapitaleinsatz im F&E-Sektor zugunsten abnehmender Zuwächse aufgegeben wird, kann es zu volkswirtschaftlich unerwünscht hohen privaten Forschungsaktivitäten kommen. Dieser Zusammenhang wird auch als Business-stealing Effekt bezeichnet. In einer solchen Situation liegt ein Fall exzessiver privater Forschungsaktivität vor. Trotz nach wie vor bestehender positiver Technologie-Spillovers ist die Forschungsaktivität des privaten Sektors ineffizient hoch.

Im Rahmen der bislang betrachteten Endogenen Wachstumstheorie ist der Bestand an Humankapital eine gegebene Größe. Die Semi-endogene Wachstumstheorie schließt diese Lücke und bezieht auch die Akkumulation dieses

Produktionsfaktors in die ökonomische Erklärung ein. Dies hat unmittelbar zur Folge, dass die strikte Proportionalität von Wissen und Wissenszuwachs aufgeben werden kann. Mit dieser Modifikation löst sich auch das aus den Spillover-Effekten herrührende Marktversagen auf und die Volkswirtschaft erreicht allein durch die Marktpreissignale im Verbund mit eigennutzmaximierendem Verhalten der privaten Akteure die gesamtwirtschaftlich optimale Wachstumsrate. Diesem Ergebnis verdankt die Semi-endogene Wachstumstheorie auch ihren Namen. Das Wachstumstempo des technischen Fortschritts kann endogen erklärt werden, jedoch lässt es sich nicht durch politische Maßnahmen (Besteuerung, Subventionen, Grundlagenforschung) beeinflussen.

Der an konkreten politischen Handlungsempfehlungen interessierte Leser mag an dieser Stelle verwirrt oder enttäuscht sein. Zu konfus erscheint das Bild, das die moderne Wachstumstheorie bietet. Allzu empfindlich scheinen die Modellergebnisse auf kleine Variationen der Annahmen zu reagieren. Dieser Eindruck trügt keineswegs. Für die wirtschaftspolitische Debatte wirft die genauere Betrachtung der Neuen Wachstumstheorie immerhin die Erkenntnis ab, dass es nicht genügt, sich auf diesen Theoriezweig zu berufen, um ohne weiteres öffentliche Subventionen für Bildung, Forschung und Entwicklung zu rechtfertigen. Auch die Einsicht in die zum Teil sehr restriktiven Annahmen dieser Modellwelt sollten dazu beitragen, die daraus abgeleiteten Möglichkeiten eines wissensinduzierten Wachstums mit der gebotenen Zurückhaltung einzuschätzen. Insbesondere sollte man sich nicht dazu verleiten lassen, auf die Bewältigung aktueller wirtschaftspolitischer Probleme in der Hoffnung zu verzichten, langfristig würde die Wissensgesellschaft von sich heraus oder mit staatlichem Anschub das Wachstum generieren, mit dem sich dann alle Probleme wie von selbst auflösen.

Eine Frage der Finanzierung?

Angesichts dieses ernüchternden Befundes seien abschließend noch einige ordnungspolitische Betrachtungen und Empfehlungen diskutiert, die über die Aussagen jener Modelle hinausgehen, die um eine gesamtwirtschaftliche Produktionsfunktion herum konzipiert sind.

Ein politisches Schlagwort wie „Kohle in Bildung" ist ordnungspolitisch ambivalent. Auf der einen Seite ist es zwar zu begrüßen, dass sich Bildungspolitiker nicht nur um die Ausgabenseite kümmern („Wofür können zusätzliche öffentliche Mittel verausgabt werden?"), sondern sich auch darum bemühen, auf welche bisherigen Ausgaben verzichtet werden kann („Wo sollen die Mittel herkommen?"). Der Vorschlag der Umwandlung von Steinkohlesubventionen in zusätzliche Bildungsausgaben ist wohl das prominenteste Beispiel dieser Art, auch wenn diese Finanzierungsquelle mittlerweile schon mehrfach überbucht sein dürfte. Auf der anderen Seite verstellt eine solche Umschichtungsdiskussion oftmals den Blick für die relevanten Alternativen. Um öffentliche Bildungssubventionen ordnungspolitisch zu begründen, genügt nicht der Nachweis, dass sie sinnvoller sind als Kohlesubventionen. Begründet werden muss vielmehr die Steuerfinanzierung der geplanten Bildungsgüter.

Bevor staatlicherseits erwogen wird, die Erzeugung neuen Wissens zu fördern, sollte sichergestellt werden, dass bestehendes Wissen nicht unnötig vernichtet wird oder ungenutzt bleibt. Unter diesem Gesichtspunkt sind die Frühverrentungsprogramme der 1990er Jahre ebenso kritisch zu sehen wie zahlreiche steuerliche Regelungen, die als staatliche Einmischung in private Rentabilitätskalküle der freiwilligen Beteiligung qualifizierter Arbeitskräfte am Erwerbsprozess im Wege stehen.

Tritt der Staat vermehrt als Nachfrager von Wissenschaftlern auf, so werden diese von anderen wissensbezogenen Tätigkeiten im Privatsektor abgezogen. Akademiker als unmittelbar Begünstigte dieser Politik zählen aufgrund ihrer Begabungen ohnehin zur Gruppe derjenigen, die angesichts ihres Lebenseinkommens nicht auf staatliche Förderung angewiesen sind – im Gegenteil: Weil sich durch diese Subvention die Einkommensspreizung erhöht, versucht der Staat anschließend über sein Abgabensystem umverteilend einzugreifen, was dann nicht nur bürokratielastig ist, sondern auch anreizverzerrend dem ursprünglichen Ziel entgegenwirkt. Ob die Einkommens-Spillovers auf die eigentliche Problemgruppe am Arbeitsmarkt (Niedrigqualifizierte, Langzeitarbeitslose) ausreichen, um den staatlichen Ressourceneinsatz zu rechtfertigen, darf bezweifelt werden. Im ungünstigsten Fall führt diese Politik lediglich zu einer Verteuerung akademischer Arbeit und verstärkter Grundlagenforschung am Standort Deutschland, von der ausländische wie einheimische Unternehmen gleichermaßen profitieren. Selbst wenn es zu Spillovers in dem heimischen F&E-Sektor kommt, bedeutet dies noch nicht, dass auch die daraus resultierenden Produkte im Inland gefertigt werden.

Bildungsinvestitionen vor allem in den primären und sekundären Bereich

Anders als es die Humankapitalansätze in der Regel berücksichtigen, sind Talente knapp und nicht beliebig vermehrbar. Den Talentpool einer Volkswirtschaft möglichst vollständig auszuschöpfen, muss daher am Anfang jeder wachstumsorientierten Wissenschaftspolitik stehen. Unter Effizienz- und Verteilungsgesichtspunkten ist die staatliche Finanzierung des primären und sekundären Bildungssektors wesentlich eindeutiger zu rechtfertigen als im akademischen Tertiärbereich. Eine verstärkte Subventionierung der Hochschullehre stellt einen End-of-pipe-Ansatz dar, der mit der Förderung dann ansetzt, wenn es in Bezug auf Chancengleichheit schon zu spät ist. Dass in Deutschland der Bildungsstatus der Eltern immer noch einen wesentlichen Einfluss auf die Ausbildung der Kinder hat, belegt das Versagen dieser Politik. Diesbezüglich erfolgreiche OECD-Staaten haben hingegen die tendenziell steigenden Bildungsausgaben insbesondere zur Reduktion von Klassengrößen verwendet. Vor diesem Hintergrund sollte ernsthaft erwogen werden, den tertiären Bildungsbereich konsequent zu privatisieren und die staatliche Finanzierung auf den primären und sekundären Sektor zu konzentrieren.

Abschließend sei kurz auf das Problem hingewiesen, dass jede Form der staatlichen Wissenschafts- und F&E-Förderung vor der Entscheidung steht, was denn eigentlich konkret gefördert werden soll. Wie auch immer die konkreten Regelungen aussehen (z. B. Ausschreibungen, Quotensysteme), letztlich läuft es darauf hinaus, Bürokraten über das Geld fremder Leute entscheiden zu lassen. Dass sich bei diesem Setting ausgerechnet diejenigen Projekte durchsetzen, die besonders wachstumsfördernd sind, wird man kaum behaupten können.

Als Fazit dieses Beitrags ist festzuhalten, dass der populäre Dreischritt „mehr Geld = mehr Wissen = mehr Wachstum", mit dem in letzter Zeit verstärkt versucht wird, den Wissenschaftsbereich für die Lösung ökonomischer Probleme zu vereinnahmen, einer volkswirtschaftlichen Betrachtung nicht standhält, schon gar nicht, wenn man an kurz- und mittelfristigen Lösungen interessiert ist. Die Bekämpfung der Arbeitslosigkeit bleibt somit Aufgabe der Arbeitsmarkt- und Lohnpolitik. Die Neue Wachstumstheorie hat zwar erhebliche Anstrengungen unternommen, um den Zusammenhang zwischen technischem Fortschritt (einer speziellen Form des wissenschaftlichen Fortschritts) und dem Wachstum von Volkswirtschaften genauer herauszuarbeiten, der bisherige Stand der Forschung reicht aber bei weitem nicht aus, um hieraus belastbare wirtschaftspolitische Entscheidungen abzuleiten. Anstatt über diverse Fördermaßnahmen Forschungs- und Entwicklungsaktivitäten direkt zu beeinflussen, sollte staatlicherseits lieber überlegt werden, wie verzerrende Rahmenbedingungen korrigiert werden können, damit sich die Privaten in ihrem einzelwirtschaftlichen Kalkül an unverzerrten Preissignalen orientieren können.

Weiterführende Literatur

Arnold, L.: Wachstumstheorie; Vahlen-Verlag, München 1997.
Frenkel, M./Hemmer, H.-R.: Grundlagen der Wachstumstheorie; Vahlen-Verlag, München 1999.

Healy, T./Côté, S. /Helliwell, J. F. / Field, S.: The Well-being of Nations – The Role of Human and Social Capital; OECD - Center for Educational Research and Education, Paris 2001.

Helmstädter, E.: Wissensteilung; Graue Reihe des Instituts für Arbeit und Technik, Gelsenkirchen 2000.

Schmookler, J.: Invention and Economic Growth; Harvard University Press, Cambridge 1966.

1.4 Kooperation von Wirtschaft und Wissenschaft Impulse für künftige Wertschöpfung

Thomas Haberkamm

Bildung und Forschung sind Schlüsselfaktoren für die Zukunftsfähigkeit unserer Volkswirtschaft. Der globale Wettbewerb der Industrienationen ist heute in hohem Maße ein Innovationswettbewerb. Grundlage für erfolgreiche Innovationen sind Forschung und Entwicklung, oder wie es die Fraunhofer-Gesellschaft formuliert hat: „Forschung macht aus Geld Wissen - Innovationen machen aus Wissen Geld". Nur ein weltweit konkurrenzfähiges Bildungs- und Hochschulwesen und die Vernetzung mit der Wirtschaft - der Wissenstransfer - schaffen die Basis für technologischen Fortschritt, künftigen Wohlstand und den Erhalt sozialer Standards. Von besonderer Bedeutung für die Wirtschaft, insbesondere die forschende Industrie, ist dabei ein innovationsfreundliches Umfeld, die Ausbildung qualifizierter Mitarbeiter und wissenschaftliche Exzellenz in der Grundlagenforschung.

Bildung ist aber nicht nur als Wettbewerbsfaktor entscheidend. Sie ist zugleich konstitutiv für die Zukunft von Demokratie und Kultur in unserem Land.

Entsprechend groß war der Schreck, als offenkundig wurde, dass es um unsere Schulen und Universitäten im internationalen Vergleich nicht zum Besten bestellt ist. Das „öffentlich-rechtlich" organisierte Bildungswesen galt lange Zeit durchaus als Erfolgsgeschichte. Beim schlechten Abschneiden der Schulen war die Überraschung vielerorts groß. Mit Blick auf die Hochschulen zeichnete sich aber schon seit längerem ab, dass sie im internationalen Vergleich an ihre Grenzen gekommen waren - zu bürokratisch, zu langsam, zu unflexibel und nicht attraktiv genug im „war for talents" des globalen Bildungsmarktes.

In einem kürzlich veröffentlichten Ranking der renommierten Universität Shanghai kam nur eine deutsche Universität unter die ersten 50 der Welt: die Ludwig-Maximilians-Universität München. Es folgten die Universitäten Heidelberg und die TU München auf den Plätzen 58 und 60. Die deutschen Nobelpreisträger der letzten Jahre forschten fast alle in den USA, wo sie bessere Arbeitsbedingungen vorfanden. Gegenwärtig verlassen rund 100.000 höherqualifizierte Menschen jährlich unser Land. Nach einem Bericht der EU- Kommission (Oktober 2003) arbeiten derzeit 7200 junge Wissenschaftler und Wissenschafterinnen deutscher Herkunft in den USA. Davon profitieren sowohl die dortigen Studenten, als auch die US-amerikanische Forschungscommunity. Dagegen verliert Deutschland durch diesen „brain drain" einen Teil seiner Zukunftsfähigkeit.

Diese Zahlen machen aber auch eines deutlich: noch bilden deutsche Fakultäten und Institute qualifiziertes Personal aus, sonst wären diese Absolventen im Ausland nicht so gefragt. Unsere Grundlagenforschung genießt nach wie vor einen guten Ruf. Auch sind die Absolventen deutscher Hochschulen im Schnitt besser ausgebildet, als der Durchschnitt der amerikanischen und europäischen Akademiker, urteilt jedenfalls Professor Peter Glotz von der Schweizer Elitehochschule St. Gallen. In der Breite sind wir also nicht so schlecht. Es gelingt aber uns aber immer weniger, die Leistungsstärksten im Land zu behalten oder gar Spitzenforscher aus dem Ausland hierher zu holen. Eine erfolgreiche Forscherin aus der Pharmaindustrie berichtete kürzlich in Berlin, sie habe sich geradezu dafür rechtfertigen müssen, dass sie noch in Deutschland arbeite, ob sie noch kein Angebot aus den USA erhalten habe, so die Frage ausländischer Kollegen. Geld, Ideen und Humanressourcen sind im Bereich der Spitzentechnologien extrem mobil. Sie orientieren sich dorthin, wo sie international die besten Rahmenbedingungen finden – und das ist immer seltener Deutschland.

Politik, Wirtschaft und Wissenschaft sehen diese Entwicklung mit wachsender Sorge. Es ist darum erfreulich, dass nach Jahrzehnten ideologischer Grabenkämpfe rund um die Themen Bildung und Wissenschaft der Reformbedarf der Schul- und Hochschullandschaft heute weitgehend unbestritten ist. Mehr Leistung durch Wettbewerb und Autonomie lautet dabei die Devise – in ihrer Konsequenz freilich abgestuft nach politischer Couleur. Einigen Protagonisten geht eben Gleichheit immer noch vor Freiheit. Es überrascht in diesem Zusammenhang, dass ausgerechnet die SPD Anfang des Jahres den Begriff der „Eliteuniversitäten" in die politische Debatte einführte. Hatte sie nicht in der Vergangenheit Bildungspolitik oftmals als Mittel einer egalitären Gesellschaftspolitik missverstanden? Die Devise „lieber alle gleich schlecht als unterschiedlich gut" war ein unausgesprochenes Bildungsideal unserer Gesellschaft, meint der letzte niedersächsische Bildungsminister Thomas Oppermann (SPD). Das eigentlich Erstaunliche ist doch, dass es uns trotzdem gelungen ist, so lange so gut mitzuhalten. Im Bildungsbereich mussten wir aber zuletzt - wie übrigens in der Wirtschaft auch - ernüchtert feststellen: wir sind nicht unbedingt schlechter, andere dafür um vieles besser geworden. Zu lange haben wir uns in vielen Bereichen Illusionen hingegeben und wir tun es immer noch. So nennen wir uns noch tapfer „Exportweltmeister", wohl wissend, dass alle zuvor etwa in Asien produzierten und importierten Teile eines „deutschen Autos" großzügig in diese Bilanz eingeflossen sind.

Aus alledem folgt: die Lage ist ernst, aber nicht hoffnungslos. Oder wie es der Präsident der Max-Planck-Gesellschaft, Hubert Markl, ausgedrückt hat: „Zwar mögen wir nicht so schlecht sein, wie wir uns gerne machen, aber deshalb sind wir noch lange nicht so gut, wie wir gerne wären, vor allem aber, wie wir sein müssten, um im weltweiten Wettbewerb nicht nur im Rudel mitzulaufen." „Die Einzigen, die uns hindern, besser zu werden, sind wir selbst", befindet Markl zu Recht und fordert eine „Entfesselung der geistigen Kräfte".

Nach dem Willen der Regierung soll ein Wettbewerb der Universitäten um Fördermillionen des Bundes solche Kräfte freisetzen. Das Ziel ist erfreulich hoch gesteckt: bis zu 10 international wettbewerbsfähige Spitzenhochschulen sollen aus den bestehenden Universitäten herausdestilliert werden. Marken mit internationaler Strahlkraft. Die Richtung stimmt, aber ohne strukturelle Reformen wird man das Ziel nicht erreichen. Eliteunis lassen sich schwerlich durch staatliche Planung und Selektion errichten, ein etatistischer Ansatz führt hier nicht weiter. Zu Recht bemerkt Uni-Präsidentin Gesine Schwan, dass mehr Geld im System nicht automatisch mehr Leistung freisetze. Was also ist zu tun, um das im Land vorhandene Bildungs- und Wissenschaftspotential zu mobilisieren und in wirtschaftlichen Erfolg umzumünzen?

Angela Merkel hat es jüngst wie folgt auf den Punkt gebracht: „Wir brauchen eine neue Allianz von Wissenschaft und Wirtschaft für innovative Wertschöpfungsketten mit marktfähigen Produkten. Mehr denn je muss sich Wirtschaft auf Wissenschaft, Forschung und Entwicklung stützen. Die Erneuerung der Hochschulen ist deshalb eine Grundbedingung für künftigen Fortschritt", so die Strategie der CDU-Vorsitzenden.

Als Leitbild für diese Strategie kann der sogenannte „Lissabon-Prozess" gelten, jenes visionäre Ziel der Europäischen Union, das bei der Ratstagung in Lissabon im März 2000 beschlossen wurde: Europa bis zum Jahre 2010 zum wettbewerbsfähigsten und dynamischsten wissensbasierten Wirtschaftsraum der Erde zu machen. Mit dieser Vision existiert eine zukunftsorientierte politische Generallinie, die inzwischen breiten Konsens in unserem Land findet. Die im Januar 2004 von der Bundesregierung ausgerufene „Partnerschaft für Innovation" zwischen Politik, Wirtschaft und Wissenschaft mag ein Beispiel dafür sein. Die EU wird ihr gestecktes Ziel nur erreichen können, wenn Deutschland als größte Volkswirtschaft Europas seinen Beitrag dazu leistet. Um diese Vision Wirklichkeit werden zu lassen, sind demnach drei Faktoren ausschlaggebend:

- Grundlegende strukturelle Reformen des Schul- und Hochschulwesens hin zu mehr Freiheit, Autonomie und Profilbildung im internationalen Wettbewerb. Dazu gehört auch die größere Mobilisierung von privatem Kapital durch Studiengebühren und verstärkte eigene wirtschaftliche Betätigung der Hochschulen.

- Die engere Verzahnung von Wissenschaft und Wirtschaft, um einen besseren Wissenstransfer zu gewährleisten. Dabei geht es nicht um die „Ökonomisierung" von Bildung und Wissenschaft, sondern um die Mobilisierung der vorhandenen Potentiale in „Exzellenzclustern".
- Die zielgerichtete Förderung von Wissenschaft und Forschung durch Staat, Wirtschaft und Gesellschaft. Dies beinhaltet auch ein besseres gesellschaftliches Klima und größere Akzeptanz für Innovationen und technologischen Fortschritt. Wir müssen die Chancen neuer Technologien erkennen und nutzen statt unangemessene Technikfeindlichkeit zu kultivieren.

Grundlegende Reform des Bildungswesens

Die grundlegende Reform des Bildungs- und Hochschulwesens ist eine gesamtgesellschaftliche Aufgabe. Schon der damalige Bundespräsident Roman Herzog hat in seiner sogenannten „Ruck-Rede" im April 1997 in Berlin gefordert: „Bildung muss das Mega-Thema unserer Gesellschaft werden [...] um in der kommenden Wissensgesellschaft bestehen zu können".

Es beginnt in den Kindergärten und Schulen. Einige Bundesländer haben ihre Hausaufgaben bereits gemacht und viel Neues auf den Weg gebracht, das bis vor kurzem noch als „Leistungsdruck" verpönt war. In vielen Kindergärten wird frühzeitig spielerisch mit dem Lernen begonnen, bis hin zu Fremdsprachen. Es wird darauf geachtet, dass Kinder mit Migrationshintergrund ausreichend Deutsch lernen, um nicht mit Beginn der Grundschule schon als Bildungsverlierer festzustehen, wie so häufig in der Vergangenheit. In einigen Ländern ist die Einschulung mit dem Erreichen des 5. Lebensjahres möglich, das Abitur nach 12 Schuljahren wird zunehmend die Regel sein. Ganztagsschulen können sinnvoll sein, die Eltern sollten jedoch wählen können, wie lange sie Ihre Kinder in staatliche Obhut geben wollen. Die Qualität wird durch Schulvergleiche und landesweit einheitliche Abschlussprüfungen gesichert. In Hessen hat das erste staatliche Hochbegabtengymnasium seinen Betrieb aufgenommen, übrigens ein „Public-Private-Partnership" Projekt des Landes mit den Unternehmen Dresdner Bank, Linde und ALTANA. Ein Beispiel dafür, wie Unternehmen gesellschaftliche Verantwortung im Bereich Bildung wahrnehmen können. Es sollte „Schule machen", denn Eliteunis brauchen schulische Spitzenleistungen, so dass junge Talente frühzeitig entdeckt und gezielt gefördert werden können.

Um international eine Spitzenposition in Wissenschaft und Forschung zu erlangen, brauchen die deutschen Universitäten vor allem mehr Freiheit und

Wettbewerb. Die Freiheit über ihre Mittel eigenverantwortlich zu verfügen, die Freiheit sich im Wettbewerb mit anderen zu positionieren, die Freiheit sich die Studenten aussuchen zu können und sozialverträgliche Studiengebühren zu erheben sowie die Freiheit für Auftragsforschung und Industriekooperationen. Schlagwortartig zusammengefasst: Die Hochschulen brauchen Autonomie, Deregulierung und Flexibilität.

Das Gegenteil ist aber seit langem Realität. Die Hochschulen unterliegen bei der Auswahl ihres Personals staatlicher Gängelung, erhalten teilweise ihre Studenten von einer Behörde zugewiesen und sind in das Korsett des Hochschulrahmengesetzes gezwängt, das seit kurzem Studiengebühren im Erststudium ausdrücklich verbietet. Hinzu kommt ein starres öffentlich-rechtliches Personalstatut, das nicht geeignet ist, internationale Leistungsträger anzuziehen und die Gewinnung leistungsstarken Nachwuchses behindert.

Es geht auch anders. Beispielhaft hierfür ist das Modellprojekt der TU Darmstadt: die Universität hat ab 2005 in drei wichtigen Bereichen weitgehende Autonomie. Die Universität erhält ein Globalbudget vom Land Hessen und darf über die Verwendung des Geldes selbst entscheiden. Stellung und Funktion des Hochschulrates und die Befugnisse der Hochschulleitung werden deutlich gestärkt. Der Hochschulrat wird gewissermaßen zu einem „Aufsichtsrat" der Hochschule weiterentwickelt. Im Bereich Personal gibt es kein langwieriges Berufungsverfahren mehr, sondern die TU kann ihre Professoren selbst aussuchen und über die Gehälter frei entscheiden. Bis auf wenige Ausnahmen werden die Professoren als Angestellte beschäftigt und nach dem Leistungsprinzip bezahlt – ein Anreiz auch für Lehrpersonal aus der Wirtschaft. Auch ihrer Satzungs- und Prüfungsordnung kann die TU Darmstadt selbst bestimmen. Am Ende eines solchen Prozesses könnte die Entlassung in die Freiheit stehen. Der Erfolg der wenigen privaten Universitäten in Deutschland sollte jedenfalls Mut machen.

Nebenbei sei angemerkt, dass Studiengebühren nicht zwangsläufig zu sozialer Ausgrenzung führen, wie vielfach befürchtet. Internationale Vergleiche belegen, dass in Ländern mit Studiengebühren die Struktur der Studentenschaft ausgewogener ist als bei uns. Voraussetzung ist allerdings, dass ein entsprechendes Stipendiensystem aufgebaut wird. Unser derzeitiges System ist dagegen ungerecht, indem der durchschnittliche nichtakademische Steuerzahler das kostenfreie Studium der Mittelstandskinder mitfinanziert.

Engere Verzahnung von Wirtschaft und Wissenschaft

Hochschulforschung, außeruniversitäre Grundlagenforschung und industrielle Forschung sind schon heute auf vielfältige Weise vernetzt. Die Zusammenarbeit läuft aber bei weitem nicht so rund wie etwa in den USA oder Großbritannien, wo Kooperationen fast uneingeschränkt möglich sind. Die Kristallisationspunkte dieser Zusammenarbeit sind Kompetenz-Center und Wissenschaftscluster, wie etwa Silicon Valley und die sogenannte „Gene-town" Boston. Der Erfolg dieser „Cluster" beruht auf der engen räumlichen Verbindung exzellenter Hochschulen, großer Industrieunternehmen und flexiblen „Start-Ups". Zwischen diesen herrscht nicht nur ein reger Informationsfluss, sondern auch ein intensiver Personalaustausch. Die EU-Kommission hat festgestellt, dass die USA öffentliche und private Forschung insgesamt besser koordinieren.

Hierzulande behindern ungeklärte Rechtsfragen (z.B. Antikorruptionsgesetz) und die Sorge vor Beschränkungen der „akademischen Freiheit von Forschung und Lehre" wünschenswerte Industrie-Kooperationen und effizienteren Austausch. Allgemein wird die „Versäulung" der großen außeruniversitären Forschungsorganisationen beklagt, wo doch Vernetzung angezeigt wäre. BDI-Präsident Rogowski führte die mangelhafte Interaktion von Wissenschaft und Wirtschaft u.a. auch auf „institutionelle Verkrustungen" zurück. Die großen Forschungsorganisationen in Deutschland leisten, jede für sich betrachtet, sicherlich gute Arbeit. Die Produktivität des Gesamtsystems darf jedoch bezweifelt werden.

Das Zusammenspiel zwischen Wissenschaft und Wirtschaft muss daher finanziell und strukturell verbessert werden. Bei der Forschung gilt dasselbe wie oben schon für die Lehre ausgeführt: nur durch mehr Autonomie und Wettbewerb kann die Forschungslandschaft mobilisiert werden, so dass aus der öffentlichen Forschung größerer „Output" für erfolgreiche Innovationen generiert werden kann. Aus Sicht der Wirtschaft sollte künftig mehr Projektwettbewerb zwischen den staatlichen Forschungsorganisationen herrschen und die institutionelle Förderung zurückgefahren werden. 60 Prozent der Mittel sollten im Wettbewerb an „Forschungsmärkten" generiert werden – von staatlichen und privaten Auftraggebern, 40 Prozent würden dann noch die institutionellen Mittel ausmachen. Heute ist die Relation umgekehrt.

Die Institute sollten sich selbst organisieren können, ihre Forschungsthemen autonom bestimmen und über die Zusammenarbeit mit anderen Forschungsorganisationen bis hin zur Fusion entscheiden.

Teilweise wird die Heranführung der außeruniversitären Forschungseinrichtungen an die Hochschulen für sinnvoll erachtet, gar deren Integration befürwortet. Zurück zu Humboldts Ideal von der „Bildung durch Wissenschaft". Wenn Stanford einen großen Beschleuniger betreiben könne, warum nicht auch eine deutsche Universität, fragt Professor Ernst-Ludwig Winnacker, Präsident der Deutschen Forschungsgemeinschaft. Eine Annäherung und bessere Vernetzung von Hochschulen und Forschungseinrichtungen ist sicher sinnvoll. Die

Universitäten müssten aber strukturell und finanziell erst in die Lage versetzt werden z.B. Großgeräte zu übernehmen und zu betreiben. Derzeit dürfte das die Ausnahme sein. Der Ruf einer Universität wird aber künftig, neben der Qualität der Ausbildung, ganz entscheidend vom Forschungsprofil bestimmt werden.

Eine gemeinsame Forderung von Wissenschaft und Industrie ist die Einführung von sogenannten „Forschungsprämien" im Rahmen der staatlichen Forschungsförderung. Für jeden Forschungsauftrag eines Unternehmens an eine Hochschule oder außeruniversitären Forschungseinrichtung wäre eine „Forschungsprämie" von 25 Prozent des Auftragswertes an den Auftragnehmer zu gewähren. Dies brächte der Wissenschaft über den staatlichen Anreiz mehr privates Geld und den Unternehmen mehr Technologietransfer ohne aufwändiges Antrags- und Genehmigungsverfahren.

Die zunehmende Geldknappheit der öffentlichen Hand hat unter anderem dazu geführt, dass sich Hochschulen intensiver als früher selbst wirtschaftlich betätigen. So hat die Verwertung geistigen Eigentums der Universitäten durch neu eingerichtete Patentverwertungsagenturen in den letzten Jahren zugenommen. Auch der Bereich der wissenschaftlichen Weiterbildung – inzwischen zu einer Kernaufgabe der Hochschulen erhoben - eröffnet ein weites Feld für wirtschaftliche Betätigung von Hochschulen und Kooperationen mit der Industrie. Die Wirtschaft wird künftig mehr in Weiterbildung investieren müssen, um das Konzept des „lebenslangen Lernens" in den Unternehmen umzusetzen.

In Zukunft wird es auch darauf ankommen, die richtigen Schwerpunkte bei der Forschungsförderung zu setzen und diese zwischen Wissenschaft und Wirtschaft zu koordinieren. Im Februar dieses Jahres hat die Bundesregierung beispielsweise für die Nanotechnologie ein abgestimmtes Strategiekonzept vorgelegt, das die Grundlagenforschung mit der Anwendung verzahnt. In diesem Sinn soll auch die „Initiative Partner für Innovation" der Bundesregierung arbeiten. Sie will 2005 für weitere Zukunftssektoren wie Energie, Mobilität, Medien, Vernetzung oder Gesundheit konkrete Handlungsempfehlungen vorlegen, um die Innovationspotenziale dieser Themenfelder zu erschließen.

Dazu gehört auch die gezielte Ausbau von bestehenden Clustern, wie sie vor allem im Bereich der Biotechnologie in den letzten zehn Jahren entstanden sind. Hier arbeiten Hochschulen, Forschungseinrichtungen, Pharmaunternehmen und Biotech Start-ups in einer Region eng zusammen. Um die Ressourcen effektiv zu bündeln, sollte der Schwerpunkt auf solche Standorte gelegt werden, die aufgrund ihrer Größe und Reife das Potential haben, international erfolgreich zu sein. Gegenwärtig herrscht noch zu sehr das „Gießkannenprinzip" föderaler und regionaler Förderung vor.

Dies alles zeigt, eine Vielzahl von Reformen und Maßnahmen sind erforderlich, um „die geistigen Potentiale zu entfesseln" und in Impulse für künftige Wertschöpfung zu verwandeln.

Innovationsklima und Rahmenbedingungen

Marktwirtschaftlich organisierte Nationen durchlaufen in einem Abstand von 40 bis 60 Jahren tiefgreifende Reorganisationsprozesse. Die sog. „Kondratieff-zyklen" sind lang anhaltende Innovationsschübe, die durch die Anwendung bahnbrechender Basisinnovationen ausgelöst werden. Die Dampfmaschine, der Stahl, die Elektrotechnik und das Auto sind Beispiele für solche Basisinnovationen. Wir stehen jetzt am Beginn des nächsten Innovationsschubes, dessen Leitsektor der Gesundheitsmarkt sein wird. In Verbindung mit der Bio- und Gentechnologie eröffnen sich ungeahnte Möglichkeiten in den Bereichen Ernährung, Umwelt aber insbesondere auch bei der Behandlung von Krankheiten.

Durch die kritische Haltung von Teilen der Öffentlichkeit gegenüber der Biotechnologie lag Deutschland am Anfang dieser Entwicklung im europäischen Vergleich weit zurück. Das Genehmigungsverfahren zur Produktion von gentechnisch hergestelltem Insulin der Firma Hoechst hat 14 Jahre gedauert. Inzwischen ist die sog. „Rote Gentechnik", die Anwendung in der Medizin, weitgehend akzeptiert und wir haben deutlich aufgeholt. Den Rückstand zu den USA werden wir aber nicht mehr wettmachen.

Heute geht es um die „Grüne Gentechnik", also gentechnisch veränderte Nutzpflanzen, um Stammzellforschung und anderes mehr. Forschungsfeindliche Entwicklungen und restriktive Gesetze haben auch international Signalwirkung, auf junge Wissenschaftler, auf Wagniskapital und Investoren.

Hinzu kommt, dass moderne Forschungs- und Innovationspolitik ressortübergreifend aus einem Guss erfolgen muss. Es ist inkonsistent, wenn die Gesundheitsministerin die forschende Pharmaindustrie schröpft, in dem sie Festbeträge (Erstattungsobergrenzen) für patentgeschützte Arzneimittel einführt und die Forschungsministerin zeitgleich die Wirtschaft auffordert, ihre Forschungsbudgets zu erhöhen, um die „Lissabon-Kriterien" zu erfüllen. Demnach sollen bis 2010 mindestens 3 Prozent des Bruttoinlandsprodukts in Forschung und Entwicklung investiert werden. Derzeit liegt der Anteil in Deutschland bei 2,5 Prozent des BIP.

Die zusätzlichen Investitionen werden nur erfolgen können, wenn die Reformen auch in anderen Bereichen weitergehen, in der Arbeitsmarktpolitik, der Sozialpolitik und bei der Verringerung der Abgabenlast. Bleiben wir so unflexi-

bel wie bisher würde aus unseren innovativen Ideen woanders Kapital geschla-
gen.

Der ehemalige Bundespräsident Roman Herzog bemerkte dazu schon vor
Jahren, dass Innovationsfähigkeit im Kopf anfange, bei unserer Einstellung zu
neuen Techniken, zu neuen Arbeits- und Ausbildungsformen, bei unserer Haltung zu Veränderung schlechthin. „Die Fähigkeit zur Innovation entscheidet über
unser Schicksal", so Herzog.

1.5 Hochschulen als Unternehmen

Birte Gall und Stephanie Killinger

Zusammenfassung

Staatliche Hochschulen in Deutschland stecken in einer finanziellen Krise, die sie insofern existentiell bedroht, da mit sinkender finanzieller Ausstattung die Attraktivität der Hochschulen sowohl als Lern- als auch als Lehr- und Forschungsstätte sinkt. Es bildet sich ein Teufelskreis: Um attraktiv für Studenten zu sein, müssen Hochschulen verstärkt mit guten Studienangeboten locken. Gute Studienangebote lassen sich jedoch nur mit entsprechender finanzieller Ausstattung realisieren. Um ihren Standard zu wahren, ist es für Hochschulen daher höchste Zeit darüber nachzudenken, welche neuen Einnahmequellen sich wie erschließen lassen. In dem folgende Beitrag wird eine Struktur vorgestellt, anhand welcher Hochschulen mögliche erwerbswirtschaftliche Aktivitäten systematisch identifizieren können.

1. Merkmale eines Unternehmens

In der Literatur wird ein Betrieb allgemein verstanden als eine Kombination von Produktionsfaktoren, mit der ihre Eigentümer bestimmte Ziele realisieren wollen. Betriebe in marktwirtschaftlichen Wirtschaftssystemen werden gemeinhin als Unternehmen bezeichnet. Das Besondere an Unternehmen ist erstens die schon zum stehenden Begriff gewordene „unternehmerische Freiheit", d. h. ein Unternehmer ist bei seinen Entscheidungen weitgehend autonom. Er kann also auf Basis der gegebenen Marktsituation selbst bestimmen, ohne dass staatliche Lenkungsbehörden ihm Vorschriften machen (Autonomieprinzip). Unternehmer agieren zweitens nach dem erwerbswirtschaftlichen Prinzip. Wenngleich auch außerökonomische Nutzengewinne das unternehmerische Handeln bestimmen können (wie z. B. Prestige, soziales Bewusstsein), ist die Triebfeder des Handelns das Streben nach langfristiger Einkommensmaximierung. Die Leistungen werden also in erster Linie erbracht, um durch ihren Absatz Gewinne zu erzielen. Drittes Merkmal eines Unternehmens ist das Privateigentum. Dies bedeutet, dass dem Unternehmen die erzielten Gewinne zur Reinvestition zur Verfügung stehen und sie somit die Basis für die wirtschaftliche Entwicklung des Unternehmens bilden.[1]

Gegenstand dieses Beitrags ist die Überlegung, inwieweit auch Hochschulen als Unternehmen agieren können. Im Vordergrund steht dabei das zweite Charakteristikum eines Unternehmens, nämlich das Bestreben, durch die Erbringung einer Leistung, Gewinne zu erzielen[2]. Ziel ist es im Folgenden, eine Struktur zu erarbeiten, anhand welcher Fragen aufgeworfen und Ansatzpunkte für das unternehmerische Engagement einer Hochschule durchdacht werden können. Da die Gewinne bei der Leistungserstellung und -verwertung eines Unternehmens generiert werden, stellt sich als erstes die Frage, worin die eigentliche Leistung, das Absatzgut einer Hochschule besteht.

2. Absatzgut einer Hochschule

Es ist sicherlich unbestritten, dass das Absatzgut einer Hochschule – verstanden als „Ausbildung und Wissenstransfer" – kein Sachgut sondern eine Dienstleistung darstellt. Die Schwierigkeiten, das Absatzgut einer Hochschule zu fassen, liegen im Charakter des Absatzgutes „Dienstleistung" begründet. Trotz der Vielzahl und -falt der Versuche, die Dienstleistung zu definieren, besteht in der Literatur weitgehend Einigkeit darüber, dass sich der Charakter der Dienstleistung im Allgemeinen und damit auch die Dienstleistung einer Hochschule am besten aus verschiedenen Blickrichtungen erfassen lassen. Diese stellen keine divergierende, sondern sich ergänzende Facetten der Dienstleistung dar[3].

Aus einer potentialorientierten Sicht bietet die Hochschule ein Leistungspotential auf der Basis von internen (Produktions-) Faktoren an. Als interne Produktionsfaktoren einer Hochschule sind zunächst die Leistungsfähigkeit und die Leistungsbereitschaft ihrer Professoren und Dozenten in Forschung und Lehre zu nennen (immaterielle Faktoren). Zudem zählt zu den internen Produktionsfaktoren die gesamte Infrastruktur, d. h. der Campus mit Gebäuden einschließlich Hörsälen, Bibliothek, Mensa und technischer Ausstattung (materielle Faktoren). Die Dienstleistung der Hochschule kann jedoch erst erbracht werden, wenn sich ein externer (Produktions-)Faktor, d. h. in diesem Fall der Student, in den Leistungsprozess integriert. Die Dienstleistung konkretisiert sich somit erst an

---

[1] Vgl. Wöhe, G.; Döring, U.: Einführung in die Allgemeine Betriebswirtschaftslehre, 21. Aufl., München 2002, S. 2ff.

[2] Die Handlungsfreiheit (erstes Merkmal) und das Eigentum an Produktionsmitteln (drittes Merkmal) stellen eine Frage der Rechtsform resp. der Organisation dar und sollen in diesem Kontext nicht behandelt werden.

[3] Vgl. stellvertretend für die dienstleistungsspezifischen Grundlagen Corsten, H.: Dienstleistungsmanagement, 4. Aufl., München/Wien 2001, S. 22ff. und die dort angegebene Literatur.

diesem externen Faktor und stellt im Moment des Absatzes lediglich ein Leistungsversprechen dar. Entscheidend ist hierbei, dass die Qualität der Dienstleistung nicht nur von den qualitätsrelevanten Eigenschaften der internen Faktoren, sondern in hohem Maße auch von Leistungsfähigkeit und -bereitschaft der externen Faktoren, d. h. der Studenten, bestimmt wird. Der Student ist also nicht nur Leistungsnehmer bzw. Kunde, sondern gleichzeitig auch qualitätsbestimmender Produktionsfaktor.

Aus einer prozessorientierten Sicht könnte man zu dem Schluss kommen, das Angebot einer Hochschule in der Ausbildung, d.h. im Studium an sich zu sehen. Oftmals kaum zu trennen von einer prozessorientierten Perspektive ist die ergebnisorientierte Sichtweise. Ergebnisorientiert betrachtet besteht die Dienstleistung der Hochschule in dem zu erreichenden Studienabschluss. Aus dieser Perspektive kann die Dienstleistung auch verstanden werden als das Angebot, dem Studenten das Rüstzeug für eine erfolgreiche Berufstätigkeit zu vermitteln. Diese akademisch anmutende Differenzierung in eine potential-, prozess- und ergebnisorientierten Perspektive verdeutlicht, dass damit nicht nur die Eigenschaften, sondern auch die jeweiligen Besonderheiten der Dienstleistung transparent werden. Diese Besonderheiten sind von zentraler Bedeutung, um als Hochschule einen Namen, eine Marke aufzubauen.

3. Hochschule als Marke

Der Hochschule muss es zunächst gelingen, den an sie gestellten Anforderungen in Forschung und Lehre, Ausbildung und Wissenstransfer besser als ihre Wettbewerber gerecht zu werden. Das setzt voraus, dass die Hochschule ihr Profil definiert und sich der Quellen ihrer Überlegenheit im Markt bewusst ist. Sie muss deshalb die Eigenschaften ihres Leistungspotentials, -prozesses und -ergebnisses kennen, welche die Grundlage für das angestrebte (oder bereits bestehende) Profil im Markt bilden[4]. Dieses spezifische Profil stellt die Basis für ein positives Image und die Etablierung einer Hochschule als Marke dar.

Für das Bestehen am Markt ist die Marke in doppelter Hinsicht entscheidend: Zum einen wird die Hochschule erst dadurch für die besten „internen Produktionsfaktoren" – die Dozenten – aber auch die besten „externen Produktionsfaktoren" – die Studenten – attraktiv. Beide begründen dadurch die gute Reputation einer Hochschule und stehen in einem Zusammenhang, der an die „Henne-Ei" Thematik erinnert. Zum anderen ist die Reputation, das Markenimage einer Hochschule wiederum die zentrale Voraussetzung für die Vermarktung der

---

[4] Dabei werden in diesem Zusammenhang die rechtlichen und die strukturellen Voraussetzungen für erwerbswirtschaftliche Aktivitäten einer Hochschule außer Acht gelassen.

Hochschule. So werden z. B. Arbeitgeber nur Interesse an den Studenten einer Hochschule haben, wenn die Ausbildung exzellent ist und sie eine entsprechende Reputation genießt. Wesentlich ist in diesem Zusammenhang deshalb die Überlegung, dass die Wettbewerbsvorteile der Hochschule in ihrem Kerngeschäftsfeld erst die Basis für mögliche erwerbswirtschaftliche Aktivitäten und Diversifikationsvorhaben schaffen. Die Frage, wie Wettbewerbsvorteile generiert werden können, soll jedoch in diesem Rahmen nicht weiter thematisiert werden. Vielmehr wird im Folgenden versucht, Handlungsfelder aufzuzeigen, anhand derer mögliche Engagements systematisch identifiziert werden können

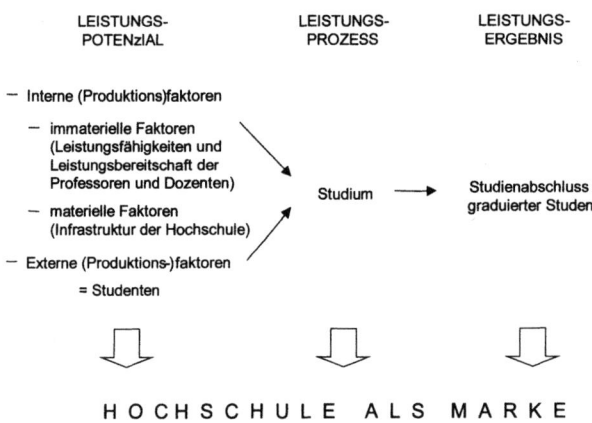

Abb. 1: Zusammenfassung der bisherigen Überlegungen.

4. Ansatzpunkte für die Vermarktung

Vor dem Hintergrund des obigen Dienstleistungsverständnisses und der Differenzierung in interne und externe (Produktions-)Faktoren werden die Vermarktungsmöglichkeiten einer Hochschule daher im Folgenden ebenfalls getrennt nach internen und externen (Produktions-)Faktoren durchdacht.

4.1 Nutzung interner (Produktions-)Faktoren

In diesem Kapitel wird versucht, einen möglichen Aktionsrahmen für das erwerbswirtschaftliche Engagement einer Hochschule auf der Grundlage interner Faktoren aufzuspannen. Dabei soll auf eine Angebotsachse einerseits und eine Zielgruppenachse andererseits zurückgegriffen werden. Hieraus ergeben sich vier Handlungsfelder: Die Hochschule kann unter Beibehaltung des bisherigen Leistungsangebots neue Zielgruppen bearbeiten (Zielgruppendiversifikation) oder der bisherigen Zielgruppe neue Angebote offerieren (Angebotsdiversifikation). Darüber hinaus kann die Hochschule auch versuchen, mit neuen Angeboten neue Zielgruppen zu gewinnen (zweidimensionale Diversifikation). Natürlich ist es aber auch möglich, mit dem bisherigen Leistungsspektrum und der bestehenden Zielgruppe erwerbswirtschaftlich zu agieren.[5] Im Folgenden sollen die genannten Handlungsfelder einer genaueren Betrachtung unterzogen werden.

Ein naheliegender Gedanke ist, sich mit dem bestehenden Angebot neue Zielgruppen zu erschließen. Nicht zuletzt vor dem Hintergrund des vieldiskutierten Kernkompetenzgedankens sollte die erste Aufgabe der Hochschulen darin bestehen, ihre (Kern)Kompetenzen klar zu definieren. In einem nächsten Schritt könnte die Hochschule darüber nachdenken, inwieweit sie bereits bestehende Leistungsfähigkeiten ihrer Professoren und Dozenten anderen, bisher nicht bearbeiteten Zielgruppen anbietet (z. B. Studium generale für Senioren, Weiterbildung für externe Bildungsnachfrager). Der Gedanke der effizienten Nutzung bereits vorhandener Ressourcen kann auch auf die materiellen internen Faktoren der Hochschule übertragen werden. Die Hochschule kann etwa systematisch ihre gesamte Ausstattung erfassen, mit relevanten Alternativangeboten vergleichen und überlegen, für welche Zielgruppen zu welchen Anlässen diese zu den verfügbaren (Lehr-) Zeiten entgeltlich angeboten werden kann.

Als zweite Möglichkeit könnte die Hochschule mit einem neuen Angebot an neue Zielgruppen herantreten. Wird die Kernkompetenz einer Hochschule – über den fachbezogenen Wissenstransfer hinaus – als Fähigkeit zur Wissensvermittlung allgemein gesehen, ergibt sich daraus ein neues Geschäftsfeld. So könnte eine Hochschule die Fähigkeit, Wissen zu vermitteln dazu nutzen, ihre bisherigen Lehrangebote auf andere Themen zu übertragen. Diese müssen nicht immer in einem unmittelbaren fachlichen Zusammenhang mit der eigentlichen Ausrichtung der Hochschule stehen, sondern mittelbar für die berufliche Praxis der Zielgruppe von Relevanz sein (z. B. Soft Skills, Personalführung für Führungskräfte, wirtschaftswissenschaftliche Grundkenntnisse für Naturwissenschaftler usw.).

---

[5] Vgl. Graßy, O. : Diversifikation, in : Strategische Marketingoptionen. Änderungen auf Geschäftsfeldebene, hrsg. v. P. W. Meyer und R. Mattmüller, Stuttgart/Berlin/Köln 1993, S. 33.

Auch diese Form der Diversifikation kann auf die materiellen Faktoren der Hochschule bezogen werden. Hintergrund ist dabei die Überlegung, dass für den Kunden unabhängig davon, ob er ein Sachgut erwirbt oder eine Dienstleistung in Anspruch nimmt, in erster Linie der Wunsch nach einer Problemlösung im Vordergrund steht[6]. So werden Räumlichkeiten in der Regel angemietet, um darin eine Veranstaltung durchzuführen, welche wiederum etliche organisatorische und logistische Probleme mit sich bringt. Dies legt den Gedanken nahe, die Räumlichkeiten der Hochschule nicht nur zur Anmietung, sondern auch problemlösende Leistungspakete wie das komplette Veranstaltungsmanagement anzubieten.

Ein weiteres Handlungsfeld ergibt sich durch Angebotsdiversifikation. Dabei wird das bisherige Leistungsspektrum um zusätzliche Leistungen für die bereits bestehende Zielgruppe „Studenten" erweitert. Zu beachten ist hierbei jedoch der „strategische Fit" und die notwendige Feinabstimmung mit dem bisherigen Kernangebot, um dieses nicht zu verwässern. So kann ein Vorbereitungskurs durchaus die qualitative Nutzung des Studienangebots verbessern, da die unterschiedlichen Leistungsfähigkeiten der Studenten ausgeglichen und angepasst werden können. Indessen kann ein kostenpflichtiger Examensvorbereitungskurs kontraproduktiv sein, da daraus Unzulänglichkeiten in der eigentlichen Ausbildung gefolgert werden könnten.

Zu diesem Handlungsfeld kann auch das in Deutschland zunehmend Beachtung findende Merchandising gezählt werden. An angloamerikanischen Hochschulen bereits seit längerem Usus, sollen dabei die Markenwerte der Hochschule auf Produkte übertragen werden, die zum Leben eines Studenten und Absolventen dieser Hochschule passen und deshalb einen identitätsstiftenden Beitrag zu leisten vermögen. Zentrales Gestaltungselement ist das Logo der Hochschule, dass sich auf allen Produkten als Erkennungsmerkmal und Markenzeichen wiederfindet. Das Merchandising ist auch deshalb interessant, weil es mehrere Funktionen erfüllen kann. So können zum einen Gewinne durch den Verkauf der Produkte erzielt werden. Zum anderen ist es auch denkbar, durch den Verkauf von Rechten Einnahmen zu generieren (z. B. für die Logoplatzierung eines Unternehmens, das an den Studenten als Kunden oder Arbeitnehmern interessiert ist). Darüber hinaus ergeben sich auch indirekt positive Effekte, da die Käufer zu Werbeträgern für die Hochschule werden.

Das letzte Aktionsfeld – ein bestehendes Angebot einer bestehenden Zielgruppe anzubieten – ergibt sich aus der Überlegung, fakultative Teile des vorhandenen Leistungspotentials aus dem eigentlichen Geschäftsfeld der Hochschule auszugliedern. Diese Leistungen könnten damit der bestehenden Ziel-

---

[6] Vgl. Kern, W.: Produkte als Problemlösungen, in: Handwörterbuch der Produktionswirtschaft, Hrsg. v. W. Kern, Stuttgart 1979, Sp. 1435f.

gruppe entgeltlich angeboten und finanziell genutzt werden. Beispiele für Einkommenspotentiale, die aus einem bestehenden Leistungsspektrum erschlossen werden können, wären nicht-fachspezifische Sprachkurse, ein Studium generale oder Serviceleistungen bei der Organisation des Auslandsstudiums.

Im Zuge der Überlegung, einmal aufgebaute und damit bestehende interne Ressourcen ökonomisch zu nutzen, sei auf die (theoretische) Möglichkeit hingewiesen, interne Leistungen wiederum intern anzubieten bzw. zu verrechnen. Dies bietet sich primär dann an, wenn das Know-how auch am Markt verfügbar ist und entsprechend (teuer oder teurer) ein- oder zugekauft werden muss, d. h. die Hochschule alternativ auch auf einen externen Dienstleister zurückgreifen kann. Damit bietet sich jedoch die grundsätzliche Möglichkeit, Leistungen auch intern abzusetzen und interne Gewinn- oder zumindest Kosteneinsparpotentiale zu erschließen (z. B. IT-Kurse für Mitarbeiter, Programmierung von Datenbanksystemen, Erstellung von Grafikarbeiten einer internen Werbeabteilung)

Angebot \ Zielgruppen		bestehende Zielgruppe	neue Zielgruppe **
bestehende	Leistungsfähigkeiten	Studium generale	Studium generale für Senioren
	materielle Faktoren	Verkauf von Skripten	Vermietung von Räumen
neue	Leistungsfähigkeiten *	Kurse für Soft Skills	Weiterbildung für Externe oder Alumnis
	materielle Faktoren *	Merchandising	Veranstaltungsmanagement ***

* Angebotsdiversifikation

** Zielgruppendiversifikation

*** Zweidimensionale Diversifikation

Abb. 2: Zusammenfassung: Erwerbswirtschaftliche Nutzungsmöglichkeiten

4.2 Nutzung externer (Produktions-)Faktoren

Um auch die externen Faktoren hinsichtlich ihres erwerbswirtschaftlichen Potentials für die Hochschule zu untersuchen, erscheint eine andere Perspektive zweckmäßig. Hintergrund ist hierbei die Überlegung, dass der Student als externer Faktor im Laufe des Leistungserstellungsprozesses für unterschiedliche Akteure relevant sein kann. Eine Ursache dafür ist, dass er wirtschaftlich betrachtet eine Art Wertschöpfung durchläuft, durch die er jeweils unterschiedliche Rollen übernimmt. Im Folgenden soll erläutert werden, welche Rollen der Student übernehmen kann bzw. für welche Akteure er damit interessant wird und welche indirekten und direkten erwerbswirtschaftlichen Potentiale er damit der Hochschule erschließt.

Trotz des humanistischen Bildungsideals ist das Ziel des Studiums in den meisten Fällen die Vorbereitung auf das spätere Berufsleben. Mit Ende seiner erfolgreichen Ausbildung wird der Student als potentieller Mitarbeiter interessant.

Das bietet der Hochschule die Möglichkeit, Maßnahmen und Angebote zu entwickeln, die Unternehmen den Zugang zu den Absolventen ermöglicht. Die Nutzung dieser Angebote ist für die Unternehmen kostenpflichtig und verschafft der Hochschule eine Einnahmequelle. Beispiele hierfür wären Recruitingveranstaltungen, Absolventenmessen, Career-Books oder Anzeigen-schaltungen.

Unabhängig davon ist der Student auch Konsument, d. h. er ist potentieller Kunde und damit in erster Linie für alle Unternehmen von Interesse, deren Zielgruppenprofil deckungsgleich mit den Eigenschaften der Studenten ist (ein Beispiel hierfür wäre der Finanzdienstleister MLP). Diese Konstellation ist insofern von Vorteil, da in diesem Fall die Zielgruppe sehr homogen ist und daher Streuverluste bei Werbemaßnahmen vergleichsweise geringer sind. Darüber hinaus können Studenten auch einen Teil des relevanten Marktes darstellen (z. B. als Konsumenten von Frühstücksflocken). Aus der Rolle des Studenten als Konsument lassen sich ebenfalls eine Reihe von Maßnahmen ableiten, mit denen die Hochschule Geld verdienen kann. Beispiele hierfür sind die Vermarktung von Werbeflächen oder von Werbebannern im Onlinebereich. Da erwerbswirtschaftliche Ziele bekanntermaßen nicht das primäre Anliegen von Hochschulen waren und sind, haben indessen eine Reihe von Unternehmen das Marktpotential der über 2 Mio. Studenten in Deutschland erkannt und für die verschiedenen Themen Märkte geschaffen.

Unmittelbar an der Rolle als Konsument hängt eine weitere Rolle des Studenten, nämlich der Student in seiner Funktion als Multiplikator, Meinungsbeeinflusser und Trendsetter. Dabei kommt sein Einfluss dadurch zum Tragen, dass er ein Produkt nutzt oder eine Dienstleistung in Anspruch nimmt und dies für den Außenstehenden und „Trendfollower" sichtbar wird.

Schließlich wird der Student der Hochschule in seiner Rolle als Alumni – im Unterschied zu den oben dargestellten mittelbaren Möglichkeiten – selbst zur potentiellen unmittelbaren Einnahmequelle. So wird er z. B. für neue Weiterbildungsangebote der Hochschule selbst zum potentiellen Kunden. Darüber hinaus stellen Alumnis für die Hochschule auch Geldgeber dar, die aus ihrer Verbundenheit mit der Hochschule diese finanziell tatkräftig unterstützen können – ein Potential, das insbesondere in den USA schon seit langem ausgeschöpft wird.

5. Fazit

Mit der obigen Darstellung wurde deutlich, dass es auch für Hochschulen durchaus eine Reihe von Handlungsfeldern gibt, in denen Gewinne erzielt werden können. Dabei muss es nicht immer notwendig sein, neue Geschäftsfelder zu erschließen. Vielmehr ist es auch möglich, innerhalb des bestehenden Geschäftsfeldes zu agieren oder lediglich das Leistungsangebot bzw. die Zielgruppe zu verändern. Problematisch ist jedoch, dass diejenigen Hochschulen, die unternehmerisch aktiv werden wollen, hohe rechtliche Hürden überwinden müssen, da der derzeitige rechtliche Rahmen den Hochschulen nur sehr begrenzte Möglichkeiten lässt, Gewinne zu erzielen. Daher müssen Hochschulen, die Leistungen gewinnorientiert anbieten wollen, Unternehmen ausgründen. Von derzeit 373 Hochschulen in Deutschland haben bis heute jedoch lediglich eine Handvoll den Weg einer Ausgründung beschritten. Es müssen seitens der Politik deshalb endlich die notwendigen (rechtlichen) Rahmenbedingungen geschaffen werden, um Hochschulen aus ihrer Zwangsjacke zu befreien und um einen noch brachliegenden Wachstumsmarkt zu erschließen.

1.6 Unternehmensgründungen an Universitäten als Innovations- und Wachstumsmotor

Thomas Gawlitta

Einleitung

Deutschland benötigt einen kräftigen und nachhaltigen Innovationsschub, um wieder aus dem Tal der Tränen heraus zu kommen. Innovationsstarke Länder, wie die USA und Indien, machen es vor: Sie investieren in Köpfe und Zukunftsbranchen. Ein zusätzlicher Erfolgsfaktor dieser beiden Volkswirtschaften ist die Förderung von Unternehmensgründungen, gekoppelt an eine ausgeprägte Gründer- und Unternehmerkultur. Im direkten Ländervergleich schneidet Deutschland hier besonders schlecht ab. Laut des GEM-Länderberichtes 2002[1] belegt Deutschland mit einem Anteil an Nescent Entrepreneurs[2] von 3,51 Prozent Platz 23 (von 37 untersuchten Ländern). Die USA mit einem Anteil von 7,1 Prozent und Indien mit 11 Prozent gehören zu der Gruppe der Top Five.

Betrachtet man ein weiteres Innovationsindiz, wie den Anteil der Ausgaben in Wissen am Bruttosozialprodukt (Forschung und Entwicklung, höhere Bildung und Software), wird die Innovationskluft zwischen Deutschland und den hier führenden Ländern Schweden und USA deutlich sichtbar. Schweden investiert 8,7 Prozent seines Bruttosozialproduktes in Wissen. Im Land der unbegrenzten Möglichkeiten, den USA, sind es 6,1 Prozent. Deutschland ist mit einem Anteil von 4,3 Prozent weit abgeschlagen.[3]

Der vorliegende Beitrag fokussiert sich auf die Betrachtung von Unternehmensgründungen und Wissenstransfer an Universitäten als Innovations- und Wachstumsmotoren für regionale Innovationscluster. Ausgehend von den drei kritischen Erfolgsfaktoren (i) Gründerkultur, (ii) Vernetzung zwischen Wirtschaft und Wissenschaft sowie (iii) Aufbau von regionalen Innovationsclustern wird ein Vergleich zwischen Deutschland und den USA gezogen.

---

[1] Global Entrepreneur Monitor: GEM-Bevölkerungsbefragungen 2002.
[2] Prozentanteil der Erwachsenen (18 - 64 Jahre), die sich aktiv an der Gründung eines neuen Unternehmens beteiligen, die Inhaber- oder Teilhaberschaft im Unternehmen anstreben und sich während der letzten drei Monate keine Vollzeitlöhne oder –gehälter gezahlt haben.
[3] Quelle: http://www.oecd.org; OECD 2000.

Gründerkultur

Die von der Politik und der Wirtschaft seit Jahren beschworene Gründerkultur scheint in Deutschland weniger Gründerbegeisterung geweckt zu haben als erwartet. Mit Beschwörungsformeln wie „Durch Deutschland muss ein Ruck gehen" und zahlreichen weiteren Weckrufen versuchen die politischen und wirtschaftlichen Eliten Werbung für eine „Neue Gründerkultur" zu machen. Bis jetzt ohne sichtbaren Erfolg. Deutschland ist von einem Land der Gründer noch weit entfernt.

Das gleiche Bild zeichnet sich bei Unternehmensgründungen an Universitäten ab. Es fehlen die risikobereiten Studierenden und Forscher, um das enorme Potenzial an Wissensressourcen für die Volkswirtschaft nutzbar zu machen. Und die ökonomischen Ressourcen sind immens, wie die Zahlen einer Studie der Bank Boston am Beispiel der Eliteuniversität Massachusetts Institute of Technology (MIT) eindrucksvoll belegen: MIT-Absolventen haben bis 1997 4.000 Unternehmen gegründet, die allein im Jahr 1994 1,1 Mio. Mitarbeiter beschäftigten und einen Umsatz von 232 Mrd. generierten.[4] Vergleichbare Zahlen für Deutschland sucht man vergebens. Sogar das Bundesministerium für Bildung und Forschung bezieht sich auf das MIT-Beispiel, nennt allerdings keine Zahlen für die deutsche Wissenschaftslandschaft. Es wird nur darauf hingewiesen, dass es in Deutschland solche Best Practices noch nicht gibt.

Fehlt es den deutschen Studierenden und Forschern an Mut, Geld oder Wissen? Woran hapert es? Es mangelt keinesfalls an unterstützenden Maßnahmen zur Förderung von Unternehmensgründungen aus Universitäten heraus. Mit zahlreichen Förderprojekten und Wettbewerben, wie zum Beispiel dem Programm „Exist" der Bundesregierung[5], locken die öffentlichen und wirtschaftlichen Einrichtungen mit Geld und Infrastruktur. Das Problem: die Gründergemeinschaft ist zu klein. Das liegt zum einen an der mangelnden Risikobereitschaft der Deutschen insgesamt, eine wichtige Voraussetzung für ein Land der Gründer, zum anderen an der ungenügenden Unterstützung von Unternehmerleidenschaft in der Gesellschaft, also der vielbeschworenen Gründerkultur.

Es stellt sich nun die Frage, welche Voraussetzungen an Universitäten gegeben sein müssen, um eine markante Gründerkultur zu begünstigen. Die folgenden fünf Punkte geben hierauf eine Antwort:[6]

---

[4] Quelle: BankBoston Studie „MIT: The Impact of Innovation", März 1997.
[5] http://www.exist.de
[6] Quelle: „MIT und das Cambridge High-Tech Cluster: Was kann Deutschland davon lernen?", Bernd Widdig, Ph.D. Associate Director, MIT International Science and Technology Initiative, Berlin 2004.

(i) Culture of Excellence: In einem Umfeld der Exzellenz entsteht ein kreativer Wettbewerb der besten Ideen. Die Grundlage für erfolgreiche Unternehmensgründungen.

(ii) Culture of Entrepreneurship: Die direkte Stimulierung von Unternehmensgründungen durch geeignete Rahmenbedingungen: Lehrstühle, Beratung, Wettbewerbe, Netzwerke und Finanzierung.

(iii) Culture of Rewards: Ein individuelles Anerkennungs- und Belohnungssystem für Forscher und Professoren hinsichtlich der Vermarktung von Forschungsergebnissen sowie Unternehmens-ausgründungen.

(iv) Culture of Flexibility and Permeability: Interdisziplinäre Forschungseinrichtungen, Freiheit in Forschung und Lehre sowie die Bindung der Studierenden an die Universität als Grundlage für eine Gründerkultur.

Ende 2003 gab es an deutschen Universitäten 49 Professuren beziehungsweise Lehrstühle für Unternehmensgründungen,[7] hingegen keinen einzigen Lehrstuhl zur Förderung der Gründerkultur. Vielleicht sollte man hier ansetzen?

Vernetzung zwischen Wirtschaft und Wissenschaft

Eine der wichtigsten Voraussetzungen für eine deutliche Erhöhung der Unternehmensgründungsaktivitäten an Universitäten ist die direkte Vernetzung zwischen Wirtschaft und Wissenschaft. Die Vernetzung muss bereits in einer frühen Phase der Forschung und Lehre erfolgen.

In Deutschland besteht eine lange Tradition der kurzfristigen Auftragsforschung. Zu kurz kommen Verbindungen, die auf eine langfristige und intensive Zusammenarbeit ausgelegt sind. Es findet aber allmählich ein Umdenken auf beiden Seiten statt, wie man zum Beispiel an den beiden großen Forschungskooperationen zwischen der TU Berlin und der Deutschen Telekom AG (Deutsche Telekom Innovation Center) sowie zwischen der TU München und General Electric deutlich sehen kann.

Im Bereich der Lehre und der mittelbaren Zusammenarbeit zwischen Studierenden und Unternehmen konnten sich die privaten Wirtschafts-hochschulen bereits früh einen Namen machen. So bietet zum Beispiel die Wirtschaftsfakultät der Universität Witten/Herdecke ihren Studierenden ein intensives Mentorenpro-

---

[7] Quelle: „Unternehmensgründungen aus Hochschulen - Die Universität als Gründungswerkstatt?", Prof. Dr. Kai-Ingo Voigt, Nürnberg 2003.

gramm an. Die Studierenden sammeln praktische Erfahrungen in ausgewählten Mentorenfirmen und reflektieren diese auf Basis wissenschaftlicher Erkenntnisse.[8] Hier erfolgt der Wissensaustausch direkt über die Studierenden als Wissensträger - die effizienteste Form des Wissenstransfers zwischen Wirtschaft und Wissenschaft.

Ein Kernproblem des unzureichenden Wissenstransfers liegt in der mangelnden Transparenz seitens der Universitäten. Eine übersichtliche Darstellung und Kommunikation der Forschungskompetenzen und –einrichtungen findet nur sehr eingeschränkt statt. Ein interessantes Modell aus den USA könnte hier Abhilfe schaffen: Das Industrial Liaison Program (ILP). Im Rahmen von geschlossenen Mitgliedschaften erhalten die Unternehmenspartner einen Liaison Manager zur Seite gestellt. Dieser vermittelt, als Insider des Universitätsbetriebs, zwischen Universität und Unternehmen. Er informiert das Unternehmen über laufende Forschungsprojekte, befragt Professoren und wissenschaftliche Mitarbeiter und organisiert Workshops und Gespräche. Die Association of University Technology Managers beschäftigt sich unter anderem mit diesem Ansatz des Wissenstransfers.[9]

Aufbau von regionale Innovationsclustern

Der Austausch von Mitarbeitern und Wissen zwischen Wirtschaft und Wissenschaft, die gemeinsame Planung und Durchführung von Forschungs- und Entwicklungsaktivitäten sowie die Gründung beziehungsweise Ausgründung von innovativen Unternehmen sind die Haupterfolgsfaktoren eines Innovationsclusters und leisten einen hohen Beitrag zum Wohlstandswachstum einer Region.

Innovationscluster führen nur zum Erfolg, wenn sie nicht nur als die Summe von Universitäten und Unternehmen angesehen werden. Es geht vor allem um komplette Wertschöpfungsketten, das Vorhandensein von etablierten Großunternehmen und dynamischen Start-ups, das Vorhandensein von qualifiziertem Personal sowie eine produktive Konkurrenz. Es gibt vielfältige Spillovereffekte, Synergien, Kostenvorteile und Skaleneffekte, die in Clustern wirken. Man muss vor allem auf bestehenden Strukturen aufbauen, da die Entwicklung eines Innovationsclusters ohne Basis nicht möglich ist.

Universitäten spielen bei der Etablierung von Innovationsclustern eine Schlüsselrolle, da sich einerseits Unternehmen aus wissensbasierten Branchen vorwiegend in der Nähe von Universitäten ansiedeln, anderseits Unternehmens-

---

[8] http://www.uni-witten.de
[9] http://www.autm.net

gründungen aus Universität heraus zu 55% in einem Umkreis von maximal 25 Kilometern stattfinden.[10] Weiterhin liefern sie den für Innovationen nötigen Nachschub an Human Ressources (qualifizierte und motivierte Mitarbeiter/innen) sowie Grundlagenforschung für markttaugliche Produkte und Dienstleistungen. Hierbei ist vor allem wichtig, dass man wirtschaftliche Anreize für die Wissenschaftler schafft, um die Grundlagenforschung an die Anforderungen der Wirtschaft anzunähern. Offene Karrierestrukturen, ein fruchtbarer Boden für Ausgründungen sowie die Förderung einer risikofreudigen Mentalität sind hier nur einige Maßnahmen.

Ein exzellentes Beispiel für den erfolgreichen Aufbau eines regionalen Innovationsclusters im Bereich Biotechnology ist die Bay Area (Silicon Valley, San Fransisco). Jedes vierte in den USA gegründete Biotech-Unternehmen befindet sich in einem Umkreis von 55 Kilometern zu einer dem Cluster zugehörigen Universität (Universities of California (UC). Jedes dritte Biotech-Unternehmen wurde von einem UC-Forscher gegründet. 85% der kalifornischen Biotech-Unternehmen beschäftigen Absolventen des UC-Universitätsverbundes.[11]

Schlussfolgerungen

In Deutschland lässt sich ein vorerst noch schwacher, aber stetig zunehmender Trend hin in Richtung Gründerkultur und Risikogesellschaft erkennen. Das untermauert nicht zuletzt auch ein Aspekt der Antrittsrede des neuen Bundespräsidenten Horst Köhler:

> „Deutschland - ein Land der Ideen: Das ist nach meiner Vorstellung Neugier und Experimentieren. Das ist in allen Lebensbereichen Mut, Kreativität und Lust auf Neues, ohne Altes und Alte auszugrenzen. Das sind neue Gründerjahre. Das ist die Kraft, auch mit Rückschlägen umzugehen und wieder neu anzufangen."

Gleichzeitig ist aber aus den Vergleichen mit den USA deutlich geworden, dass Deutschland noch einen langen Weg hin zu einer Gründergesellschaft vor sich hat. Die größten Hürden sind dabei die fehlende Risikoanerkennungskultur, die unzureichende Vernetzung zwischen Wirtschaft und Wissenschaft sowie die geringe Umsetzungsquote hinsichtlich der Verwertung von Ideen im Sinne von Patenten und Unternehmensgründungen.

---

[10] Quelle: "Regional Knowledge Transfer through Public Research Spinoffs.", Jürgen Egeln (ZEW), Berlin, 2003.
[11] Quelle: „Standford and Silicon Valley: How Does Knowledge Transfer Works?", John P. Decker, Berkley, 2004.

2. Kapitel: „Bildung neu definieren!"

2.1 Megatrends und Paradoxien im Bildungsmarkt 2010

Stephan A. Jansen, Gert Dahlmanns und Tim Göbel

> *„Die Breite an der Spitze ist dichter geworden!"*
> Berti Vogts, Ex-Fußball-Nationaltrainer

Eliteuniversitäten und Massenuniversitäten, Brain drain und „Brain up! –
Deutschland sucht seine Spitzenuniversitäten", Bildungsreformideen und Haus-
haltslöcher, höchste Bildungsbeteilung und stärkste Streiks der Studierenden für
bessere Studienbedingungen, Einführung der Studiengebühren und universitäts-
eigener Auswahlverfahren, Abschaffung der Zentralen Vergabestelle für Stu-
dienplätze, Europäische Harmonisierung der Abschlüsse und subversive Wider-
stände gegen den Bologna-Prozess, Schließungen von Fakultäten bzw. Studien-
gängen und Neugründungen von Privathochschulen...

Diese Schlagworte und viele weitere bestimmen seit einigen Jahren, spätestens jedoch seit der Jahreswende 2003/04 die mediale Diskussion des tertiären Bildungssektors. Die Karriere des Themas „Bildung" zeigt weiter steil nach oben, so lässt sich täglich in den Rubriken „Wissen" und „Politik" der deutschen Tages- und Wochenzeitungen nachlesen. Zu recht!

Was ist jetzt anders? Eine Analyse der Karriere des Themas „Bildung"

Eine Issue-Lebenszyklus-Analyse scheint klar prognostizierbar: Nachdem die Klausurtagung des Parteivorstandes der SPD am 5. Januar 2004 in Weimar durch eine medienpolitische Verwechselung den Anpfiff für das Endspiel markiert hatte – während in den „Weimarer Leitlinien Innovation" der Aufbau von so genannten „Spitzen-Universitäten" gefordert wurde, haben sie einige Medienvertreter hoffnungsschwanger unmittelbar als „Elite-Universitäten" bezeichnet – wurden die Aussagen der Regierungspartei innerhalb weniger Tage in einen Zusammenhang mit zahlreichen anderen Themenstellungen gestellt. Die Ende diesen Jahres zu treffende Entscheidung des Bundesverfassungsgerichts über die Klage einiger CDU-Bundesländer gegen die jüngste Novellierung des Hochschulrahmengesetz (HRG) und damit gegen das dort festgeschriebene Verbot zur Erhebung von Gebühren für ein Erststudium könnte einen vorläufiger Höhepunkt bedeuten.

Bildung war aber bereits vor der Industrialisierung eines der virulenten Themen der Gesellschaft. Auch in der jüngeren Geschichte ging schon einmal das Wort vom „Bildungsnotstand" durch die Lande. Reformen wurden verlangt und vor allem mehr Geld für die Universitäten. Mehr Mittel bekamen sie schließlich, aber damit verbunden auch mehr vereinheitlichende Reglements.

Nun aber gehen Studierende in ganz Deutschland wieder auf die Straße – weniger ideologisch motiviert wie bei vergangenen Protesten, sondern vielmehr existentiell motiviert: Im Dezember 2003 und im Frühjahr 2004 fanden in verschiedenen großen Universitätsstädten Massenkundgebungen und Demonstrationen statt: Transparente der medial erfahrenen Studierenden mit Forderungen wie „Bildet die Rettung!" oder modifizierte Werbeslogans à la „Geist ist geil!" geistern seitdem durch die Tages- und Wochenzeitungen.

Junge Menschen stürmen nackt durch die Haupteinkaufsstraßen und protestieren, dass Ihnen das letzte Hemd genommen wurde. „Sex verkauft sich", so die nüchterne Einschätzung der studentischen „Flitzerin" Anika Frischwasser im Uni-Spiegel. Auch das Männermagazin und referierte Fachblatt Playboy erkannte die Dimension der neuen Bildungsdiskussion und reagierte gelassen und kürte schnell die „Uni-Elite": Deutschlands vermeintlich hübscheste Studentinnen – nackig versteht sich.

Wie sieht es derzeit in Deutschland aus? Eine vergleichende Analyse

Die Rankings

Deutsche Universitäten sind in den letzten Jahren im internationalen Vergleich allenfalls im Mittelfeld anzutreffen: In einem von der Jiao Tong University, Shanghai, im Dezember 2003 veröffentlichen weltweiten Ranking sind deutsche Hochschulen weit abgeschlagen. Bei den europäischen Top-Universitäten taucht die erste deutsche Universität auf dem zehnten Platz auf – die LMU München. Im internationalen Vergleich belegt sie den Rang 48. Ganz weit vorne platziert sind die üblichen amerikanischen Verdächtigen: Harvard, Stanford, Caltech, MIT und Berkeley rangieren unter den ersten zehn Plätzen. Vernachlässigt wird bei der Rezeption dieser Rankings der fundamental andere kulturelle und bildungspolitische Kontext, in dem die Universitäten operieren. Vorschnell werden die Rankings als Beweise für die desolate Lage des deutschen Bildungssystems herangezogen. Amerikanische Verhältnisse seien notwendig sowie ein „Harvard in Deutschland", so die eingängige Forderung vieler selbsternannter Experten, die nur selten selbst originäre Einblicke in Forschung und Lehre dieser Ivy League Universities haben. Sie vergessen, dass deutsche und amerikanische Universitäten auf vollkommen unterschiedlichen Spielfeldern agieren: Amerika ist geprägt von der aktiven Gestaltung vieler Lebensbereiche durch die Bürger selbst – und dazu zählt auch die Bildung. Während in Deutschland bis vor 20 Jahren das Bildungsmonopol im universitären Sektor beim Staat lag, gibt es in den USA seit 250 Jahren private Universitäten, die von privaten wie institutionellen Mäzenen unterstützt und entwickelt werden.

Die Kennzahlen im internationalen Vergleich

Die von der Organisation für wirtschaftliche Zusammenarbeit und Entwicklung (OECD) im Jahr 2004 veröffentlichten Rahmendaten sprechen für sich: Der Anteil der Studierenden an einem Altersjahrgang beträgt in Deutschland nur 19%. Der Durchschnitt der OECD-Länder beträgt 30%. Dabei haben in Deutschland 35% eines Jahrgangs eine Berechtigung für ein Hochschulstudium; in Neuseeland sind es 76%, in Finnland 72%, in Polen 66,8%.

Unsere Studierenden sind 29 Jahre alt, wenn sie nach durchschnittlich 12 Semestern ihr Studium beenden. Von den jährlich ca. 350.000 Studienbeginnern werden 30% nie einen Abschluss machen, d.h. aktuell über 70.000 Studierenden brechen ihr Studium ab. Damit liegen wir im international im Mittelfeld: 10% brechen in Japan, 14% in Belgien, 49% bzw. 71% in Spanien und Italien das Studium ab. Ein Grund mehr, die Mittelallokation der staatlichen Hochschulen nicht nach den Studienbeginnern, sondern nach Absolventen zu bemessen.

Deutschland ist bereits durch diese Rahmendaten international schlecht gerüstet. Zum WS 2003/04 studieren in Deutschland erstmalig über zwei Millionen Menschen. Somit betreut einer der derzeit 38.000 Professoren jeweils 52 Studierende. Und dies ist ein Mittelwert, in den die recht guten Betreuungsverhältnisse in Fächern wie Archäologie oder Musikgeschichte eingehen. Dementsprechend schwieriger ist die Betreuungssituation in Medizin, Betriebswirtschaftslehre oder Jura. Hier ist es keine Seltenheit, dass ein Professor 200 oder 300 Studierende betreuen muss. Die LMU München betreute im Jahr 1998/99 als einer der größten deutschen Universitäten 59.500 Studierende.

Die Bildungsausgaben

Der Anteil der Ausgaben für Bildung gemessen an den gesamten öffentlichen Ausgaben liegt in Deutschland bei 9,9%. Der Mittelwert der OECD-Mitgliedsstaaten beträgt 13%. Damit sind wir mit Tschechien und Griechenland Schlusslicht im OECD-Vergleich.

Der Anteil deutscher Gesamtausgaben für Bildungseinrichtungen gemessen am Bruttoinlandsprodukt (BIP) liegt mit 5,3 % deutlich unterhalb des OECD-Durchschnitts von 5,9 %. Führende Länder wie Korea oder USA investieren mehr als 7%. Ein Prozent des Bruttoinlandsproduktes wird in Deutschland für die Bildung im tertiären Bereich ausgegeben. Hier beträgt der OECD-Durchschnitt 1,7%; in Kanada, Korea oder den USA liegt die Quote über 2,6%.

Somit kann einer Ende letzten Jahres veröffentlichten Studie des Deutschen Instituts für Pädagogische Forschung (DIPF) zufolge die angespannte Haushaltssituation als eine Ursache für den Reformstau an deutschen Universitäten ausgemacht werden.

Die Forschungsausgaben

Im Vergleich zu den skandinavischen Ländern stellt Deutschland deutlich weniger mit lediglich 2,5% des Bruttoinlandsproduktes für Forschungseinrichtungen zur Verfügung - in Schweden sind dies beispielsweise 4,3%. Positiv zu bemerken ist, dass der Anteil der privaten Mittel für Forschung & Entwicklung in Deutschland seit 1981 kontinuierlich ansteigt. Heute werden fast 70% der F&E Ausgaben durch private Institutionen getragen. Davon wird mehr als ein Drittel im Ausland durchgeführt.

Die Marktstruktur

Dass der Bildungsmarkt sich in einem Wandel befindet, zeigen nur zu deutlich die Zahlen zu privaten Hochschulen:

Zurzeit gibt es in Deutschland 51 Hochschulen in privater Trägerschaft. Bei 360 Hochschulen insgesamt erreichen die Privaten somit einen Anteil von ca. 15%. Allerdings erzielen sie mit ihren gut 40.000 immatrikulierten Studierenden nur einen Marktanteil von 2%. Dies wird sich rasant ändern. Denn bei den Wissenschaftsministerien liegen derzeit eine Vielzahl von Anträgen auf Neugründungen vor. Darunter auch Ausgründungen aus staatlichen Universitäten wie die TUM Business School oder die Goethe Business School, die Executive Master Programme anbieten.

Bei solch starker Marktdynamik wird mittelfristig auch eine ordnungspolitische Debatte geführt werden, ähnlich wie es im Bereich des öffentlich-rechtlichen Rundfunk der Fall ist. Viele Fragen müssen geklärt werden: Wie kann eine sinnvolle Abgrenzung der Finanzierungswege staatlicher und privater Universitäten aussehen? Stellt es einen unfairen Wettbewerbsvorteil dar, wenn

Staatsuniversitäten, die hauptsächlich durch Steuergelder finanziert werden, teure Executive Education Seminare anbieten, die durch alle Steuerzahler subventioniert werden? Private Universitäten müssen sich ähnlich wie private Fernsehsender nahezu vollständig durch Sponsorengelder finanzieren. Öffentliche Universitäten treten auf den Märkten für Sponsoren und Mäzene dabei zunehmend als Konkurrenten auf.

Trends der Bildungslandschaft: Der Bildungsmarkt 2020

Universitas: Einheit der Wissenschaft durch regionale Clusterbildung

Die dominante Struktur der universitären großen Bildungseinrichtungen in Deutschland ist das diversifizierte Vollangebot: Von der Ägyptologie, Architektur über BWL und Medizin bis hin zur Zoologie. Oftmals zeichnen sich die Angebote durch eine hohe regionale Redundanz aus: In Hamburg kann man beispielsweise an drei verschiedenen universitären Einrichtungen Betriebswirtschaftslehre studieren. Eine zugrunde liegende Annahme ist die des immobilen Studierenden, der im Umkreis seines Elternwohnsitzes ein Studienangebot bekommen muss. Im Zeitalter des globalen Tourismus der Jugend von 18 bis 30 eine zunehmend sonderliche Vorstellung.

Im Jahr 2020 werden sich – analog der Fokussierung in der Privatwirtschaft – Kernkompetenzangebote in regionalen Clustern herausbilden. Die Schnittstellen zwischen den Disziplinen dienen dabei als Entscheidungskriterium für die Zusammensetzung der Cluster. Sinnvoll erscheinen dabei beispielsweise medizinische Cluster wie in Hannover mit Tier- und Humanmedizin. Ein Zentrum für Nano-Technologie in Karlsruhe, für Jura in München, für Wirtschaftswissenschaft in und um Mannheim. Diese Cluster sind fokussiert und gleichzeitig durch die relevanten Nachbardisziplinen ergänzt. So können sich Cluster um die Fächer Betriebswirtschaftslehre, Medizin, Psychologie, Recht, Soziologie herausbilden, die dann zu Themen wie Gesundheitsökonomik, demographischer Wandel, soziale Sicherungssysteme und Wertewandel der Gesellschaft forschen und lehren könnten.

Auf dem Weg hin zu diesen thematischen Bildungsclustern werden Fusionen und Schließungen von Hochschulen unumgänglich sein: So sind die Universitäten Essen und Duisburg, die Universitätkliniken in Berlin erste Beispiele für eine universitäre Fusionen. Auf der Screenlist könnten die Humboldt Universität und die Freie Universität Berlin stehen, die Hamburger Hochschulen, Leipzig und Halle, Heidelberg und Mannheim. Jüngst wurde auch eine Todesliste mit

Kandidaten von zu schließenden Universitäten veröffentlicht. Allein an der LMU in München wurden in diesem Jahr 12 Studiengänge zur Disposition gestellt.

Mehr Universitäten für weniger Studierende

Die Anzahl der Hochschulen in Deutschland hat in den vergangenen Jahrzehnten ständig zugenommen, sowohl im öffentlichen wie auch im privaten Bereich. Allein zwischen dem Jahr 2000 und dem Jahr 2002 nahm die Zahl der Hochschulen in Deutschland um zehn zu, davon waren neun Universitäten. Nach derzeitigen demographischen Berechnungen wird die Zahl der Abgänge der 65-jährigen aus dem Berufsleben die Zahl der Neuzugänge der 21-jährigen in Westdeutschland im Jahr 2015, in Ostdeutschland bereits im Jahr 2012, übersteigen. Das Resultat wird zunächst eine Studierenden-Lücke und dann vor allem eine Managementlücke sein, wie die OECD und die Unternehmensberatung McKinsey vorrechnete.

Die Zahl der Studierenden hängt von verschiedenen Faktoren ab: (1) Zum einen nimmt aufgrund der demographischen Entwicklung die Jahrgangsstärke ab. (2) Der Anteil der Studierenden am Gesamtjahrgang ist trotz eines gestiegenen Anteils von Abiturienten kaum gestiegen. (3) Diese Entwicklung wird zusätzlich unterstützt durch die sehr wahrscheinliche Einführung von Studiengebühren auch für ein Erststudium. (4) Abnehmende Studierendenzahlen resultieren auch aus der aktuell stattfindenden Umstellung der Diplom- und Magisterstudiengänge auf die aus dem Bologna Prozess verpflichtend einzuführende Bachelor-/Masterstruktur. Ziel ist es, allen Studierenden nach drei Jahren mit dem Bachelor einen ersten berufsqualifizierenden wissenschaftlichen Abschluss anzubieten. Wenn nur ein Drittel (so die jetzigen Schätzungen) der Studierenden bereits mit diesem ersten Abschluss die Universität verlassen würde, nähmen die durchschnittlichen Studierendenzahlen enorm ab. Die Zielgröße der Kultusminister ist hingegen eher zwei Drittel.

Im Ergebnis wird hier von einem Rückgang von 550.000 Studierenden ausgegangen.

Wie bereits dargestellt, werden die Studierendenzahlen der Kohorten der 21 bis 27-jährigen in den kommenden zwei Jahrzehnten kontinuierlich abnehmen. In der Analyse muss ein weiteres Phänomen berücksichtigt werden, welches die Bildungseinrichtungen unseres Landes in den kommenden Jahren so substantiell verändern könnte wie es einst vor vierzig Jahren die Hochschulreform getan hat. Das Stichwort „Lebenslanges Lernen" erschien seit seiner Verbreitung Mitte der neunziger Jahre inhaltsleer und kraftlos, doch nun könnte es kurz vor seinem wirklichen Durchbruch stehen. Nach Einschätzung vieler Bildungsexperten gehört die Universität, die sich auf die Zielgruppe der Zwanzigjährigen konzentriert, der Vergangenheit an. Wer heute als junger Mensch in Heidelberg Kunstgeschichte studiert, muss sich warm anziehen: Die Senioren haben schon lange vor ihnen die ersten Dutzend Reihen in den Hörsälen besetzt. „Wer heute eine Universität gründet, der darf sie nicht mehr für die 21 bis 25-jährigen gründen" schreibt der Bildungsforscher Paul N. Baltes vom Max-Planck Institut in Berlin. Beschränken werden sich diese neuen Bildungsangebote nicht nur auf berufsbegleitende Wochenendseminare, sondern eben auch auf ein Erststudium, welches ein 46-jähriger nach 25 Jahren Berufstätigkeit angeht, um anschließend wieder in den Beruf einzusteigen. Die Schornstein-Karrieren mit linearen nach oben ausgerichteten Lebensläufen werden der Vergangenheit angehören. Die Fußballer-Karriere mit diskontinuierlichen Lebenssprüngen - einige intensive Jahre des Sports und dann weitere Jahren als Trainer, Sportfachgeschäftsinhaber oder Sportjournalist sind die Modelle unserer Zeit.

Besonders das Alter, kurz vor und während der Zeit der Rente, wird eine Zeit für die Bildung sein. Neben der persönlichen Weiterentwicklung, der Aufnahme von Wissen, sind es vor allem auch die sozialen Kontakte, die im Prozess des intergenerativen Lernens von Bedeutung sind. Umgang mit Bildung, mit zuvor unbekannten Phänomenen schützt vor dem geistigen Älterwerden. Wird die Universität der Jungbrunnen des 21. Jahrhunderts mit seinen dreistelligen Durchschnittslebenserwartungen? Gerade in einem Land wie Deutschland, in dem im Jahr 2050 ca. 50% der Menschen über 50 Jahre alt sein werden.

Dienstleistung: Bildung als meritorisches Transformationsgut

Aus der politischen Ökonomie wissen wir, mit was für einem „Gut" wir es mit Bildung zu tun haben: mit einem meritorischen Gutes. Meritorische Güter sind staatliche Zwangsbeglückung, also staatlich verordnete oder zumindest unterstützte Konsumentscheidungen, die vom Individuum nicht getroffen würde, aber zu seinem besten ist.

Dieses Verständnis wird sich auch in der Breite im Wandel befinden: Die Bürger wollen keine Zwangsbeglückung. Sie wollen selbstgewähltes Glück – am besten ohne eine Zentralstelle für die Vergabe von Studienplätzen. Sie sehen Bildung zunehmend als Transformationsgut, also auf eine Gutsgattung, die auf Selbsttransformation abzielt, wie Therapie, Coaching, Beratung und kosmetische Chirurgie – alles margenversprechende Boommärkte. Die Transformationsökonomie des Konsumenten ist die nächste Welle nach der Erlebnisökonomie. Es geht hier um eine persönlichkeitsentwickelnde Wirkung eines Studiums.

Studierende sind demzufolge Tofflersche „Prosumenten", also Konsumenten, die ihren Komsum mitproduzieren. Der Student partizipiert im Seminar oder in einer Projektgruppe an der Entwicklung der Inhalte. Vorhandenes Wissen wird permanent rekombiniert und neu zusammengesetzt. Im Prozess dieser „Prosumtion" verändern sich die Studierenden. Diese Veränderung ist neben der Aneignung von Methoden und analytischen wie kommunikativen und reflexiven Kompetenzen der primäre Zweck eines Studiums.

Leitunterscheidung „staatlich /privat" wird irrelevant

Die seit der Gründung der ersten privaten Universität mit mehreren Fakultäten (Universität Witten/Herdecke) vorherrschende Leitunterscheidung im Bildungsmarkt „staatlich | privat" wird zunehmend irrelevant.

Überall lassen sich Mischfinanzierungen beobachten: Private Universitäten werden staatlich unterstützt (in dem der Staat ihnen einen Neubau finanziert oder das Land eine Anschubfinanzierung gibt) und staatliche Hochschulen suchen sich zunehmend private Finanzierungsquellen (so finanziert beispielsweise SAP die neue Universitätsbibliothek der Uni Mannheim).

Die Unterscheidung ist – kaufmännisch betrachtet - eine Unterscheidung auf der Passiv-Seite der Bilanz, nämlich nach der Gesellschafterstruktur. Interessant hingegen sind die Unterscheidungen auf der Aktiv-Seite der Bilanz. Die verbreiteten Zuschreibungen über private sowie staatliche Universitäten verändern sich: Private werden – vor allem medial – zunehmend aus Gründen der Finanzierungsunsicherheit und dem Forschungsdefizit kritisch beäugt, während öffentliche Universitäten sich stärker als in der Allgemeinheit wahrgenommen reformieren.

Die neue Organisationsform für Universitäten sind Public-Private Partnerships (PPP). Solche gemeinsamen Engagements von öffentlicher Hand und Privatwirtschaft vereinbaren flexibles Handeln wie es Unternehmer gewohnt sind mit dem Gewährleistungsgedanken des Staates – bei allen gegenwärtigen rechtlichen und operativen Problemen, die wir bei den PPPs beobachten können.

Wenn es so etwas wie eine neue Leitunterscheidung geben sollte, so wird es die zwischen großen und kleinen Universitäten sein: Die Betreuungsintensität für die Studierenden ist gerade an privaten Universitäten wie in exotischen Studiengängen (Archäologie oder neue, griechische Geschichte) größer als im Massenbetrieb bei BWL oder Medizin: In der Regel resultieren daraus weniger Studienabbrecher, kürzere Studienzeiten, intensivere Auseinandersetzung mit dem Fach, fundiertere Kenntnisse aus einer höheren Betreuungsdichte von Studierenden durch Professoren und wissenschaftliche Mitarbeiter. Kleine Universitäten lernen das Seitenlernen, also nicht nur vom Professor, sondern vom Kommilitonen. Kleine Universitäten werden zu einem lebenslangen Fixpunkt, an den die Alumni regelmäßig zurückkehren. Eine Universität ist die intellektuelle Heimat und emotionaler Ankerpunkt zugleich. Sie steht für Permanenz und Kontinuität (in der Regel fünf bis sieben Jahre), die später im Berufsleben bei ständig wechselnden Engagements nicht mehr erreicht werden.

Dieses Bedürfnis nach Kleinheit zeigt sich im Bildungszyklus vor allem in den ersten Jahren: Während eine Vielzahl von Eltern bereit sind, für den privaten Kindergartenplatz Gebühren zu zahlen, sind es immerhin noch 550.000 Schüler, die eine private Grund- und weiterführende Schule in Deutschland besuchen und dafür Schulgeld zahlen – Tendenz: deutlich steigend! Die zahlenden Eltern nennen als Motivation die Werte- und Leistungsorientierung an Privatschulen, die sie an staatlichen Schulen zunehmend vermissen, sowie die Ganztagsbetreuung und die Verbindung von Bildung und Erziehung. Gemessen an dem Anteil der Schüler an Privatschulen gehen nur gut sieben Prozent an private Universitäten. Eine überraschend niedrige Quote. Die privaten Universitäten werden im Bildungsmarkt 2020 eine Normalität, aber keine zwangsweise bessere, wenn sie nicht konsequent die Kleinheit für die Studierendenbetreuung einsetzen.

Zeppelin University (ZU): Excellence in Die Experiments

> „Die Universität müsste also auch der Ort sein,
> an dem nichts außer Frage steht."
> Jacques Derrida, Die unbedingte Universität

Lehre und Forschung in den Zwischenräumen der Disziplinen mit Fokus „Management"

Die ZU ist die einzige rein private, staatlich anerkannte Universität mit mehreren geisteswissenschaftlichen Departments. Die ZU bildet somit ein geisteswissenschaftliches Cluster mit Corporate, Cultural and Public Management. Die Studierenden erhalten eine fundierte Ausbildung in ihrem jeweiligen Studienfach. Zusätzlich besuchen sie Veranstaltungen gemeinsam mit den Kommilitonen der anderen Departments. So lernt der BWLer auch die basalen Funktionsweisen und Sprachspiele der öffentlichen Verwaltung und der Politik sowie von Medien- und Kulturinstitutionen kennen. Und der angehende Museumsdirektor weiß, wie man eine Zielgruppe bedient und bei ständig sinkendem staatlichem Kulturetat zusätzliche Mittel akquirieren kann. Die ZU ist davon überzeugt, dass den zukünftigen Herausforderungen unserer Gesellschaft nur solche Menschen effektiv begegnen können, die Generalisten und Spezialisten zugleich sind: spezialisie-rungsfähige Generalisten. In der Forschung verschreibt sich die Zeppelin Uni-versity ebenfalls der multidisziplinären Ausrichtung. Die ZU positioniert sich damit zwischen die Disziplinen, da in diesen weiten, unberührten Ebenen, Lö-sungen und vor allem unendliche Fragen warten. In einem department-übergreifenden Forschungskolloquium nähert sie sich aktuellen und gesell-schaftlich relevanten und drittmittelfähigen Fragestellungen.

Individualisierung innerhalb der Standardisierung

Die neue Bachelor-/Masterstruktur vereinheitlicht den europäischen Hochschul-raum und erleichtert die Transferierbarkeit von Leistungen zwischen Universitä-ten unterschiedlicher Länder. Die ZU reagiert bereits heute auf die Probleme von morgen: Wir reintegrieren Freiräume in die standardisierte Bachelor-/Masterstruktur durch unsere Konzepte wie z.B. StudentStudies oder GlobalStu-dies. Das gesamte zumeist angebotsgetriebene Regelstudium wird von fünf auf vier Tage konzentriert. Damit entsteht ein freier Tag: Innerhalb der StudentStu-dies gestalten unsere Studierenden jeden Mittwoch ihr eigenes Studium. Die StudentStudies sind konsequent nachfrageorientiert. Finden sich zehn Studieren-de zusammen, um unbedingt ein Seminar zu Basel II, zur Chinesischen Staats-theorie oder der Theorie der Organisationsberatung zu veranstalten oder eine Expedition ins Baseler Schaulager oder Bregenzer Kunsthaus zu unternehmen, finanziert die Universität diese Veranstaltung. Auch kann der Mittwoch zur weiteren theoretischen Vertiefung genutzt werden. Lektüreseminare und Konfe-renzstudien sind Beispiele für die Verortung alltagspraktischer Phänomene mit Hilfe von theoretischen Figuren. Es geht um ein Study on demand, also um die Projekte, Fragen, Leidenschaften der Studierenden, die eine Nachfrage, eine Neugier auslösen.

Die GlobalStudies sind eine dreikontinentale Arbeits- und Lernerfahrung nach der Formel „Ein Student, eine Firma, drei Praktika auf drei Kontinenten mit einer Ausland-Universität". Studierende erleben so eine Institution in Wirtschaft, Kultur und Politik in Deutschland und in zwei Auslandsdependenzen.

Intensive Betreuung der Studierenden: Mutige Fragen, vorsichtige Antworten

Das *TandemCoaching* ist eines der zentralen Elemente der Strategie der ZEPPE-LIN UNIVERSITY: Jeder Studierende wird während seines Studiums von zwei Coaches, einem aus der wissenschaftlichen Belegschaft der ZU sowie von einem aus der Praxis, begleitet. Der systemische Ansatz des Coachings fokussiert auf Fragen statt auf Antworten. Die Coaches versuchen, den Studierenden durch das Aufdecken von blinden Flecken in ihrer Wahrnehmung sowie die Entwicklung von Fragen zu unterstützen und die berufspraktische Begleitung zu gewährleisten. Dadurch entstehen Netzwerke für Studierende und Universität und eine enge Bindung zu den Partnerinstitutionen, die ein wechselseitiges Lernen ermöglichen. Das TandemCoaching ist in Deutschland ein einmaliges Instrument der Forderung und Förderung von jungen Nachwuchsentscheidern.

Kostenbeteiligung der Studierenden bei Ausschaltung jeglicher sozialer Selektion

Bildung ist eine Investition in die eigene Zukunft. Die Studierenden der ZU beteiligen sich an den Zusatz-Kosten ihres individualisierten Studiums. Der Anteil der Studiengebühren am gesamten Budget der Universität beträgt allerdings nur ca. 29%. Die ZU ist – wie jede private grundständige Bildungseinrichtung – auf Institutionen und Menschen angewiesen, die in die Zukunft anderer junger Personen investieren möchten, auch um Impulse für Reformen auf dem deutschen Bildungsmarkt zu setzen.

Trotz Studiengebühren: Die ZU hat jedwede soziale Selektion ausgeschaltet. Der Vermögenshintergrund der Eltern korreliert nicht notwendigerweise mit der Leistungsstärke des Kindes. Daher gibt es 15% Leistungsstipendien. Weiterhin ist es allein durch das Bestehen des Auswahlverfahrens möglich – ohne weitere Sicherheitenstellung – die Studiengebühren durch die Sparkasse Bodensee vorfinanzieren zu lassen und erst ab dem zweiten Jahr nach dem Berufseinstieg zurückzuführen.

Undisziplinierte Forschung für undisziplinierte Probleme: Gesellschaftlich relevante Forschung an Evergreens und Grassroots

Forschung darf nicht nur selbstbezüglich sein, sondern muss gesellschaftliche Relevanz besitzen. Wir forschen an den Klassikern der Geisteswissenschaften und wagen eine Neuinterpretation (Evergreens), sowie an neuen Themen, die vielleicht in einigen Jahren in den Fokus des Interesses gelangen könnten (*Grassroots*). Dies wird durch Drittmittelprojekte sichergestellt, durch DFG und Stiftungen sowie durch eine Kooperation mit der Fraunhofer Gesellschaft.

Forsches Lernen: Praxisorientierung bei gleichzeitiger Theorieaffinität

Der Arbeitsmarkt verlangt nach Absolventen, die praxisorientiert ausgebildet sind und das auf einem guten wissenschaftlichen Niveau. Denn: Es gibt nichts Praktischeres als eine gute Theorie. Heutige Studiengänge an Universitäten dürfen nicht mit dem anwendungsorientierten Studieren an Fachhochschulen verwechselt werden. Die Studierenden an der ZU müssen ein Verständnis für die Fragestellungen und Herausforderungen der Praxis besitzen – mit einem Set aus theoretischen Modellen und Figuren. Eine gute mutidisziplinäre theoretische Ausbildung wird hier als beständiger angesehen, als die mit kurzer Halbwertszeit ausgestatteten Handwerkzeuge der heutigen BWL, Kultur- oder Politikwissenschaften.

Fazit

Die deutsche Bildungslandschaft steht vor den fundamentalsten Veränderungen struktureller sowie inhaltlicher Art seit zweihundert Jahren. Bildung wird zur Ressource für ein ganzes Land, das massiv mit den Konsequenzen des demographischen Wandels konfrontiert sein wird. Veränderungen struktureller Art zeichnen sich bereits ab durch Hochschulfusionen, Schließungen von Lehrstühlen über Fakultäten bis hin zu ganzen Hochschulen, der Einführung von Studiengebühren bei eigenem Auswahlverfahren, die Änderung der Abschlussstrukturen sowie einem Wandel von Vollangeboten zu diversifizierten Clustern. Aber auch inhaltlich wird ein leidenschaftlicher Diskurs aufkommen: Über akademische Freiheit bei einer stärkeren unternehmerischen Orientierung, Finanzierungsfragen bei Haushaltsdefiziten, individuelle Entwicklungsmöglichkeiten im verschult anmutenden B.A./M.A.-Format sowie der Theorieorientierung bei praxisorientierten Anforderungen der Arbeitsmärkte.

2.2 Lebenslanges Lernen

Michaela Riediger

Die Einsicht, dass der beschleunigte Strukturwandel in Wirtschaft und Gesellschaft ein grundlegendes Umgestalten des Wissens- und Kompetenzerwerbs im Lebensverlauf notwendig macht, ist nicht neu. Das Schlagwort vom „lebenslangen Lernen" wurde bereits in den sechziger Jahren des zwanzigsten Jahrhunderts geprägt und hat derzeit in der bildungspolitischen Debatte Konjunktur. Von einer praktischen Umsetzung der propagierten Ablösung eines „Lernens für das Leben" durch ein „lebenslanges Lernen" sind wir jedoch weit entfernt. Hürden sind nicht nur im Hinblick auf Bildungs- und Wirtschaftsinstitutionen zu nehmen. Sie tun sich auch und vor allem auf Seiten kulturell verankerter Normen und Vorurteile sowie im Hinblick auf Motivation, Selbstvertrauen und Engagement der Menschen, für die ein lebenslanges Lernen notwendig wird, auf.

Im Folgenden werden zunächst die vielfältigen Faktoren aufgeführt, die dazu führen, dass lebenslanges Lernen in Zukunft unverzichtbar sein wird. Daran anschließend werden entwicklungspsychologische Befunde zur Frage, ob und inwieweit Menschen überhaupt ein Leben lang lernfähig sind, zusammengefasst. Abschließend werden Hürden, die gegenwärtig einer allgemeinen Umsetzung lebenslangen Lernens im Wege stehen, und Wege zu ihrer Überwindung diskutiert.

Warum ist lebenslanges Lernen notwendig?

Eine durch lebenslanges Lernen geprägte Lebensweise wird aufgrund einer ganzen Reihe von Faktoren immer dringlicher. Die zunehmende Schnelllebigkeit von Technologien und Wissen sowie die Globalisierung von Produkten und Märkten haben einen immer größeren Bedarf an fachlichen, kulturellen und sozialen Kompetenzen des Einzelnen zur Folge, die es ständig zu aktualisieren gilt. Rapide Wandlungsprozesse - insbesondere in den Informations- und Kommunikationstechnologien - betreffen eine Vielzahl von Lebensbereichen. Ihre erfolgreiche Bewältigung macht eine kontinuierliche Neuorientierung erforderlich.

Hinzu kommt, dass die Möglichkeiten langfristiger beruflicher Planungs- und Beschäftigungssicherheit aufgrund der rasant fortschreitenden technologischen Entwicklung schwinden. Die Vorstellung, nach bestandener Berufsausbildung „ausgelernt" zu haben, ist immer weniger mit der Realität vereinbar. Vielmehr ist es notwendig, sich nicht nur im Hinblick auf den Technologie- und Wissenswandel auf dem Laufenden zu halten, sondern sich auch mehr als früher auf Tätigkeits- und Berufswechsel einzulassen.

Zudem wird lebenslanges Lernen auch aufgrund des sich rasant vollziehenden demographischen Wandels zur Notwendigkeit. In den letzten 100 Jahren hat sich die durchschnittliche Lebenserwartung bei der Geburt um etwa 30 Jahre erhöht. Hierbei handelt es sich unzweifelhaft um eine herausragende Errungenschaft menschlicher Kultur. Gleichzeitig stellt es eine unerhörte gesellschaftliche wie individuelle Herausforderung dar. Es liegt in der Verantwortung der Gesellschaft und jedes Einzelnen, dafür zu sorgen, dass die „gewonnenen" Jahre nicht allein einen Zugewinn an Lebensquantität, sondern auch an Lebensqualität darstellen. Lebenslanges Lernen birgt diesbezüglich ein nicht zu unterschätzendes Potenzial. Es gehört ebenso wie soziales und berufliches Engagement, körperliche Aktivität und gesunde Schlaf- und Ernährungsweisen zu den Lebensstilfaktoren, die eine Aufrechterhaltung kognitiver Vitalität bis ins sehr hohe Alter fördern.

Neben der steigenden Lebenserwartung unterstreicht ein weiterer demographischer Trend in den entwickelten Industrienationen die Notwendigkeit lebenslangen Lernens. Während immer mehr Menschen immer älter werden, werden gleichzeitig immer weniger Kinder geboren. In Deutschland sind bereits seit Mitte der siebziger Jahre die nachwachsenden Generationen jeweils schwächer besetzt als die Generation ihrer Eltern. Die zunehmende Lebenserwartung in dieser insgesamt rückläufigen Bevölkerungszahl führt zu einer deutlichen Zunahme des Anteils älterer Menschen an der Gesamtbevölkerung. Dieser Trend wird sich in den nächsten Jahrzehnten fortsetzen. Dabei wird die am schnellsten wachsende Bevölkerungsgruppe die der sehr alten Menschen jenseits des 80. Lebensjahres sein. Bereits heute hat Deutschlands Bevölkerung das vierthöchste Durchschnittsalter weltweit. Das statistische Bundesamt rechnet damit, dass um 2050 etwa 36 Prozent der deutschen Bevölkerung 60 Jahre und älter sein werden. Während gegenwärtig circa 3,6% der Bevölkerung älter als 80 Jahre sind, wird für das Jahr 2050 ein entsprechender Bevölkerungsanteil von gut 11% prognostiziert. An diesen Zahlen wird die zweite zentrale Herausforderung des demographischen Wandels deutlich. Der wirtschaftliche Fortbestand und die Versorgung aller Bevölkerungsgruppen muss künftig in einer Realität eines rapide abnehmenden Anteils von Menschen im traditionell als „arbeitsfähig" angesehenen Alter gewährleistet werden. Es wird daher notwendig werden, auch das latente Potenzial älterer Bevölkerungsschichten zu aktivieren.

Tatsächlich hat die gerontologische Forschung gezeigt, dass es in den letzten Jahren deutliche Entwicklungsgewinne von heutzutage alten Menschen gegenüber ihren Altersgenossen vor etwa 25 Jahren gibt. Heute 70-Jährige beispielsweise entsprechen ihrem mentalen und körperlichen Funktionszustand zufolge eher den damals 65-Jährigen. Zudem umfasst das höhere Lebensalter inzwischen einen so langen Zeitraum, dass es notwendig ist, zwischen einem „jungen" und einem „alten" Alter zu unterscheiden (dem sogenannten dritten und vierten Lebensalter). Heutzutage nähern sich Menschen typischerweise erst im „alten" Alter (ab etwa dem 80. Lebensjahr) dem verbreiteten Bild vom alten Menschen an. Etwa in diesem Alter setzen im Durchschnitt deutliche Funktionsverluste und Leistungseinbußen ein. Auch hier ist die Bandbreite jedoch groß, und es gibt Ausnahmen von der Regel. Sechzig- und Siebzigjährige dagegen entsprechen in der Regel ganz und gar nicht dem verbreiteten Bild vom alten Menschen. Sie sind mental und körperlich sehr viel leistungsfähiger und gesünder, als dies gemeinhin angenommen wird. Zudem weisen sie im Vergleich zu jüngeren Altersgruppen häufig ein Plus an Arbeits- und Lebenserfahrung sowie sozialer Kompetenz auf. Insgesamt liegt in dieser Altersgruppe ein großes Leistungspotenzial, dass es in Zukunft verstärkt zu nutzen gilt.

Dies macht jedoch ein fundamentales Umdenken und Umgestalten individueller Lebensverläufe und institutioneller Bildungsangebote unerlässlich. Um ein längerfristiges berufliches Engagement zu motivieren, müssen Möglichkeiten beruflicher Neuorientierungen im höheren Lebensalter in flexible (Teilzeit-) Tätigkeiten mit altersangemessener Belastung und individueller Passung an Kompetenzen und Interessen geschaffen und sozial gewürdigt werden. Zudem gilt es, bislang vorherrschende Hindernisse eines solchen Tätigkeitswechsels im höheren Alter - wie einhergehenden Statusverlust, arbeitsrechtliche Hindernisse oder erzwungenen Ruhestand – aus dem Weg zu räumen.

Ist Lernen überhaupt ein Leben lang möglich?

„Was Hänschen nicht lernt, lernt Hans nimmermehr", ist ein verbreiteter Irrglaube, den kognitions- und neuropsychologische Forschungen inzwischen widerlegt haben. Das gesunde menschliche Gehirn hat die einzigartige Fähigkeit, sich strukturell während des gesamten Lebenslaufs zu verändern, das heißt neue Nervenzellen und Zellverbindungen zu produzieren. Lebenslanges Lernen ist also möglich, wenn sich auch das Ausmaß der Lernfähigkeit und die Geschwindigkeit von Lernprozessen im Lebensverlauf differenziert darstellen.

Prinzipiell gibt es natürlich in jeder Altersgruppe eine große Brandbreite an Leistungs- und Lernfähigkeit. Diese Variabilität nimmt mit dem Alter sogar noch zu. Es lassen sich jedoch durchaus typische Veränderungen der geistigen Leistungsfähigkeit im Lebensverlauf beobachten. Zu deren Beschreibung ist es hilfreich, zwischen Fähigkeiten der kognitiven „Mechanik" und „Pragmatik" zu unterscheiden.

Fähigkeiten der Mechanik sind eng an neurophysiologische Funktionen geknüpft und betreffen das Gedächtnis ebenso wie die Geschwindigkeit, Genauigkeit und Koordination der Informationsverarbeitung. Diese Fähigkeiten zeigen rasante Entwicklungsgewinne vom Kleinkind- bis ins Jugendalter, geringe aber stetige Entwicklungsverluste während des gesamten Erwachsenenalters und einen rapiden Abfall im hohen Lebensalter.

Fähigkeiten der Pragmatik beruhen dagegen auf kulturell vermitteltem Wissen. Beispiele sind Lesen, Schreiben, Sprache oder berufliche Fertigkeiten. Pragmatische Fähigkeiten zeigen rapide Entwicklungsgewinne in Kindheit und Jugend bis zum jungen Erwachsenenalter und bleiben danach bis ins jüngere hohe Lebensalter (durchschnittlich bis zum Alter von 75 Jahren) stabil. Erst im sehr hohen Lebensalter zeigen sich Entwicklungsverluste, die jedoch geringer ausfallen als im Bereich der Mechanik. Pragmatische Fähigkeiten können bis zu einem gewissen Grad Abbauerscheinungen in der kognitiven Mechanik kompensieren. Auch sehr alte Menschen können daher von gezielten Maßnahmen zum Training kognitiver Fähigkeiten profitieren. Obwohl die Grenzen der Lernfähigkeit mit zunehmendem Alter enger werden, bleibt also die Fähigkeit zu lernen doch ein Leben lang erhalten, sofern keine krankhaften Prozesse vorliegen.

Welche Hürden stehen der Umsetzung von lebenslangem Lernen im Weg?

Wenn lebenslanges Lernen also sowohl notwendig als auch möglich ist, was steht seiner allgemeinen Umsetzung im Wege? Hier lassen sich zwei ineinander verzahnte Gruppen von Hürden unterscheiden. Diese betreffen zum einen die Motivation, sich auf ein Unterfangen wie lebenslanges Lernen einzulassen, und zum anderen diesbezügliche Angebote in Bildungsinstitutionen und der Arbeitswelt. Einige relevante Aspekte sollen im Folgenden näher erläutert werden.

Die Motivation zu lebenslangem Lernen wird durch kulturell vermittelte und vom Einzelnen verinnerlichte Vorstellungen zum normativen Lebensablauf, aber auch durch Altersstereotype und mangelnde Einsicht in die Notwendigkeit lebenslangen Lernens für die erfolgreiche Entwicklung des Einzelnen und der Gesellschaft beeinflusst.

Lebenslanges Lernen entspricht nicht dem kulturell vermittelten Bild eines normativen Lebensablaufs. Das Bild eines regelhaften Lebensablaufs als Sequenz von zuerst Schule und Ausbildung, dann Arbeit und dann Ruhestand und

Freizeit kann den modernen Anforderungen nach Flexibilität nicht gerecht werden. Die praktische Umsetzung von lebenslangem Lernen wird erfordern, dass diese verschiedenen Lebensinhalte nicht mehr in altersspezifischen Abschnitten, sondern parallel gelebt werden. Die Macht kultureller Normen ist jedoch nicht zu unterschätzen. Menschen orientieren sich in ihren individuellen Lebensentwürfen an ihnen. Altersnormen haben einen strukturierenden Wert. Abweichungen von ihnen werden häufig als negativ oder zumindest ambivalent angesehen. Dies untergräbt die Motivation zu lebenslangem Lernen.

Hinzu kommen negative Altersstereotype. Lernen wird als den Jungen vorbehalten angesehen, auch, weil weit verbreitet die (falsche) Meinung herrscht, Ältere wären damit überfordert. Insbesondere das hohe Lebensalter wird in der Öffentlichkeit fast ausschließlich als Problemlage thematisiert. Positive Aspekte des mittleren und späteren Erwachsenenalters – etwa die zunehmende soziale und persönliche Reife sowie Lebenserfahrung – spielen in der öffentlichen Debatte kaum eine Rolle. Dies hat nicht zu unterschätzende Auswirkungen auf das Selbstbild der Betroffenen. Negative Erwartungen werden verinnerlicht und führen zu mangelndem Selbstvertrauen und Durchhaltevermögen. Für viele mag die Anforderung, lebenslang lernen zu sollen, daher fast bedrohlich erscheinen. Angst, Anforderungen nicht gerecht werden zu können, untergräbt die Motivation, sich ihnen zu stellen. Auch das umgekehrte Extrem – unrealistisch positive Überzeichnungen – können negative Auswirkungen haben, wenn der Einzelne feststellen muss, dass dieses Idealbild für ihn unerreichbar ist.

Eine zentrale Voraussetzung für die breite Realisierung lebenslangen Lernens ist daher eine Veränderung von kulturellen Lebensverlaufsbildern und von Vorstellungen zu normativen Bildungsabläufen. Hierüber wiederum können die Denkfiguren der Einzelnen erreicht werden. Dies wird ein langwieriger Prozess sein, der bei den heutigen Kindern anfangen muss, um in den kommenden Generationen Aussicht auf Erfolg zu haben. Nachwachsenden Generationen muss das Bild vermittelt werden, dass Lernen nichts ist, was auf Schule und Ausbildung begrenzt ist, sondern dass lebenslange Bildung normal und notwendig ist. Für die Vermittlung dieses neuen Bildungsverständnisses sind insbesondere die Medien als Spiegel und Vermittler der „öffentlichen Meinung" gefragt. Inhalte zu Entwicklungs- und Bildungsabläufen ebenso wie Strategien zu selbstinitiiertem Wissenserwerb sollten darüber hinaus bereits früh und kontinuierlich Bestandteil curricularer Ausbildung sein.

Auch auf Seiten von Bildungsinstitutionen und Arbeitswelt stellen sich einer Umsetzung lebenslangen Lernens Hindernisse in den Weg. Diese beziehen sich vor allem darauf, dass Bildungs- und Arbeitsangebote primär auf eine junge Klientel zugeschnitten sind und insbesondere Berufstätigen nur wenig Freiraum für Weiterbildung eingeräumt wird. Veränderungen in den Bildungsinstitutionen müssen mit Veränderungen in der Arbeitswelt einhergehen. Diese sollten zum einen ermöglichen, dass sich Erwachsene aller Altersgruppen produktiv und entsprechend ihrer jeweiligen Kompetenzen und Interessen einbringen können. Dies bedeutet auch, dass Wirtschaft und Arbeitgeber den notwendigen Freiraum für berufsbegleitende Weiterbildungen und berufliche Neu- und Umorientierungen einräumen, und diese auch darüber hinaus unterstützen und einfordern.

Darüber hinaus gibt es Änderungsbedarf in den Bildungsangeboten. Es gibt beispielsweise noch viele Bildungskontexte, in denen Erwachsene im mittleren oder höheren Lebensalter „fehl am Platze" wirken und ihr Bemühen um Weiterbildung unangemessen oder elitär erscheint. Bildung muss künftig zu einem kontinuierlichen Lebensbestandteil im gesamten Lebensverlauf werden. Dazu kann es nicht ausreichen, die Ausbildungsphase lediglich zu verlängern, indem ihr Beginn im Lebensverlauf vor- oder ihr Ende zurückverlegt wird. Eine flexible Parallelisierung solcher Lebensinhalte wie Bildung, Arbeit, Familie und Freizeit, die heute typischerweise nacheinander durchlebt werden, ist unverzichtbar. Dazu wiederum sind neue Freiräume im beruflichen Bereich, aber auch eine stärkere Gleichverteilung von Bildungsressourcen über alle Lebensphasen hinweg notwendig.

Die Bildungsklientel wird also in Zukunft nicht mehr auf die 6- bis 25-Jährigen beschränkt sein, sondern die gesamte Lebensspanne bis ins höhere Alter umfassen. Entsprechende Bildungsangebote müssen berücksichtigen, dass Menschen unterschiedlicher Altersgruppen unterschiedliche Bildungsbedürfnisse, -ziele und Lerngeschwindigkeiten haben. Als Konsequenz sind unterschiedliche Lehr- und Lernformen in verschiedenen Altersgruppen am effizientesten. Diese gilt es, gezielt zu erforschen und entsprechende Erkenntnisse systematisch umzusetzen. Dabei werden Versuche, Menschen des mittleren und höheren Lebensalters in bestehende Bildungsangebote zu integrieren, nicht ausreichen. Zusätzlich müssen altersspezifische Angebote entwickelt und einem strikten Qualitätsmanagement unterzogen werden. Diesbezüglich gibt es bereits eine ganze Reihe von Forschungsansätzen und Modellversuchen. Beispielsweise ist die kürzliche Gründung des Jacobs Center for Lifelong Learning and Institutional Development an der International University Bremen ein wichtiger Schritt in Richtung der Umsetzung der beschriebenen Notwendigkeiten. Diese Bemühungen gilt es in Zukunft zu stärken und vor allem zu integrieren, um ihre Wirksamkeit zu erhöhen.

Es lässt sich zusammenfassen, dass lebenslanges Lernen aufgrund einer Vielzahl ineinander verzahnter Gründe vor allem im Beruf, aber auch in vielen anderen Lebensbereichen in Zukunft unverzichtbar sein wird. Dazu sind enorme strukturelle wie institutionelle Veränderungen des althergebrachten Lebens- und Bildungsverlaufs notwendig, die Zeit brauchen werden und nur Erfolg haben

können, wenn sie von allen getragen werden – dem Einzelnen, dem Bildungssystem und der Wirtschaft.

2.3 Wohin gehen die Eliten? Ergebnisse aus der berlinpolis-Umfrage zum Thema „Brain Drain"

Jeppe F. Jörgensen

Forschung lebt vom grenzüberschreitenden Austausch. Wenn viele deutsche Wissenschaftler/innen während ihrer „akademischen Blütezeit" ins Ausland abwandern und nicht oder erst nach mehreren Jahren zurückkehren, kann aus den Wanderungen aber auch ein Problem werden. Bundesbildungsministerin Bulmahn hat sich mehrmals nachdrücklich gegen die Behauptung gewandt, die besten Wissenschaftler würden Deutschland verlassen. Diese viel zitierte und von den Medien vielfach übernommene Entwarnung erscheint sehr problematisch. Eine Abwanderung findet nach wie vor statt. Zum einen, weil in Deutschland unzureichende Karrierechancen geboten werden. Zum anderen, weil die Lehre und Forschung an den Hochschulen unter einer Reihe von Defiziten leidet. Diese Defizite verursachen nicht nur den sogenannten „Brain-Drain". Sie behindern auch die Arbeit derjenigen, die hier geblieben sind. Deswegen müssen forschungspolitische Reformmaßnahmen weiter vorangetrieben werden.

Krisensymptome der deutschen Forschungslandschaft

Wann ist eine Wissensgesellschaft erfolgreich und wann nicht? Ist sie beispielsweise erfolgreich, wenn ihre Wissenschaftler möglichst viele Preise, am besten Nobelpreise gewinnen? Wäre dies das entscheidende Kriterium, sähe es auf den ersten Blick gut aus für Deutschland. Den Deutschen wird die wichtigste und höchste Auszeichnung für Wissenschaftler recht häufig verliehen, zuletzt im Jahr 2001 dem Physiker Wolfgang Ketterle.

Diese vermeintliche Stärke Deutschlands erweist sich auf dem zweiten Blick als trügerisch. Ketterle lebt und arbeitet genau wie viele andere deutsche Nobelpreisträger der letzten Jahre, wie der Zellbiologe Günter Blobel und der Physiker Horts L. Störmer, nicht in Deutschland, sondern in den USA. Alle drei Wissenschaftler haben die deutsche Forschungslandschaft kritisiert.

Auch von anderen Seiten kommt Kritik. Der im Juni 1999 erschienene Bericht der internationalen Kommission zur Systemevaluation der Deutschen Forschungsgemeinschaft und der Max-Planck-Gesellschaft „Forschungsförderung in

Deutschland" identifizierte eine ganze Reihe von Problemfeldern. Zielscheibe der Kritik sind in erster Linie die Hochschulen, manchmal aber auch die außeruniversitären Forschungseinrichtungen.

Als positiver Gegenentwurf werden häufig die US-amerikanischen und britischen Forschungsmilieus genannt, während für den Fall Deutschland zwei Negativ-Szenarien entworfen werden: Erstens wandern deutsche Spitzenwissenschaftler ab, vornehmlich in die USA oder Großbritannien, weil dort bessere Forschungsbedingungen geboten werden („Brain-Drain"). Zweitens haben deutsche Forschungsmilieus oft große Schwierigkeiten, ausländische Spitzenwissenschaftler zu gewinnen (Mangel an „Brain-Gain").

Dieser Beitrag befasst sich mit den Themen Brain-Drain und Brain-Gain in Deutschland: Wie können Umfang, Ursachen und Wege der Attraktivität des Wissenschaftsstandortes Deutschland verbessert werden? Es gibt mehrere gute Gründe, sich mit den Themen Brain-Drain und Brain-Gain in Deutschland zu befassen. Brain-Drain und Schwierigkeiten beim Brain-Gain sind an sich ein Problem: Ein großes Wissenspotential geht Deutschland verloren, den Hochschulen, der Wirtschaft und der Gesellschaft. Diese Probleme können auch als die Spitze des Eisberges gesehen werden; als eine Entwicklungstendenz, die mit tieferliegenden Defiziten in der Organisation der deutschen Forschungslandschaft zusammenhängt. Diese Defizite verursachen nicht nur Probleme bei Brain-Drain und beim Brain-Gain. Sie behindern auch die Arbeit derjenigen, die hier geblieben sind.

Brain-Drain: Grund zur Entwarnung?

Bundesbildungsministerin Bulmahn hat sich mehrmals nachdrücklich gegen die Behauptung gewandt, die besten Wissenschaftler/innen würden Deutschland verlassen. Sie bezieht sich u.a. auf die im Mai 2004 veröffentlichte Studie der Deutschen Forschungsgemeinschaft (DFG) „Wissenschaft und Karriere – Erfahrungen und Werdegänge ehemaliger Stipendiaten der Deutschen Forschungsgemeinschaft". Laut dieser Studie haben knapp drei Viertel aller ehemaligen Stipendiat/innen die Förderung durch die DFG für einen Auslandsaufenthalt genutzt (Hauptziel war hier die USA). Dennoch arbeiten 85% der heute in der Wissenschaft tätigen ehemaligen Stipendiat/innen in Deutschland. Daraus schließt die DFG, dass der Brain-Drain deutscher Nachwuchswissenschaftler stark überschätzt wird.

Es gibt zur Zeit wenige valide Aussagen über den Umfang und die Ursachen einer dauerhaften oder vorübergehenden Abwanderung deutscher Wissenschaftler ins Ausland bzw. den Zuzug ausländischer Wissenschaftler nach

Deutschland. Aufgrund der Aussagen, die es gibt, erscheint die viel zitierte Entwarnung der Ministerin Bulmahn jedoch sehr problematisch.

Erstens muss vermutet werden, dass DFG-Stipendiat/innen in der Regel über eine relativ gute institutionelle Anbindung in Deutschland verfügen, und somit einen starken Anreiz und oft sogar eine Verpflichtung zur Rückkehr haben.

Zweitens haben nur drei Viertel der von der DFG Befragten ehemaligen Stipendiat/innen überhaupt ihre Förderung für einen Auslandsaufenthalt genutzt. Die „85%" der ehemaligen Stipendiat/innen, die heute in Deutschland tätig sind, können somit korrekterweise nicht als „Rückkehrquote" bezeichnet werden, wenn 25% aller Stipendiat/innen Deutschland während ihres Förderungszeitraums gar nicht verlassen haben.

Drittens zeigt die DFG-Befragung schließlich auch einen Trend zur Abwanderung gerade junger Nachwuchswissenschaftler. Waren es bei Förderjahrgängen Mitte der 80er und Anfang der 90er Jahre noch 12 bis 14 Prozent, die im Ausland verblieben, sind es unter den zuletzt Geförderten (1996/97) schon über 22 Prozent.

Auch die amerikanischen Statistiken des „Institute of International Education" (IIE) verweisen auf einen anhaltenden Brain-Drain. Anfang der 90er Jahre zählte die Organisation ca. 3.000 bis 3.500 deutsche „Post-docs" in den USA. Seit Anfang dieses Jahrzehnts sind es regelmäßig 5.000 bis 6.000. Insgesamt besitzen nach dem US-Zensus sogar etwa 18.000 Deutsche mit Hochschulabschluss eine Arbeitserlaubnis im Hochschul- und Forschungsbereich der USA.

Die Probleme des Brain-Drain und Mangel an Brain-Gain treffen die Hochschulen empfindlich. Während es beispielsweise der Max-Planck-Gesellschaft gelingt, namhafte Wissenschaftler aus dem In- und Ausland anzuziehen, warnt die Hochschulrektorenkonferenz, dass sich die deutschen Hochschulen einer massiven Abwanderung gerade ihrer hervorragenden Doktoranden gegenüber sähen. Im Jahre 2002 bezeichnete die OECD Deutschland somit als bevorzugtes Reservoir für die Gewinnung von Akademiker für die USA.

berlinpolis Online-Umfrage zum Brain-Drain

Eine in Juni 2004 vom Think Tank berlinpolis veröffentlichte Studie zum Brain-Drain deutscher Wissenschaftler in den zwei bevorzugten Zielländern – Großbritannien und USA – liefert weitere Einwände gegen eine Entwarnung. Zwar schließen nur 18% der 304 Befragten eine Rückkehr grundsätzlich aus; 33% wollen „sehr wahrscheinlich" zurückkehren. Allerdings planen 14% dieser potentiellen Rückkehrer, noch mindestens sechs weitere Jahre im Ausland zu bleiben. Zudem gibt fast die Hälfte (49%) an, nur „möglicherweise" nach Deutschland zurückkommen zu wollen.

Diese Ergebnisse geben Anlass zu einem relativen Optimismus: eine generelle Rückkehrbereitschaft besteht. Jedoch sollten Bereitschaft und Entschluss nicht gleichgesetzt werden. Um die grundsätzliche Bereitschaft in einen Entschluss zu verwandeln, müssen hochschulpolitische Maßnahmen in Deutschland ergriffen werden.

Welche Maßnahmen könnten dies sein? Um diese Frage zu beantworten, lohnt es sich, einen Blick auf die weiteren Ergebnisse der berlinpolis Umfrage zu werfen. Sie geben Aufschluss über einige konkrete Problemlagen an deutschen Hochschulen, wie sie von emigrierten Wissenschaftlern gesehen werden:

Erstens: Gefragt nach dem primären Grund für den Aufenthalt im Ausland antworteten 31% der befragten Wissenschaftler mit fehlenden Karrieremöglichkeiten in Deutschland. Fast jeder Zweite gab „bessere Karrieremöglichkeiten in der Wissenschaft im Ausland" als Grund für den Wegzug an. Momentan sehen die emigrierten Wissenschaftler also kaum Chancen für sich auf eine berufliche Verbesserung in Deutschland. Dies gilt vor allem für die Nachwuchskräfte, aber auch für die weiteren Befragten.

Zweitens: Aus Sicht der abgewanderten Wissenschaftler ist die Lehre an deutschen Hochschulen unzureichend organisiert und bewertet. Gemessen an einer Skala von 1-5 (1 = Bestnote) schneidet die Lehre an Universitäten in Deutschland (Gesamtnote 2,7) gegenüber der an anglo-amerikanischen Universitäten (2,0) deutlich schlechter ab. Schwächen sind in den folgenden Bereichen besonders ausgeprägt: Reputation der Lehrenden (2,7 vs. 1,8), Praxisbezug der Lehre (3,1 vs. 2,0), didaktische Fähigkeiten der Lehrenden (3.0 vs. 2.0), Betreuung von Seminaren (2,8 vs. 1,7), individuelle Betreuung von Studierenden (3,3 vs. 1,6), Vorhandensein von Lehrinfrastruktur (2,8 vs. 1,8).

Drittens: Auch beim Vergleich der Forschung schneiden die US-amerikanischen und britischen Hochschulen (Gesamtnote 2,0) insgesamt besser ab als die deutschen (2,8). Dies sticht insbesondere bei den in- und externen Aufstiegschancen der Nachwuchswissenschaftler (3,7 vs. 1,8), der finanziellen Ausstattung von Forschungsprojekten (3,2 vs. 1,8) sowie der Autonomie der Nachwuchswissenschaftler gegenüber Projektleitern (3,0 vs. 1,7) ins Auge. Eine deutliche Diskrepanz ist aber auch in mehreren anderen Bereichen erkennbar, wie z.B. in Bezug auf die Anerkennung von Forschungsleistungen und die Vernetzung von Wissenschaftlern innerhalb und außerhalb der Hochschulen.

Forschungspolitische Reformmaßnahmen

Wie kann man diese Mängel bei Karrierechancen sowie Lehre und Forschung beheben? Wie lässt sich der Brain-Drain umkehren und bessere Bedingungen für die hier Gebliebenen schaffen? An dieser Stelle sollen abschließend einige Vorschläge und Anregungen zum Weiterdenken skizziert werden, die Teils aus den hier vorgestellten Umfrageergebnissen abgeleitet wurden, teils aus der sonstigen Arbeit von berlinpolis hervorgegangen sind:

- Den Hochschulen muss es erlaubt werden, sich ihre Studenten und ihr Personal weitgehend selbst aussuchen
- Praxisbezug und Nähe zwischen Lehrenden und Lernenden herstellen, beispielsweise durch die Einrichtung von Universitätsprofessuren mit dem Schwerpunkt Lehre und einer Erweiterung der Kompetenzen der Nachwuchswissenschaftler vis-à-vis Studenten
- Qualitätssicherung der Studienangebote durchs institutionalisierte – interne- und externe Evaluationsverfahren
- Nachwuchsförderung: Verbesserung der Umsetzung der Juniorprofessur und vermehrte „Tenure-Track" Optionen
- Lockerung der Befristungszeitgrenze für Drittmittelstellen
- Leistungsorientierung und Flexibilität im Dienst-, Besoldungs-, und Haushaltsrecht: Das geltende Recht sollte im Bereich der Forschungseinrichtungen gelockert werden, die Institute sollen mehr Selbständigkeit erhalten
- Beschleunigung der Wissenstransfer zwischen Forschung und Industrie, u.a. durch eine Stärkung der personellen Verflechtungen
- Verbesserung der Kooperation zwischen – oder gar Fusion von – Hochschulen und außeruniversitären Forschungseinrichtungen wie den Max-Planck Instituten oder dem Wissenschaftszentrum Berlin für Sozialforschung
- Abschied von der Vorstellung, dass einige Länder oder der Bund über die ganze Breite eines Wissenschaftszweigs an der Spitze stehen können. Stattdessen müssen sich einzelne Einrichtungen und Länder zunehmend auf bestimmte Stärken konzentrieren. Zu diesem Zwecke ist die Entwicklung von Förderungsmodellen ähnlich wie dem von der Bundesregierung konzipierten Wettbewerb für Spitzenuniversitäten und Exzellenzzentren zu begrüßen.
- Damit Brain-Drain in Brain-Gain verwandelt werden kann, muss mehr Mobilität in beide Richtungen ermöglicht werden. Dazu ist es notwendig, Kommunikationsstränge auszubauen. Es ist aber auch notwendig, die Zuwanderungsbeschränkungen für Hochqualifizierte zu lockern. In diesem Zu-

sammenhang ist der jüngste Zuwanderungskompromiss allerdings kein historischer Wurf, sondern nur ein Einstieg.

- Die Werbung für den Wissenschaftsstandort Deutschland im Ausland sollte verstärkt und effizienter gestaltet werden. Deutschland sollte „Wissenschaftsbotschaften" - etwa in Anlehnung an das Schweizer Modell „Share" einrichten oder Emigrantenorganisationen wie die German Scholars Association gründen oder fördern.

Die Stärkung des deutschen Wissenschaftsstandorts – eine Umkehr des Brain-Drain und Verbesserung der Arbeitsbedingungen der hier tätigen Akademiker – braucht Zeit. Da sich das deutsche Wissenschaftssystem in dauerhafter Konkurrenz zu den Wissenschafts- und Wirtschaftssystemen anderer Staaten befindet, ist die Zeit aber knapp. Deswegen sind mögliche Verbesserungen unverzüglich anzugehen. In der Wissensgesellschaft werden Wissen und die Fähigkeit es umzusetzen, im globalen Wettbewerb noch entscheidender für den künftigen Wohlstand einer Nation werden.

2.4 Perspektiven für das Studium im Jahr 2020: „Wir fordern und fördern Persönlichkeiten"
Das Beispiel St. Gallen

Sascha Spoun

Herausforderungen für das Hochschulstudium

Die Neukonzeption der Lehre der Universität St. Gallen ist nicht nur die proaktive Umsetzung der Reformvorgaben im Rahmen des Bolognaprozesses, sondern sie ist vor allem auch die Antwort der Universität auf den verschärften Wettbewerb um die besten Studierenden, auf ökonomische und ökologische Herausforderungen, auf gesellschaftliche und kulturelle Neuorientierungen, deren Konturen sich immer klarer abzeichnen. Deshalb wissen wir: Globale Herausforderungen an unsere Kreativität und unser Innovationsvermögen, rascher Technologiewandel und internationaler Wettbewerb - wie sie in diesem Buch aufgezeigt werden - erfordern nicht nur hervorragend ausgebildete, leistungsfähige und lebenslang lernwillige Fachkräfte, sondern auch Persönlichkeiten, die Entscheidungen treffen und Verantwortung übernehmen. Solche Individuen auszubilden, hat sich die Universität St. Gallen zum Ziel gesetzt. Als Wunsch und Wollen der Universität St. Gallen wird diese Zielvorstellung durch den Leitsatz für die gegenwärtig neu konzipierte Lehre auf ihren Begriff gebracht: „Überlegen in der Verantwortung: wir fordern und fördern Persönlichkeiten" (Gomez/ Spoun 2004).

Die Frage der Profilierung des Universitätsstudiums zwischen globalen Anforderungen und nationalen Traditionen ist besonders im deutschsprachigen Kulturraum, dem größten dieser Art in Europa, von tief greifender und weit reichender Bedeutung, weil die darauf gegebenen Antworten in der Realität das Spektrum der bisherigen Studienangebote verändern werden. Die Universität St. Gallen, gegründet als eine der ersten Handelshochschulen 1898 und heute die erste Universität im deutschsprachigen Raum, die vollständig auf Bachelor und Master umgestellt hat, ist folglich ein geeignetes Beispiel, um diesen Veränderungsprozess zu verstehen.

Erwartungen von Arbeitgebern und Studierenden: Bildung

Bildung als Gegenstand und Ziel der Neukonzeption der Lehre ist die prägende Leitidee dieser Studienreform. Denn mit gutem Grunde wird in der Antike das Menschsein humanitas, Bildung, genannt (Droysen 1858). Hintergrundwissen und die Kenntnis von nicht unmittelbar sichtbaren zivilisatorischen und die Lebenswelt prägenden Zusammenhängen, kritisches Denkvermögen in unterschiedlichen Seinsbereichen, mithin Orientierungsfähigkeit in unserer Gegenwart und für deren Zukunft – das sind Bildungs-, Erziehungs- und Lernziele, derer sich auch die neue Studienordnung der Universität St. Gallen angenommen hat. Der Universität St. Gallen geht es um eine zeitgemäß ausgestaltete Einheit von Bildung und Ausbildung.

Seit Jahren schon ist deutlich, dass tief greifende und sich beschleunigende Veränderungen der Lebens- und Berufswelt nach neu konzipierten akademischen Bildungsgängen verlangen, die den Reform- und Leistungswillen von Dozierenden und Studierenden mobilisieren. Der wachsende internationale Wettbewerb von Universitäten und Hochschulen, solchen Anforderungen als akademischen Herausforderungen gerecht zu werden und sich mit attraktiven Angeboten auf dem globalisierten und digitalisierten Bildungsmarkt zu positionieren und zu behaupten, hat auch die Universität St. Gallen zu einer durchgreifenden und einschneidenden Studienreform veranlasst. Die durch die Reform angestrebte Bildung will dem Menschen helfen, sich selbst und seine Stellung in der Welt besser zu verstehen. Ziel ist die geistige Selbstständigkeit und Selbstbestimmung. Deshalb steht die Vertrautheit mit der Kultur als notwendiges Wissen für ein erfolgreiches Studium auch nicht unter Beweisdruck.

Mit diesem Verständnis eines Studiums als Beitrag zur fachlichen und persönlichen Entwicklung treffen wir im übrigen die Erwartungen von Unternehmen und potentiellen Arbeitgebern der Absolvierenden als auch diejenigen von Studierenden, insbesondere der vielseitig interessierten und engagierten Studierenden, die wir an unserer Universität besonders schätzen. Betrachtet man die Aussagen einiger Unternehmen, die sich auf ihren Webseiten an Studienabgänger richten, wird dies schnell einsichtig: „Eine Persönlichkeit mit Leistungswillen, Engagement und Eigeninitiative" sucht ein klassisches Industrieunternehmen. „Auch außerhalb der Universität leisten Sie überdurchschnittliches und verdeutlichen Ihren Anspruch durch soziale, kulturelle oder gesellschaftliche Engagements" orientiert potentielle künftige Fach- und Führungskräfte über die Anforderungen einer Versicherung. Eine Schweizer Grossbank sucht „eine überzeugende Persönlichkeit mit sehr gutem Allgemeinwissen und der Entschlossenheit, Verantwortung zu übernehmen" und ein Medienunternehmen fordert „Kreativität, Engagement und unternehmerische Verantwortung". Natürlich – und dies sollte nie übersehen werden – ist eine solide Fachausbildung Grundlage, um überhaupt wertschöpfend aktiv werden zu können. Eine Befragung aller Erstsemester über ihre Erwartungen an das Studium in St. Gallen macht deutlich, dass gerade die typischen Merkmale des neu konzipierten St. Galler Studiums seiner obligatorischen Breite in den Kern- und Kontextfächern sowie seines Leistungsanspruchs vielen Studierende besonders wichtig oder gar am wichtigsten sind, und zwar vor allem den Studierenden, die auch jenseits des Studiums geistig und sozial aktiv sind und Bücher lesen, Theater, Ausstellungen und Museen besuchen, sich in kulturellen oder künstlerischen Vereinigungen betätigen.

Abbildung 1: Erwartungen der Studierenden

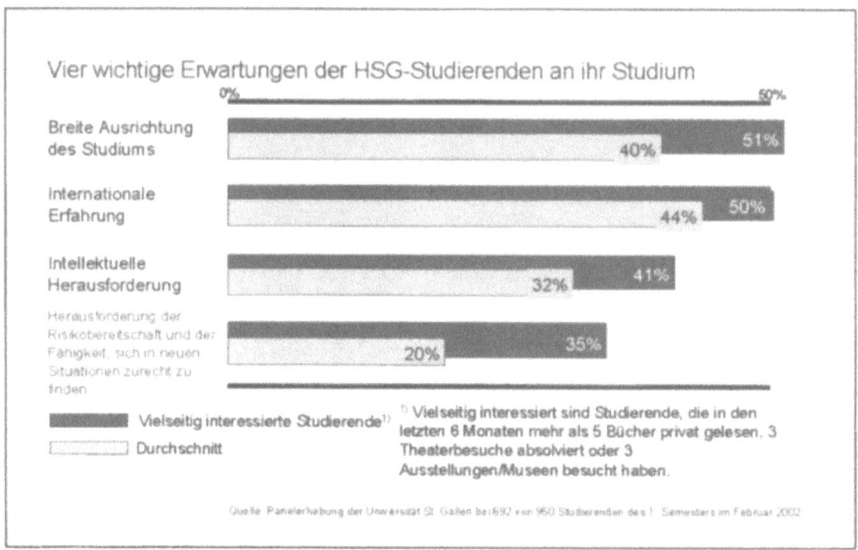

Bildungskonzept der Universität St. Gallen

Die Universität St. Gallen hat erkannt, dass sie wegen, ihrer relativen Kleinheit im weltweiten Wettbewerb (Spoun 1998) kaum mehr wahrgenommen werden wird, es sei denn, sie konzentriert sich auf ein international kompatibles Studienmodell auf der Basis ihrer schon bislang entwickelten und erfolgreichen akademischen Ausbildung. Das angestrebte Studienmodell lässt sich im Kern durch seine Abschlüsse und seine tragenden Säulen charakterisieren. Die Studierenden bereiten sich auf einen Bachelor of Arts sowie verschiedene Masterabschlüsse vor. Die Einführung dieser weltweit verbreiteten Studienstruktur und dieser akademischen Grade ist vielleicht keine Überraschung und schon gar nichts Neues; gleichwohl ist die Universität St. Gallen – neben der ETH Zürich – damit eine der reformpolitisch innovativen Hochschulen in der Schweiz (CRUS-Bericht für die Bolognanachfolgekonferenz 2003). Die entscheidende und inzwischen viel beachtete Neuerung an unserer Universität aber ist die konsequente Gliederung des Studiums in drei Säulen. Unterschieden werden an der Universität St. Gallen Kernfachstudium, das sich in *Kontaktstudium* (50 % der Studienleistung) und *Selbststudium* (25 % der Studienleistung) gliedert, sowie *Kontextstudium* (25 % der Studienleistung).

Abbildung 2: Studienarchitektur

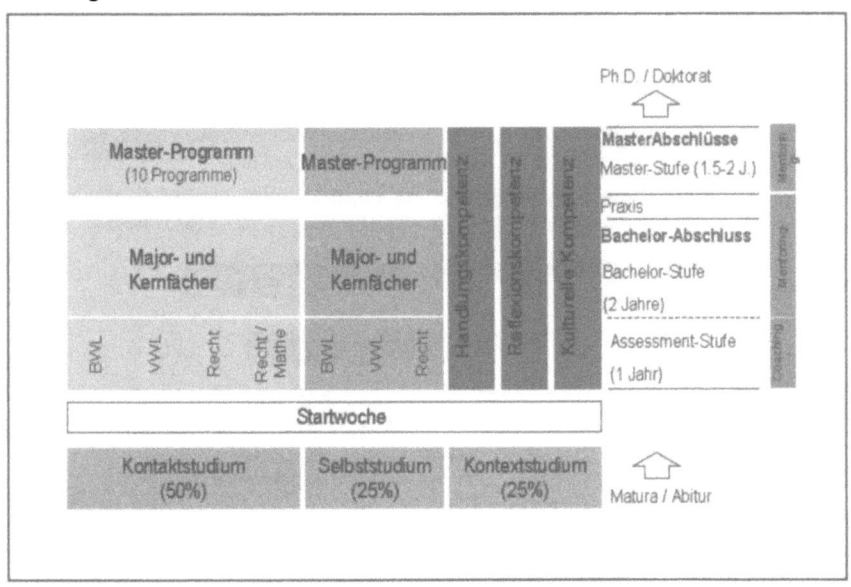

Mit den drei Säulen des Studiums wird der Tatsache Rechnung getragen, dass eine ausschließliche Spezialisierung für die Absolvierenden in den akademischen Fächern und den praxisorientierten Berufsfeldern unzureichend ist. Gleichzeitig müssen die Studierenden Voraussetzungen und Bereitschaft zu lebenslangem selbständigen Lernen erwerben, und die Dozierenden müssen unabdingbar in Zukunft verschiedene Rollen und Aufgaben übernehmen, denn sie sind nicht nur in ihrer Funktion als Wissensvermittler gefragt, sondern darüber hinaus, und zwar ausnahmslos in stärkerem Masse als bislang, auch als Mentoren und Coaches, als Kommilitonen wie Kommilitoninnen und als Ansprechpartner der Studierenden. Kurz: Manche Dozierenden werden sich mehr auf pädagogische Herausforderungen einstellen müssen.

Das Studium umfasst in unserem Verständnis weit mehr als nur den Besuch und die Verarbeitung von Lehrveranstaltungen und Prüfungsvorbereitungen. Es handelt sich vielmehr um eine Geisteshaltung und Lebensphase, welche die Studierenden einnehmen und erleben sollen. Speziell dazu gibt es Angebote der Universität und Aktivitäten der Kommilitonen auf dem Campus. Die *Startwoche* als eine einwöchige Blockveranstaltung zu Beginn des Studiums ist ein hervorragendes Beispiel (www.startwoche.unisg.ch). Sie macht nicht nur die Erstsemestrigen mit Studium und akademischem Leben an der Universität St. Gallen vertraut, sondern soll als gemeinsames Erlebnis, insbesondere durch eine sorgfältig ausgearbeitete Fallstudie, ein Zusammengehörigkeitsgefühl der neuen Kommilitoninnen und Kommilitonen sowie Verbundenheit mit ihrer neuen Universität begründen. Gemeinsame Arbeit und Unternehmungen sollen Kooperation, Teamgeist, Solidarität und Verantwortungsbereitschaft innerhalb eines intensiven Programms unter Beteiligung von 150 Studierenden höherer Semester, einem Dutzend Mitglieder des Lehrkörpers und vielen externen Mitwirkenden fördern. Diese Eigenschaften, sollen die Studierenden während des gesamten Studiums sowie im späteren privaten und beruflichen Alltag die Absolventinnen und Absolventen der Universität St. Gallen auszeichnen.

Abgestimmt auf die beschriebene Studienstruktur wurde auch das *Prüfungssystem* überarbeitet. Neben den üblichen schriftlichen Prüfungen sowie einer Bachelor- und Masterarbeit sind vermehrt, und zwar verteilt über alle Studienjahre und Studienstufe, schriftliche Seminararbeiten, mündliche Präsentationen, Fachgespräche, Fallstudien und Gruppenprüfungen und die Berücksichtigung aktiver Teilnahme am Unterricht vorgesehen, damit die angestrebten Kompetenzen möglichst differenziert und fair erfasst und bewertet werden können. Besondere Aufmerksamkeit legen wir dabei auf die Assessment-Stufe, auf der allen (700 und mehr) Studierenden 3 mündliche Einzelprüfungen, 2 Team-Präsentationen, 5 schriftliche Arbeiten und in jedem Fach zumindest 2 Klausuren verpflichtend angeboten werden. So spielt weniger die Tagesform und der Zufall eines Stoffgebiets, als vielmehr die Leistung und Verbesserung in allen Fächern eine Rolle. Der geschätzten zeitlichen Beanspruchung der Studierenden entsprechend, werden die einzelnen Studienteile mit Credits gewichtet, die Teilleistungen werden aber nach wie vor differenziert benotet (Kreditnotenpunkte). Jede der drei Stufen muss insgesamt bestanden werden, wobei eingeschränkt Kompensationsmöglichkeiten vorgesehen sind.

Ein *Coaching-Programm,* das über ein Bewerbungs- und Losverfahren für eine begrenzte Zahl von Studierenden zugänglich ist, fördert überfachliche

Kernkompetenzen wie soziale Kompetenz, Leadership (als Begriff für Vorstellungen der Führungslehre von angewandten Sozialkompetenzen in Führungssituationen bewusst gewählt), Selbstverantwortung und Reflexionsfähigkeit. Das, was man als Hingabe an etwas Überpersönliches bezeichnen könnte, soll Autonomie und Selbstwertgefühl des Individuums sowie dessen menschlichen Respekt und soziale Integrationsfähigkeit fördern; was einem zutiefst humanistischem Anliegen seit der Antike entspricht. Bildung einerseits als individuelle Selbstbildung zur Selbstbesinnung und Selbstfindung im Hinblick auf Bereiche wie Problembewusstseinserweiterung, Verantwortungsbereitschaft und Verantwortungsfähigkeit, Ich-Stärke, ethische und ästhetische Werte; Bildung andererseits als kritische Aneignung und reflektierte Anwendung grundlegender wissenschaftlicher Kenntnisse und Fähigkeiten. Diese Betreuung wird im *Mentoring-Programm* auf der Bachelor-Stufe fortgeführt. Beide Programme zur Persönlichkeitsbildung haben formativen Charakter.

Während ihres Studiums können und sollen die Studierenden alleine oder in Teams Projekte definieren und verwirklichen, für die sie jeweils eine Dozentin oder einen Dozenten als Betreuer gewinnen müssen. Dabei geht es nicht nur um die Konzeption von Projekten, sondern auch um die reale Durchführung dieser. Sie können als so genannte *Campus Credits* Teil der Studienleistungen der Handlungskompetenz und des Wahlbereichs werden. Dies zeigt neben den klassischen selbständigen Leistungen wie Seminar- und Bachelorarbeit, dass ein Studium nicht nur aus bestehenden und aufbereiteten Inhalten besteht, sondern selbst konstruiert, strukturiert und beschrieben werden muss. Klare Vorgaben hinsichtlich der Leistungsstandards, der Berichte und des Ablaufs, aber auch zusätzlicher Einsatz der Dozierenden, der immer bei diesen speziellen Formaten gefordert ist, vermeiden ein Abgleiten in Beliebigkeit oder Niveaulosigkeit und sichern die Verwirklichung der Bildungsziele. Im Bereich des Majors und Masters in International Affairs stehen dafür sogar besondere Gefäße der Zusammenarbeit mit internationalen Organisationen zur Verfügung.

Neben diesen inhaltlichen Zusatzangeboten, gilt es die Studierenden auch durch Optionen außerhalb der eigenen Universität zu fördern. Dafür dient der Internationale Austauschdienst, der *Auslandssemester* an über 70 Partneruniversitäten weltweit organisiert und alle selbstorganisierten Auslandssemester unterstützt. Allen Studierenden wird mit Nachdruck ein Auslandsaufenthalt empfohlen und die Prüfungsordnung sieht auch bis zu 3 Auslandssemester bereits bis zum Bachelor vor, aber keinem Studenten wird dies einfach so angeboten oder gar dazu gezwungen, vielmehr müssen die Studierenden die Initiative ergreifen und sich entsprechend qualifizieren. In einem nächsten Schritt soll auch ein *Career Services Center* aufgebaut werden, das insbesondere für Praktika und Bewerbungen Hilfestellungen anbieten kann.

Verwaltet und weiterentwickelt wird dieses Studium von eigens dafür be-
stimmten Mitgliedern des Lehrkörpers und Mitarbeitenden der Verwaltung.
Entscheidend ist die *Programmverantwortung* für jeden der Lehrbereiche, d.h. in
St. Gallen für die Assessment-Stufe, die 5 Majors der Bachelor-Stufe, die 10
Master-Programme, das Selbststudium als Querschnittsfunktion sowie die 3
Teilgebiete des Kontextstudiums, die sich um Standards, Integration und kontinuierliche Weiterentwicklung kümmert. Hier haben der Senat für die beiden
übergreifenden Programmleitungen der Assessment-Stufe und des Kontextstudiums sowie die Abteilungen (Fakultäten) für ihre Fachprogramme jeweils Kollegen gewählt und akzeptieren deren Führung. Daneben wurden die Organisati-
onsprozesse in der Verwaltung entlang den Bedürfnissen der Studierenden von
der Information über die Immatrikulation, den Stundenplan, die Prüfungsergeb-
nisse bis zum Ehemaligenstatus definiert. Die formelle wie informelle Integration der Studierenden in die Gestaltung ist dabei für sachlich angemessene Lösungen und volle Akzeptanz des Studiums und seiner Anforderungen ein notwendi-
ger Erfolgsfaktor. Dazu kommt eine umfassende Zusammenarbeit mit allen an
der Lehre Beteiligten nach rein sachlichen Gesichtspunkten ohne jegliche Hierarchie. Konzipiert, sorgfältig umgesetzt und begleitet im Sinne eines sich in
Zukunft selbst tragenden Prozesses wird dies durch ein kleines Team für die
Neukonzeption der Lehre.

Bildungsidee und Umsetzung

All diese Maßnahmen dienen über ihren formativen Beitrag zur Persönlichkeits-
entwicklung auch dem Ziel, eine möglichst attraktive Universität für die besten
Studierenden zu schaffen. Unbestritten erfordert jede Fachfrage, jedes Sach-
problem umfassendes Grundwissen und spezielle Kenntnisse, die jederzeit verfügbar sein müssen. Der propädeutischen und fundamentalen Ausstattung intel-
lektueller und fachlicher Art sind die ersten Semester eines Studiums gewidmet.
Doch dies darf nicht mit einer stupiden Paukveranstaltung oder einer langwei-
lenden Wissensanhäufung verwechselt werden. Deshalb haben die Neukonzeption der Lehre und die sich daraus ergebenden Prüfungsanforderungen einen viel
weitergehenden Anspruch: Es geht um die Nutzung verschiedener Lernmetho-
den, die Entwicklung von definierten Fachfähigkeiten und die Ausbildung von
Kompetenzen vor allem auch im persönlichen und sozialen Bereich. Dafür werden gezielt zusätzliche Ressourcen eingesetzt, zu deren Investition sich die kan-
tonalen Behörden St. Gallens ganz bewusst entschlossen haben und die von
privaten Förderern, z.B. der Haniel Stiftung für besondere Projekte im Kontext-

studium, der Goldman Sachs Bank Zürich für das Coaching Programm und von Mc Kinsey Deutschland für die Startwoche, aufgebracht werden.

Das Prinzip einer Bachelor- und Masterstudienstruktur ist im Vergleich viel weniger einschneidend und weiterreichend als die Veränderungen auf der curricularen Ebene, die sowohl die generellen Studienziele als auch die einzelnen Lehrinhalte, die Lehr-Lern-Prozesse und die Prüfungsformen, letztendlich die Rollen von Lehrenden und Studierenden betreffen. Darin liegt denn auch die besondere Leistung aller daran Beteiligten, und dies stellt auch weiterhin noch große Anforderungen, um den vorgängig skizzierten Zielen und Anforderungen zu entsprechen, die unsere Gesellschaft bedarf, will sie in Zukunft attraktiv sein.

Weiterführende Literatur

CRUS. *The State of Implementation of the Objectives of the „Bologna Declaration" in Switzerland*, Bericht für die Bolognanachfolgekonferenz in Berlin September 2003, <www.bolognareform.ch>.

Droysen, Johann Gustav. *Historik. Vorlesungen über Enzyklopädie und Methodologie der Geschichte.* Hrsg. Rudolf Hübner. München: Oldenbourg, 1960.

Gomez, Peter und Sascha Spoun. Reform der universitären Bildung: Tendenzen und Perspektiven der Universität St. Gallen. Universität St. Gallen, 2002.

Gomez, Peter und Sascha Spoun. *Bildung - Studium - Praxis. Die Universität St. Gallen.* Beitrag zur Festschrift über das Bildungswesens des Kantons St. Gallen (erscheint 2004).

Mittelstrass, Jürgen. „Unerledigte Probleme der Universität auf dem Weg ins 21. Jahrhundert." *Universitäten im 21. Jahrhundert.* Hrsg. Jan Joerden, Anna Schwarz und Hans-Jürgen Wagener. Berlin: Springer, 2000, 3-15.

Sorbonne-Erklärung vom 25. Mai 1998 und Bologna-Erklärung vom 19. Juni 1999. Zugangsdatum <www.crus.ch/deutsch/Lehre/bologna/index.html>.

Spoun, Sascha. Internationalisierung von Universitäten. Eine Studie über die Community of European Management Schools. Universität St. Gallen, 1998.

Spoun, Sascha. „Ergebnisse der Arbeitsgruppe 3: Wirtschaftswissenschaften." *Tagungsdokumentation Bachelor und Master in den Wirtschafts-, Rechts- und Sozialwissenschaften.* Hrsg. DAAD. Bonn: 2000, 446-450.

Spoun, Sascha. „Studium fundamentale an der Universität St. Gallen. Das Kontextstudium als tragende Säule der neukonzipierten Lehre." *Neues Handbuch der Hochschullehre, J 2.3 Studiengangsentwicklung.* Berlin: Raabe, 2002, 1 – 24.

Spoun, Sascha und Werner Wunderlich. „Humanistische Bildung und die Neukonzeption der Lehre an der Universität St. Gallen." *Freiheit der Wissenschaft.* 4. 2003, 6 -12.

Informationen zur Neukonzeption der Lehre: http://www.studium.unisg.ch

3. Kapitel: „Bildung neu verantworten!"

3.1 Mehr Engagement!

Clifford Larsen

Einführung

Im Sommer 2003 meinte ein Student in einem Seminar über Bildungswesen aus rechtsvergleichender Sicht an der Bucerius Hochschule für Rechtswissenschaft in Hamburg: „Jeder Versuch, Innovationen im deutschen Bildungswesen einzuführen, stößt auf Widerstand und muss gerechtfertigt werden." Die Pisa-Studie und die Krise an deutschen Universitäten haben die notwendige Rechtfertigung geliefert und die Erneuerung des deutschen Bildungswesens endlich zum nationalen Thema gemacht.

Deutschland ist aber nicht das einzige westliche Land, das mit der Reform seines Bildungswesens ringt. Entscheidungsträger in vielen anderen europäischen Ländern und in den Vereinigten Staaten kämpfen seit Jahren dafür, das Bildungswesen auf allen Ebenen zu verbessern. Ausländische Bildungssysteme sind sicherlich anders als das deutsche. Die Unterschiede haben mit Verfassungsrecht, Föderalismus, dem nationalen Charakter, der Geschichte und einer Reihe von anderen Faktoren zu tun. Trotz dieser Unterschiede kann ein Vergleich mit ausländischen Systemen jedoch gedankenanregend wirken. Durch Vergleiche kann der deutsche Beobachter eine gewisse kritische Distanz zum eigenen System und zu den zur Diskussion stehenden Änderungen gewinnen. Das ist besonders der Fall, wenn man sich mit dem Thema „Bildung neu verantworten" befasst.

Laut Verfassung ist das Hochschulwesen eine Aufgabe sowohl des Bundes als auch der Länder. Der Bund und die Länder teilen sich die Finanzierung der Forschung, sowie die Kosten der Hochschulen für Bauinvestitionen und Großgeräte. Der Bund bestimmt auch die Rahmenbedingungen der Hochschulbildung, aber was genau dazu gehört, ist umstritten, zum Beispiel soll das Bundesverfassungsgericht noch in diesem Jahr entscheiden, ob der Bund den Ländern verbieten darf, Studiengebühren zu erheben. Die von den Hochschulen angestrebte Berechtigung, sich ihre Studenten selbst auszusuchen, ist ein weiteres Feld, auf dem sich in nächster Zeit viel verändern könnte.

Das Schulwesen ist im Wesentlichen Sache der Länder. In letzter Zeit hat jedoch der Bund sein Engagement im Schulwesen ausgeweitet. Ein Beispiel dafür ist die vom Bund finanzierte Förderung von Ganztagsschulen. Man kann diese Entwicklung unterschiedlich bewerten: als notwendigen Schritt zur Verbesserung von Schulen oder als unnötige (sogar verfassungswidrige) Verstrickung des Bundes und der Länder in Sachen Bildung.

Die entgültige Regelung dieser strukturellen Frage - ob dem Bund oder den Ländern die führende Rolle bei der Gestaltung des Bildungswesens zugewiesen wird - könnte eine große Auswirkung auf die deutsche Schul- bzw. Hochschullandschaft haben. In seinem Beitrag über „Bildung neu verantworten: wer steuert" hat Hans Jörg. Hennecke diese Frage ins Visier genommen und mögliche Lösungen dargestellt.

Über dieses strukturelle Thema hinaus existiert eine Reihe von anderen Fragen, deren Antworten auch einen erheblichen Einfluss auf die Reform des deutschen Bildungswesens haben könnten. Dieser Beitrag beschäftigt sich mit den zwei Fragen: erstens, mit der Möglichkeit, Schulen und Hochschulen zu verbessern, unabhängig von der föderalen Führungsstruktur der Schulen bzw. Hochschulen, und zweitens, mit Themen, die in der öffentlichen Diskussion über die Reform des Bildungswesens bislang nicht ausreichend angesprochen worden sind. Diese Themenauswahl bezieht sich auf die Erfahrungen des Verfassers als Student in Deutschland, Frankreich, England und den USA, als Professor für Rechtsvergleichung (unter anderem im Bereich des Bildungswesens) und als Vater zweier Kinder, die Schulen sowohl in Deutschland als auch in den USA besucht haben bzw. besuchen.

Möglichkeiten, Schulen bzw. Hochschulen zu verbessern, unabhängig von der föderalen Führungsstruktur

Mehr Engagement an deutschen Schulen

Die vergleichende Forschung macht deutlich, dass Schulen, an denen Eltern, Schüler, Lehrer und andere engagiert arbeiten, erfolgreicher sind als Schulen, an denen das nicht der Fall ist. Es muss betont werden, dass viele Menschen an deutschen Schulen und Hochschulen schon weit über das Notwendige hinaus arbeiten. Einige Beispiele dieses Engagement sind:

- Lehrer, die bei dem Übergang von Schülern von der Grundschule in weiterführende Schulen tagelang an der Verteilung der Kindern auf Parallelklassen arbeiten, damit jeder Schüler in eine Klasse mit Freunden und mit anderen Kindern aus ihrer Wohngegend kommt, und die Klassen ausgeglichene Zahlen von Jungs und Mädchen, sowie stärkeren und schwächeren Schülern aufweisen können;

- Eltern, die in Elternbeiräten, beim Schulbrotverkauf oder auf andere Art und Weise an Schulen ehrenamtlich arbeiten
- Schüler, die an einer Schülerzeitung mitarbeiten, das Schuljahrbuch zusammenstellen, Schulprojekte mitplanen, AGs gründen usw.
- Unternehmen, die bei sogenannten „Betriebspraktika" und „Wirtschaftspraktika" Schülern die Möglichkeit bieten, Zeit im Betrieb zu verbringen, damit die Schüler einen Einblick in die tatsächliche Arbeitswelt gewinnen können.

Es ist wichtig, diese Arbeit anzuerkennen. Besonders nach der Veröffentlichung der Pisa-Studie wird das deutsche Bildungswesen jedoch so dargestellt, als ob niemand das geringste Interesse am Erfolg der Schulen hätte. Die fast ausschließlich negative Presse über deutsche Schulen und Lehrer wirkt besonders demotivierend auf die vielen Menschen, die sich weit über ihre Verpflichtungen hinaus für ihre Schulen engagieren.

Trotz des jetzigen Engagements von vielen im Bereich des Bildungswesens gibt es eine Reihe von anderen Möglichkeiten, das Engagement der Beteiligten am Schulwesen zu steigern. Ein zentraler Punkt dabei ist, ihre Identifikation mit der Schule zu verstärken.

Diese muss vor allem bei den Schülern selbst ansetzen. In vielen deutschen Schulen und Universitäten liegt zum Beispiel Müll auf dem Fußboden, Wände sind mit Graffiti beschmiert. Solche Verhältnisse sagen viel über die Schüler-bzw. Studentenschaft aus: Erstens, dass sie bereit sind, ihre eigene Umgebung so zu verunstalten, zweitens, dass die große Mehrheit der Schüler/Studenten, die so etwas nicht tun, nicht dazu bereit sind, den Müll vom Fußboden aufzuheben oder für eine Atmosphäre zu sorgen, in der Müll auf den Fußboden zu werfen als inakzeptables Verhalten angesehen wird. Die Identifikation der Schüler mit der Schule ist nicht stark genug, um das Gefühl, nicht persönlich für das Problem verantwortlich zu sein, zu überwinden. Das ist der Fall, obwohl deutsche Schüler durch ihr Stimmenverhältnis in der Schulkonferenz über relativ viel Macht verfügen, Schulangelegenheiten mitzubestimmen. Das bedeutet, das Verfügen über Macht sorgt nicht allein dafür, dass Schüler/Studenten sich mit ihrer Schule/Universität identifizieren.

Auch Eltern könnten ihr Engagement in der Schule steigern. In vielen amerikanischen Schulen helfen Eltern beispielsweise während des Unterrichts in Nebenräumen einzelnen Grundschülern mit Leseaufgaben. Durch diese Tätigkeit wird die Klassengröße im Endeffekt deutlich reduziert und die Lernintensität gesteigert. Vergleichende Forschung macht deutlich, dass kleinere Klassen und persönliche Förderung maßgeblich für schulischen Erfolg sind. Ehrenamtliche Arbeit ermöglicht das, ohne das Schulbudget zu strapazieren.

Diese Hilfe beim Lesenlernen ist kein Einzelbeispiel. In der persönlichen Erfahrung des Verfassers haben Eltern von amerikanischen Schülern den Schulhof weitgehend saniert, Klassenausflüge begleitet und kleinere Reparaturen an der Schule erledigt, alles auf ehrenamtlicher Basis.

Ehrenamtliches Engagement kann weit über die Elternschaft hinaus gehen. Großeltern und andere Senioren (die häufig mehr Zeit haben) können auch einen Beitrag leisten. In meinem amerikanischen Heimatort haben ältere Mitglieder des lokalen Gartenvereins zusammen mit den Schülern einen Schulgarten angelegt und für jede Grundschulklassenstufe ein Projekt im Garten im Rahmen des Biologieunterrichts entwickelt, so dass sie jährlich weit über 100 Stunden mit den Schülern zusammen im Schulgarten ehrenamtlich arbeiten. Für die Schule wäre solche Arbeit auf bezahlter Basis unerschwinglich. Für die Mitglieder des Vereins ist die Arbeit eine Bestätigung ihres Wissens und eine Gelegenheit, ihre Freude an dieser Arbeit an junge Leute weiterzugeben. Im Rahmen eines kleinen Erntedankfestes dankt die Schule den Helfern und würdigt so den Erfolg ihrer Arbeit, ebenso wie auch die lokale Presse, die zum Teil die Projekte verfolgt, weitere Senioren zur Mithilfe aufruft und für Anerkennung sorgt.

„Mehr Engagement" hört sich als Slogan gut an; kaum einer wäre dagegen. Eine zentrale Frage ist natürlich, wie man dafür sorgt, dass Schüler, Eltern und andere sich mehr mit der Schule identifizieren, und dazu bereit sind, sich mehr zu engagieren. Hier gibt es verschiedene Möglichkeiten.

Die Rolle der Schule in der Gemeinde

Viele deutsche Schulen könnten sich deutlich mehr bemühen, eine zentralere Rolle in ihren Gemeinden zu spielen. Dadurch sorgt man dafür, dass sich die Gemeinde mit der Schule identifiziert und mehr Verantwortung für den Erfolg der Schule übernimmt. Häufig läuft diese Identifizierung über schulische Veranstaltungen, welche die Schule und die Gemeinde zusammenbringen. Es gibt unzählige Variationen solcher Veranstaltungen, je nach Interessen der Schüler, Elternschaft, Gemeinde, usw. Gemeinsam haben fast alle Veranstaltungen dieser Art, dass die Erlöse davon der Schule zugute kommen. Einige Beispiele sind:

- Ein „Internationales Abendessen" („International Food Festival"), auf dem Eltern oder andere, die eine Beziehung zu einem anderen Land haben, ein landestypisches Gericht kochen. Nicht nur Eltern und Kinder, sondern auch Eltern von ehemaligen Schülern und andere in der Gemeinde nehmen daran teil. Dadurch fühlen sich mehr in den Kreis der Schule eingebunden.

- Viele amerikanische Schulen veranstalten einen kleinen „Jahrmarkt" („Fair"). Auf dem Markt werden Handarbeiten, die Eltern und andere gespendet haben, verkauft, auf einer kleinen Bühne können Aufführungen von einzelnen Schulklassen verfolgt werden. Eltern und Interessierte aus dem Ort kommen und essen und trinken eine Kleinigkeit. Diese Veranstaltungen ähneln einem Dorffest oder Fest der freiwilligen Feuerwehr in Deutschland. Der Unterschied ist, dass die Schule im Mittelpunkt steht und der Erlös der Schule zugute kommt.

Eine weitere Möglichkeit, den Stellenwert der Schule in der Gemeinde und die Identifikation der Schüler mit der Schule zu steigern, wäre durch eine Erhöhung der Aktivitäten außerhalb des Unterrichts, die jedoch mit der Schule verbunden sind, zu erreichen. In den USA zählen zu diesen Aktivitäten besonders Sportwettkämpfe, aber auch Diskussionswettbewerbe und vieles mehr. In Deutschland dagegen laufen vor allem erstere über außerschulische Vereine, wie den örtlichen Sportverein. Das Resultat ist, dass diese Aktivitäten nicht zu größerer Verbundenheit mit der Schule führen - selbst wenn, wie es meist der Fall ist, der Verein die Einrichtungen der Schule benutzt.

Schulwahl und schulische Verantwortung für Finanzen

Besonders in England und den USA verlangen viele Bildungsexperten eine stärkere Marktorientierung im Schulwesen. Nach Meinung des Verfassers ist die Einführung von markwirtschaftlichen Prinzipien ins Schulwesen als allgemeines Prinzip nicht zu befürworten. Schulen agieren in einem anderen Umfeld und haben andere Aufgaben als wirtschaftsorientierte Unternehmen. Trotzdem wäre in bestimmten Fällen die Ausweitung von in Deutschland schon vorhandenen marktwirtschaftlichen Prinzipien im Schulwesen sinnvoll.

Ein Beispiel ist der verbindliche Einzugsbereich der Grundschulen. Obwohl Schüler nach der Grundschule häufig das Recht haben, nicht nur die örtliche Schule, sondern auch andere, etwas weiter entfernte Schulen zu besuchen, wird Grundschülern diese Möglichkeit verweigert. Das Resultat ist, dass Grundschulen unter wenig Druck stehen, ihre Leistung zu verbessern.

Wachsende Verantwortung muss aber mit zunehmenden Kompetenzen gekoppelt werden. In Deutschland ist es heute häufig der Fall, dass Schulen wenig Kontrolle über ihre eigenen Budgets haben. Viele Entscheidungen werden auf Kreis- oder Landesebene getroffen, andere, sogar kleine, wie die Bestellung von Vorräten an Folien, Büroklammern usw. auf der Ebene des Schulträgers. Das ist selbst dann der Fall, wenn die Schule sich die gleichen Vorräte deutlich günstiger beschaffen könnte oder mit billigeren Produkten, die nicht im Sortiment des Schulträgers enthalten sind, auskommen könnte.

Dieses Phänomen, dass Gelder verschwendet werden, wenn alle Entscheidungskompetenzen auf höhere Verwaltungsebenen verlagert werden, ist nicht nur im deutschen Schulwesen sichtbar. Jeder, der in einem größeren Unternehmen oder der staatlichen Verwaltung gearbeitet hat, wird eine ähnliche Erfahrung gemacht haben. Bislang hat aber im öffentlichen Dialog über die Reform des deutschen Schulwesens ein Meinungsaustausch über solche Änderungen kaum stattgefunden.

Themen, welche die öffentliche Diskussion über die Reform des Bildungswesens bislang nicht ausreichend angesprochen hat

Spannungsverhältnis Verantwortung - Gleichheit

Deutsche haben, sogar für europäische Verhältnisse, einen ungewöhnlich ausgeprägten Sinn für den sozialen Ausgleich. In diesem Zusammenhang haben Schulen einen besonders hohen Stellenwert. Die Schule gilt als Garant dafür, dass alle in Deutschland möglichst gleiche Startchancen haben. Diese Haltung bringt bestimmte Vorteile mit sich, besonders im Vergleich zu manchen ausländischen Schulsystemen. Da beispielsweise die Finanzierung von Lehrerstellen auf Landesebene erfolgt, wird dafür gesorgt, dass Schulen in ärmeren Gemeinden mit Lehrern ungefähr gleich ausgestattet sind wie Schulen in wohlhabenden Gebieten. Ähnlich sorgt die landesweit geregelte Besoldung von Lehrern dafür, dass reichere Gemeinden bessere Lehrer aus ärmeren Gemeinden nicht durch ein höheres Gehaltsangebot abwerben können.

Deutsche tun sich mit größeren Unterschieden in der Qualität von einzelnen Schulen besonders schwer. Wenn Deutsche zwischen zwei Schulsystemen wählen müssten, einem, in dem alle Schulen auf dem gleichen, aber relativ niedrigen Niveau wären, und einem, in dem alle Schulen auf höheren, aber unterschiedlichen Niveaus wären, würden viele Deutsche das erste System bevorzugen. Diese Haltung könnte eine weitreichende Verbesserung der Schulen aus eigener Kraft anstelle von staatlicher Förderung be-, wenn nicht sogar verhindern. In jedem Schulsystem, in dem Verantwortung nicht staatlich zentralisiert ist und der Erfolg bzw. Misserfolg der einzelnen Schulen von dem Engagement der Schulleitung, Schüler- und Elternschaft abhängt, werden sich Schulen qualitätsmäßig auseinanderentwickeln. Schulen, die es schaffen, Unterricht kreativ zu gestalten und dadurch bessere Schüler anzuziehen, die Identifizierung der Schüler mit den Schulen zu verstärken, die Schulen zum Mittelpunkt der Gemeinden zu machen usw. werden sich deutlich besser entwickeln als Schulen, die das nicht tun. Als Resultat wird das Gefälle zwischen guten und schlechten Schulen größer werden.

Konsequenzen von Konkurrenz im Hochschulwesen

Auf Hochschulebene ist schon festzustellen, wie das allgemeine Bildungsgleichheitsgebot zu bröckeln beginnt. Lange Zeit war die einigermaßen gleiche Ausstattung von allen öffentlichen deutschen Universitäten fast eine heilige Kuh. Wegen des zunehmenden Drucks seitens der privaten Universitäten in Deutschland, des schlechten Abschneidens der deutschen Hochschulen im Vergleich zu denen in anderen Ländern (besonders den USA) und der mangelnden Möglichkeiten an deutschen Hochschulen für Spitzenforscher, haben Mehrheiten sowohl im rot-grün dominierten Bundestag, als auch im schwarz-gelb geführten Bundesrat ein Gesetz verabschiedet, wonach knapp 2 Milliarden Euro für die Finanzierung von Projekten an deutschen „Eliteuniversitäten" ausgegeben werden sollen.

Aller Wahrscheinlichkeit nach wird das deutsche Hochschulwesen sich weiter in diese Richtung entwickeln. Wo lange Zeit eine Zentralstelle Studienplätze für ganz Deutschland verteilte (obwohl die Universitäten den Ländern zugeordnet sind), beschäftigen sich jetzt Bundestag und Bundesrat mit einer Änderung des Hochschulrahmengesetzes, wonach deutsche Hochschulen einen größeren Prozentsatz ihrer Studenten selbst aussuchen können. Viele Universitäten versuchen schon, Schwerpunkte zu setzen, ihre Angebote attraktiver zu machen usw. Diese Entwicklungen könnten sich positiv auf die deutsche Hochschullandschaft auswirken.

Auffällig aus vergleichender Sicht ist aber, wie wenig sowohl die Hochschulen selbst, als auch die öffentliche Diskussion über das Hochschulwesen sich grundsätzlich mit den Konsequenzen dieser zunehmenden Konkurrenz auseinandergesetzt haben. Folgendes Beispiel bezieht sich auf Spenden. US-Hochschulen erhalten von ihren ehemaligen Studenten jedes Jahr Spenden in Milliardenhöhe. Nach amerikanischem Vorbild haben deutsche Universitäten angefangen, um Spenden von ihren ehemaligen Studenten zu bitten. Sie tun das aber ohne die Rahmenbedingungen herzustellen, die zu erhöhter Spendenbereitschaft führen. Sie bieten den potentiellen Spendern keine persönliche Betreuung, weder seitens der Professoren noch seitens der Hochschulverwaltung, so dass nicht dafür gesorgt wird, dass sich die ehemaligen Studenten mit der Hochschule identifizieren. Als Resultat landet der Brief, in dem um eine Spende gebeten wird, normalerweise im Mülleimer.

Ein zweites Beispiel hat mit den sogenannten „Rankings" zu tun. Folge einer stark differenzierten Hochschullandschaft ist, dass zukünftige Studenten und andere keinen Überblick mehr über die Stärken und Schwächen von einzelnen Fakultäten gewinnen können. Dadurch entsteht die Notwendigkeit von universitäts-externen Bewertungen, welche die Universitäten vergleichen und sie nach ihrer Qualität einstufen. Diese Rankings, egal wie seriös die Grundlagen sind, auf denen sie basieren, könnten einen in Deutschland fast unvorstellbaren Einfluss auf die Immatrikulationsentscheidungen von Studenten haben. Sollte eine Fakultät einige Plätze niedriger in den Bewertungen eingestuft werden als im vorangegangenen Jahr, müsste die Fakultät erhebliche Verluste an guten Studenten hinnehmen. Wegen ihres Einflusses können Rankings mit zu den wichtigsten Faktoren bei der Entscheidung von grundsätzlichen Verwaltungsfragen werden. Einige Beispiele sollen diesen Einfluss verdeutlichen:

- Ein Faktor bei der Einstufung einer Fakultät in den USA ist die Abiturdurchschnittsnote der Studenten im ersten Jahr. Wenn die Fakultät ihre eigenen Studenten aussuchen kann, tendiert sie dazu, die Bewerber mit guten Noten zu bevorzugen, unabhängig davon, welche anderen Qualitäten die Bewerber aufzuweisen haben und wie diese „schwächeren" Bewerber die Studentengemeinschaft sonst bereichern könnten.
- Ein zweiter Faktor bei der Einstufung einer Fakultät hat mit der Ausstattung der Fakultät zu tun, zum Beispiel mit der Zahl von Büchern in der Fakultätsbibliothek. Als Resultat werden in Fakultäten keine Bücher weggeworfen, selbst dann nicht, wenn die Bücher keinen Nutzen mehr haben. Diese Bücher werden einfach in einem Lagerhaus untergebracht, damit sie noch zur Sammlung der Fakultät „zählen" und keinen kostbaren Platz in der eigentlichen Bibliothek wegnehmen.
- Ein drittes Beispiel hat mit Berufungen zu tun. Je stärker Fakultäten auf Rankings angewiesen sind, desto mehr suchen sie neue Professoren, die möglichst viel veröffentlicht haben. Das liegt daran, dass Veröffentlichungen wiederum zum guten Ruf der Fakultät beitragen. Weil das Engagement des Professors bei der Lehre und bei der Betreuung von Studenten sich weniger leicht in Statistiken erfassen lässt, wird diesen Erwägungen kaum Rechnung getragen.
- Schließlich führen Rankings dazu, dass Fakultäten sogar Tricks anwenden, um ihre Einstufungen zu verbessern. Ein Kriterium, das häufig bei den Rankings berücksichtigt wird, ist der Prozentsatz von Studenten, der innerhalb eines bestimmten Zeitraums nach dem Examen einen Arbeitsplatz gefunden hat. Um ihren Prozentsatz zu steigern, stellen Fakultäten die frischgebackenen Akademiker, die keine Arbeit gefunden, selbst ein (zumindest kurzfristig), damit sie als „angestellt" gelten. Diese Arbeit ist nichts anderes als eine Arbeitsbeschaffungsmaßnahme, der Statistiken wegen erfunden.

Eine dritte Auswirkung von zunehmender Konkurrenz im deutschen Hochschulwesen könnte mit der Herkunftsbundesland der Studenten zu tun haben. Die deutschen Bundesländer möchten den größtmöglichen Nutzen von der Finanzierung ihrer Universitäten haben, d.h., sie möchten nicht nur das Hochschulwesen an sich fördern, sondern sie wünschen, dass gutausgebildete Studenten möglichst im eigenen Bundesland bleiben und dass Arbeitsplätze im eigenen Bundesland entstehen. Angenommen, deutsche Universitäten werden in Zukunft zumindest einen Teil ihrer Studenten selbst aussuchen können, werden sie dann bei diesem Auswahlverfahren das Herkunftsland der Bewerber berücksichtigen? Werden die Universitäten niedrigere Studiengebühren von den Studenten verlangen, die sich verpflichten, eine Zeitlang nach Abschluss des Studiums in dem Bundesland der Universität zu bleiben? Solche Regelungen existieren bei öffentlichen amerikanischen Universitäten und sie haben wiederum sowohl Vorteile als auch Nachteile. Bislang hat die öffentliche Diskussion über die Reform des Hochschulwesens in Deutschland die Auswirkungen einer zunehmenden Konkurrenz nicht ausreichend thematisiert.

Die Faszination von Eliteuniversitäten

Seit einigen Jahren spielen ausländische Eliteuniversitäten eine große Rolle als Vorbild für deutsche Reformvorhaben. Wer sein Augenmerk nur auf Eliteuniversitäten richtet, übersieht aber das Umfeld solcher Hochschulen, zumindest in den USA. Dort gibt es nicht nur Eliteuniversitäten, sondern auch eine Vielfalt von exzellenten kleinen Colleges, die eine viel persönlichere Betreuung als größere Universitäten - sowohl staatliche als auch private - bieten können. Viele herausragende Studenten erwerben ihr erstes Diplom an diesen kleinen Fakultäten und ziehen dann an eine große - manchmal Elite - Forschungsuniversität weiter. Die Eliteuniversitäten existieren also als Teil einer Bildungslandschaft. Ohne diese Landschaft ist die amerikanische Erfahrung mit Eliteuniversitäten nur bedingt übertragbar.

Anerkennung von Leistung

Deutsche Schüler, die ein Schuljahr im Ausland verbringen, bestätigen immer wieder ein Merkmal des deutschen Schulwesens: In deutschen Schulen gilt Leistung häufig als verpönt innerhalb der Schülerschaft. Auch die Schule erkennt ihre besten Schüler selten öffentlich an; es gibt kaum eine strukturelle Motivation für die Schüler, ihr Bestes zu geben. Ohne diese Anerkennung sind die wenigsten Schüler bereit, mit dem Ruf als „Streber" zu leben.

Die individuelle Leistung ist nicht das alleinige Ziel des Schulwesens. Die Schule muss Teamarbeit, soziales Verhalten und eine Reihe von anderen Zielen verfolgen. Die Anerkennung von individueller Leistung stellt diese anderen Ziele nicht in Frage, schafft aber eine Atmosphäre, die zu einer größeren Leistungsbereitschaft des Einzelnen und einem höheren Niveau aller Schüler führt.

Schlussbemerkungen

Die Debatte über die Verbesserung des deutschen Schulwesens ist voll im Gange. Nach so vielen Jahren von „Business as usual" ist diese Nachricht an sich erfreulich. Große Änderungen im Schul- bzw. Bildungswesen kommen auf Deutschland zu und es ist längst Zeit, Änderungsmöglichkeiten im deutschen Bildungswesen sorgfältig zu analysieren. Als typische Perspektive gilt die amerikanische Erfahrung - sowohl positiv als auch negativ - mit Konkurrenz unter Hochschulen. Deutschland hat die Gelegenheit, das Beste am eigenen System zu behalten, sich aber auch von dieser ausländischen Erfahrung inspirieren zu lassen.

Deutschland sollte das Ausländische nicht einfach übernehmen, ohne seine Rahmenbedingungen in Betracht zu ziehen. Dies gilt für die oben zitierten Betrachtungen. Was die Amerikaner - oder die Finnen, die Schweden usw. - im Bereich des Bildungswesens machen, ist nicht unbedingt das Richtige für Deutschland, selbst wenn diese anderen Länder Probleme bewältigt haben, die in Deutschland immer noch gelöst werden müssen. Deswegen sollen die ausländische Systeme, die sowohl hier als auch anderswo dargestellt werden, hauptsächlich als Denkanstoß und nicht als Musterlösung verstanden werden.

Das ist der Fall, obwohl man allzu häufig das Gefühl hat, dass Politiker, Presse und die Bevölkerung allgemein Patentlösungen suchen, die zu einer sofortigen Besserung der Leistung an deutschen Schulen und Universitäten führen. Solche Patentlösungen sind unwahrscheinlich. Selbst wenn man entscheiden sollte, zum Beispiel das Engagementniveau an deutschen Schulen und Universitäten zu steigern, würde diese Änderung nicht von heute auf morgen flächendeckend greifen. Vielen Schulen müssen bereit sein, neue Ideen auszuprobieren. Erfahrungen müssen gesammelt werden, Informationen über die Erfahrungen ausgetauscht werden usw. Das sollte weder überraschen noch demotivieren. Während strukturelle Änderungen relativ schnell eingeführt werden können, brauchen Änderungen von persönlichen Haltungsmustern länger. Es ist also nicht von ungefähr, dass dieses Buch „Wachstum durch Bildung 2020" heißt.

Wenn aber Deutschland jetzt mit geeigneten Änderungen beginnt, kann das Ziel einer dynamischen Bildungslandschaft durchaus erreicht werden.

3.2 Die neue Zusammenarbeit zwischen Staat und Bildungsträgern

Markus Baumanns und Dominik Böllhoff

Seit Ende des Zweiten Weltkriegs nimmt die öffentliche Hand in Deutschland in der Frage des Hochschulwesens eine Monopolstellung ein[1]. Hochschulen werden fast ausschließlich aus öffentlichen Mitteln errichtet und unterhalten. Der Professor ist in aller Regel verbeamtet, das heißt, er ist Staatsdiener und vollzieht hoheitliche Aufgaben. Mit dieser Konzentration im Hochschulwesen auf den Staat knüpfte die Bundesrepublik an die Tradition der Humboldtschen Reformen des Hochschulwesens in der Mitte des 18. Jahrhunderts an, die den Staat als wichtigsten Träger der Hochschulbildung definierte. Dennoch betonte auch Humboldt die Bedeutung einer gesunden Distanz zwischen Staat und Hochschule und der Autonomie der Hochschule vom Staat[2].

Die Konzentration auf den Staat dürfte in Deutschland nicht unmaßgeblich dazu beigetragen haben, dass das private Engagement im Hochschulbereich grundsätzlich verschwindend gering ist. „Privates Engagement" meint Studiengebühren, die Studierende als private Investition in die persönliche Ausbildung leisten, die Förderung von Hochschulen durch Alumni, die Förderung von Hochschulen durch Unternehmen und Firmen, die sich aktiv für ihren Nachwuchs engagieren, und die Förderung von Hochschulen durch Stiftungen und Privatpersonen, die sich aus philanthropischen Gründen für eine Hochschule einsetzen. In den USA, wo sich unumstritten die besten und bestausgestattetesten Universitäten der Welt befinden, sind von 4.200 existierenden Universitäten nur 1.700 in staatlicher Hand. Selbst die staatlichen Universitäten decken ihre Einnahmen nur zu einem Drittel aus staatlichen Zuschüssen, die restlichen zwei Drittel kommen aus privater Hand. Die unübersehbare finanzielle Überforderung des Staates im Hochschulbereich in Deutschland seit Mitte der 70er Jahre ist auch auf einen fast kompletten Ausfall privater Finanzquellen für die Hochschulen zurückzuführen.

---

[1] Der bestehende Dualismus in der staatlichen Förderung zwischen Bund und Ländern bleibt hier bewusst unberücksichtigt, ihm ist das folgende Kapitel gewidmet.

[2] Vgl. dazu: Wilhelm von Humboldt: Über die innere und äußere Organisation der höheren wissenschaftlichen Anstalten in Berlin, in: Schriften zur Politik und zum Bildungswesen, Kap. 29. Werke in fünf Bänden, Band IV, 1. Aufl. Darmstadt 1964, bes. S. 256.

Drei Gründe dürften für dieses mangelnde private Engagement in Deutschland verantwortlich sein:

1. Von staatlicher Seite wurde lange Zeit versäumt, finanzielle, das heißt, zumeist steuerliche Anreize zu setzen, die ein privates Engagement gefördert hätten. Das änderte sich erst zu Beginn des 21. Jahrhunderts in zunächst kleinen Schritten.
2. Bis heute ist die Erhebung von Studiengebühren in Deutschland verboten. Erst mit Beginn des 21. Jahrhunderts begann ein Erosionsprozess der entsprechenden gesetzlichen Regelung.
3. Gravierende strukturelle Probleme innerhalb der staatlichen Universitäten - das bestehende Beamten- und Dienstrecht, die starren Aufstiegschancen - lassen eine Förderung von Hochschulen aus Sicht von privaten Investoren, beispielsweise aus Unternehmerkreisen als unattraktiv erscheinen; in den bestehenden Strukturen ist ein solches Engagement in den Hochschulen gar nicht erst vorgesehen. Dies gilt auch für den Bereich Forschung und Entwicklung, in dem der private Sektor in Deutschland im internationalen Vergleich deutlich unterrepräsentiert ist (lediglich 8,2 Prozent).

So befindet sich das deutsche Hochschulwesen schon seit Mitte der 70er Jahre in einer sich akkumulierenden ökonomischen Krise, wie die Vereinigung der bayerischen Wirtschaft treffend feststellte [3]. Schon vor 30 Jahren zeichnete sich ab, dass die deutschen Universitäten angesichts steigender Studierendenzahlen ohne Studiengebühren nicht oder nur unter erheblichem Qualitätsverlust zu finanzieren sein werden. Dennoch hielt die Politik an der irrigen Annahme fest, dass Gleichheit von Bildungschancen gleichbedeutend sei mit einem Studienangebot, dass nur durch den Steuerzahler finanziert wird. Dass dies in höchstem Maße unsozial ist, sei hier nur am Rande erwähnt. Schon Karl Marx hat 1891 in seiner Kritik des Gothaer Programms auf diesen Zusammenhang hingewiesen: „Wenn [...] auch höhere Unterrichtsanstalten unentgeltlich sind, so heißt das faktisch nur, den höheren Klassen ihre Erziehungskosten aus dem allgemeinen Steuersäckel bestreiten." [4] Seit den 70er Jahren ist die Entwicklung der deutschen Hochschullandschaft geprägt von einer kontinuierlichen Verschlechterung der Studienbedingungen bei gleichzeitig wachsender Studierendenzahl und schrumpfenden Etats. Eindeutig herausgestellt hat sich mittlerweile auch, dass das Verbot

---

[3] Bildung neu denken! Das Zukunftsprojekt. Vereinigung der Bayerischen Wirtschaft (Hrsg.), Opladen 2003, S. 226ff.
[4] Karl Marx in „Kritik des Gothaer Programms – Randglossen zum Programm der Deutschen Arbeiterpartei", 1891.

von Studiengebühren nicht zu einer stärkeren Ausgewogenheit der sozialen
Verteilung innerhalb der Studentenschaft beiträgt.

Es fehlt in Deutschland ferner an einer vielfältigen Hochschullandschaft,
d.h. an alternativen Formen von Hochschulen, die helfen würden, den Wettbewerb unter den Hochschulen anzustacheln, strukturelle Veränderungen innerhalb
der Hochschulen zu erzwingen und damit attraktivere Rahmenbedingungen für
verstärktes privates Engagement an Hochschulen schaffen. Seit Mitte der 80er
Jahre gibt es in Deutschland erste private Hochschulgründungen. Seit Mitte der
90er Jahre erfährt diese Entwicklung einen weiteren Schub. In ihren Dimensionen ist sie jedoch immer noch als marginal zu bezeichnen: Von den 2 Millionen
Studenten sind gerade einmal 33.000 Studierende, also 1,7 %, an privaten Hochschulen eingeschrieben. Dennoch steigt die Nachfrage nach privaten Hochschulen und die Bereitschaft, für eine exzellente Ausbildung in Form von Studiengebühren zu investieren. Zugleich wächst das Interesse, private Hochschulen oder
privat getragene Bildungseinrichtungen im tertiären Bildungssektor zu gründen:
Corporate Universities und Inhouse Fortbildungseinrichtungen, private Gründungen von ganzen Fachhochschulen und Universitäten nehmen stark zu. Träger
dieser Entwicklung ist die Generation der Unternehmer und Stifter, die das Wirt-
schaftswunder in Deutschland bewirkt haben, Unternehmer, die jahrzehntelang
erfolgreich gewirkt haben und nun ein Alter erreichen, in dem sie ihre Nachfolge
regeln, sich Unternehmensanteile auszahlen lassen und dieses Geld in Stiftungen
und Bildungseinrichtungen investieren möchten. Allein die Zahl der Stiftungen
in den letzten 10 Jahren ist signifikant angestiegen. Zur Zeit gibt es etwa 11.000
Stiftungen in Deutschland, jährlich kommen 500 bis 700 hinzu, auch in Zeiten
stagnierender Konjunktur. Im Vergleich zu den USA, dem Mutterland einer
innigen Verbindung zwischen unternehmerischen Erfolg, Philanthropie und
Verantwortung („Commitment") des Einzelnen für das Gemeinwesen, sieht die
Entwicklung in Deutschland bescheiden aus. Dennoch: ein Anfang ist gemacht
und ein Ende nicht abzusehen.

Die Entstehung von privaten Initiativen dieser Art ist auch Ausdruck der
Unzulänglichkeit der bestehenden Einrichtungen. Sie setzt die staatlich dominierten Universitäten unter Druck. Dabei sind es besonders folgende Elemente
der wesentlich stärker autonom agierenden staatlich anerkannten, privaten Hochschulen, welche die bestehenden Strukturen in Frage stellen:

- Die Professoren sind Angestellte eines privaten „Unternehmens" mit privat-
  rechtlichen Verträgen. Sie sind nicht Staatsdiener und Beamte.
- Der Wettbewerb unter den Hochschulen verschärft sich zwangsläufig, es
  bilden sich Marken heraus.

- Private Hochschulen entwickeln neue Formen der Finanzierung. Neben einem professionellen Fundraising gehören dazu eine funktionierende Alumni-Arbeit, die am ersten Studientag des eingeschriebenen Studenten beginnt, sowie eigene unternehmerische Initiativen der Hochschulen, deren Erlöse der Einrichtung zugute kommen [5].
- Die herkömmliche Differenzierung zwischen Fachhochschulen und Hochschulen weicht auf.
- Der Hochschulsektor wird als gewaltiger Markt entdeckt, auf dem natürlich auch internationale Anbieter präsent sein möchten.

In ihrer Rechtsform lehnen sich neu gegründete private Hochschulen mangels Alternativen an kapitalgesellschaftliche Rechtsformen an und entwickeln damit das traditionell auf den öffentlichen Bereich konzentrierte Hochschul- und Wissenschaftsrecht weiter oder besser: Sie weiten das herkömmliche Hochschulrecht aus. Privatrechtlich organisierte Hochschulen können sich als bürgerliche Stiftung, als GmbH, als gemeinnützige GmbH, als reine Aktiengesellschaft oder sogar als Kommanditgesellschaft auf Aktien aufstellen[6].

Zusätzlich unter Druck gerät die bestehende Struktur des Hochschulwesens in Deutschland durch die Entwicklung des Hochschulmarktes innerhalb der EU. Der im Jahr 2000 eingeleitete Bologna-Prozess, der die Vereinheitlichung der Studienabschlüsse zum Ziel hat, ist in vollem Gange. Auf diese Weise soll nicht nur die Vergleichbarkeit von Studienabschlüssen verschiedener Länder Europas, sondern auch die Mobilität der Studierenden innerhalb Europas gefördert werden. Somit wird sich der Wettbewerb unter den europäischen Hochschulen verschärfen. In Deutschland werden ganze Studiengänge umgestaltet, bestehende werden lediglich umbenannt und erreichen nur eine zweifelhafte Qualität, was den Studierenden nicht verborgen bleibt. Herkömmliche deutsche Studienabschlüsse wie die von Diplom- und Staatsexamensstudiengängen geraten in Konflikt mit den von Bologna geforderten Entwicklungen.

Die Anzeichen für einen tiefgreifenden Umbruch der deutschen Hochschullandschaft in fast jeder Hinsicht sind also nicht zu übersehen. In dieser Hinsicht wird die drängendste Frage in den nächsten 15 Jahren die nach der Rolle des Staates sein. Das heißt: Welche Rolle kann und sollte der Staat vor dem Hintergrund der geschilderten Entwicklungen spielen? Sollte er den Hochschulmarkt nicht ganz dem freien Spiel der Kräfte überlassen? Wie und in wel-

---

[5] Siehe dazu unten Kapitel 4 c).
[6] Vgl. im Einzelnen dazu: Karsten Schmidt: Hochschulen in Rechtsformen des privaten Rechts. In: Hochschulstandort Deutschland, hg. von Jörn Axel Kämmerer und Peter Rawert. Schriftenreihe des Instituts für Stiftungsrecht und das Recht der Non-Profit-Organisationen der Bucerius Law School – Hochschule für Rechtswissenschaft –, Band 2, Köln 2003, S. 105 bis 117.

cher Form und in welchem Bereich könnte und muss er eine steuernde Wirkung entfalten? Wie kann eine solche Steuerung aussehen? Wie kann er andererseits die Rahmenbedingungen für den notwendigen Wettbewerb unter den Hochschulen stärken?

Ein guter Parameter für diese Herausforderungen stellt die Qualitätssicherung von Lehre und Forschung dar: durch Akkreditierung.

Der Bund und insbesondere die Länder stehen angesichts der zunehmenden Herausbildung eines nationalen und internationalen Bildungsmarktes vor der Herausforderung, Qualitätsstandards für neue Bildungsangebote und Hochschulen zu entwickeln und deren Einhaltung zu überprüfen. Während für die staatlichen Universitäten eine umfassende Verantwortung für die Finanzierung, Dienst- und Rechtsaufsicht sowie fachliche Qualität gewährleistet wird, stellt sich für private Hochschulen bisher primär die Frage nach der Qualitätssicherung der privaten Bildungsträger und -angebote.

Neben staatliche Genehmigungen durch die Bildungsministerien, die nach geltendem Hochschulrecht weiterhin jedem Land grundsätzlich vorbehalten bleiben, tritt die Akkreditierung als neues Instrument der Qualitätssicherung.

Mit der Akkreditierung wird geprüft, ob Studiengänge oder Hochschulen qualitative Mindeststandards einhalten. Dies schließt insbesondere die Prüfung der Qualität des Curriculums, der materiellen Ausstattung und der Qualifikation des Lehrkörpers ein. Durch die Evaluation der Mindeststandards soll eine hohe Qualität der zu erbringenden Dienstleistungen sichergestellt werden.

Die Kultusministerkonferenz (KMK), Hochschulrektorenkonferenz (HRK) und Wissenschaftsrat (WR) haben seit Mitte der 90er Jahre Akkreditierungsverfahren entwickelt. Diese schließen nicht nur die Einrichtung privater Hochschulen, sondern auch die Qualitätsprüfung neuer Studiengänge privater wie staatlichen Einrichtungen ein.

Zur Anerkennung neuer Bachelor- und Master-Studiengänge wurde ein länderübergreifendes, bundesweit einheitliches zweistufiges Akkreditierungsverfahren mit der Einsetzung eines Akkreditierungsrates und privaten Akkreditierungsagenturen eingeführt. Ziel der Akkreditierungen ist eine fachlich-inhaltliche Prüfung des vorgelegten Studiengangkonzepts.

Aufgabe des Akkreditierungsrates ist die Definition von Qualitätsstandards zur Sicherstellung gleichwertiger Studien- und Prüfungsleistungen, auf deren Grundlage vom Rat ausgewählte unabhängige Agenturen die Akkreditierung der Studiengänge vornehmen. Insgesamt sechs Agenturen, darunter z.B. die Zentrale Evaluations- und Akkreditierungsagentur Hannover (ZEvA) und die Agentur für Qualitätssicherung und Akkreditierung von Studiengängen (AQAS), sind mit der zeitlich befristeten Akkreditierung und periodischen Reakkreditierung der A-

genturen betraut. Auf Grundlage des vom Akkreditierungsrat festgelegten Refe-
renzrahmens wurden bisher etwa 400 Studiengänge akkreditiert.

Neben der Akkreditierung von Studienabschlüssen ist zwischenzeitlich auch
ein Verfahren zur Akkreditierung von Hochschulen eingeführt worden. Im Jahr
2001 wurde beim Wissenschaftsrat (WR) ein Akkreditierungsausschuss eingerichtet, der im Rahmen einer Qualitätsprüfung ermittelt, inwieweit private Hochschulen dem staatlichen Hochschulbereich in der Qualität vergleichbare Bildungsangebote zur Verfügung stellen können. Der Akkreditierungsausschuss hat
bisher Stellungnahmen zur Akkreditierung von fünf Hochschulen verabschiedet,
u.a. für die International University Bremen (IUB), die Evangelischen Fachhochschule Freiburg und die Fachhochschule Heidelberg.

Wie haben sich die Akkreditierungsverfahren in der Praxis bewährt?
Grundsätzlich ist die Einrichtung länderübergreifender Verfahren zur Qualitätssicherung von Studiengängen und privaten Hochschulen zu begrüßen. Akkreditierungsverfahren zur Qualitätssicherung im Bildungssektor führen zur Überwindung enger, inhaltlicher Vorgaben und erhöhen die Flexibilität und Gestaltungs-
freiheit der Hochschulen. Sie sind ein erster Schritt zur Abkehr von bisherigen
starren, staatlich diktierten Rahmenprüfungsordnungen, die Hochschulen nur
geringe Gestaltungsspielräume bei der Entwicklung neuer Studien- und Lehr-
konzepte erlaubten. Akkreditierungen sind also prinzipiell ein Instrument zur
stärkeren Ergebnis- und Zielsteuerung und zur Reduzierung staatlicher Einflussnahme.

Folgende Forderungen für ein verbessertes Akkreditierungswesen sind aber
zu benennen:

1. Begrenzte Transparenz der Akkreditierung: Akkreditierungen sollen für
    Nachfrager von Bildungsdienstleistungen die Transparenz der Angebote er-
    höhen. Dies ist aber nur in Ansätzen der Fall. Weder ist bisher eine große
    Zahl von Studiengängen akkreditiert worden, noch sind die Akkreditie-
    rungsergebnisse der interessierten Öffentlichkeit leicht zugänglich. Um
    Vergleichbarkeit zu gewährleisten, müssten mehr Studiengänge gleicher
    Fachrichtungen einer Akkreditierung unterzogen werden.
2. Gefahr einer Akkreditierungsbürokratie: Akkreditierungen haben nur Sinn,
    wenn sie flächendeckend durchgeführt werden und so Transparenz und
    Vergleichbarkeit erzielt wird. Für die Hochschulen ist die Durchführung
    von Akkreditierungsverfahren ein teures Unterfangen. Akkreditierungen
    kosten bis zu 15.000 Euro pro akkreditiertem Studiengang bei einer durch-
    schnittlichen Verfahrensdauer von vier bis sechs Monaten. Weiterhin muss
    aufgrund der zeitlichen Befristungen der Akkreditierungen alle 3 bis 5 Jahre
    das Verfahren wiederholt werden. Um der Gefahr eine Akkreditierungsbü-

rokratie vorzubeugen, sollten die Akkreditierungsverfahren vereinfacht und gebündelt werden. Auch sind längere Fristen bis zur Reakkreditierung einzuräumen.

3. Akkreditierung von Hochschulen sollte Vorrang vor der Akkreditierung von Studiengängen haben: Der Schwerpunkt der Akkreditierungen wurde bisher auf die Qualitätsprüfung von einzelnen Studiengängen gelegt. Die Akkreditierung ganzer Hochschulen ist bisher auf private Hochschulen beschränkt. Vor dem Hintergrund der geringen Transparenz der Akkreditierungen für Nachfrager und der Gefahr der Entwicklung einer Akkreditierungsbürokratie für die Hochschulen sollte der Schwerpunkt auf die Akkreditierung ganzer Hochschulen gelegt werden. Statt Detailsteuerung einzelner Studiengänge sollte Rahmensteuerung ganzer Hochschulen Vorrang eingeräumt werden.

4. Akkreditierungsverfahren führen nicht zum Rückzug des Staates: Die Einführung der Akkreditierungsverfahren hat bisher nicht zu einem Rückgang staatlicher Genehmigungsverfahren für Studiengänge und Hochschulen geführt. Diese werden weiterhin durch die Landesministerien vorgenommen. Somit stellen die Akkreditierungen nur ein weiteres, paralleles Verfahren dar. Aus Sicht der Länder ist das primäre Instrument weiterhin die staatliche Genehmigung auf Grundlage des Hochschulrahmengesetzes.

Es ist somit eine stärkere Verknüpfung und Vereinfachung der parallel laufenden Akkreditierungs- und staatlichen Genehmigungsverfahren zu fordern, wenn nicht gar eine Abschaffung der staatlichen Verfahren zugunsten eines alleinigen Akkreditierungsverfahrens. Vorrang muss der Einsatz selbstregulierender Instrumente vor staatlicher Regulierung haben.

Zusammenfassung: Die deutsche Hochschullandschaft im Jahre 2020

Die Hochschullandschaft Deutschlands wird sich im Jahre 2020 völlig gewandelt haben. Sie ist geprägt durch Hochschulen mit einer Vielzahl von unterschiedlichen Trägern. In finanzieller Hinsicht spielt der Staat weiter eine große Rolle. Nach dem Vorbild der Rundfunkordnung ist der Staat als Träger und Financier für die „Grundversorgung" in der Hochschulausbildung verantwortlich. Diese Grundversorgung umfasst sowohl die Finanzierung von Wissenschaftsfeldern, die unverzichtbar für ein hohes Niveau des Wissenschaftsstandortes Deutschlands, aber wenig einträglich sind - Archäologie, Sinologie u.a.m. - als auch die Finanzierung der kostenintensiven Naturwissenschaften. Stärker als bisher tragen die Expertisen, welche die geisteswissenschaftlichen Fächer hervorbringen, den Bedürfnissen einer globalisierten Wirtschaft Rechnung. Weniger stark mit eigenen Mitteln engagiert ist der Staat in solchen Fächern, die sich stärker durch eigene Anstrengungen finanzieren können.

Im Rahmen der Grundversorgung sorgt staatliche Steuerung dafür, dass das gesamte Fächerspektrum über Deutschland verteilt vorhanden ist. Besonders in technischen, wirtschafts- und naturwissenschaftlichen Fächern sind die Universitäten unternehmerisch tätig, in Form von ausgegründeten For-Profit-Tochterunternehmen, beim Merchandising, bei der Weiterbildung, im Anzeigengeschäft, in den Publikationen der Hochschulen und bei der Vermietung der besonders in den vorlesungsfreien Zeiten nicht genutzten Räumlichkeiten der Hochschulen. Die Hochschulen werden nicht mehr alle Fächer anbieten, sondern haben Schwerpunkte definiert und darin starke Profile entwickelt. Dort bilden sie erstklassige Ausbildung an, sind darin in Forschung und Entwicklung ausgezeichnet und haben enge Kooperationen mit der Wirtschaft in verschiedenen Bereichen der Grundlagenforschung. Andere mittelmäßige Bereiche und Fächer sind längst geschlossen worden. Die Corporate Identity der Hochschulen ist so stark, dass das Fundraising und die Alumni-Pflege stabile finanzielle Standbeine der Hochschulen darstellen.

Auch aus den internen Hochschulstrukturen hat sich der Staat zurückgezogen. Die Hochschulen genießen völlige Autonomie in Fragen des Haushaltsrechts und in der Frage der Rekrutierung der Professoren und des sonstigen Personals. Die staatliche Garantie einer „Grundversorgung" in der Hochschullandschaft heißt auch, dass der Staat private Einrichtungen, wie Akkreditierungseinrichtungen legitimiert, die Qualitätsstandards setzen und überprüfen. Es gibt verschiedene Hochschulrankings von unterschiedlicher Glaubwürdigkeit; jeder Student weiß aber, was er von den einzelnen Rankings zu halten hat. Er informiert sich sorgfältig darüber, was er studieren und auf welche Hochschule er gehen möchte. Letztlich entscheiden die zahlenden Studenten, welche Universität gut ist. Sie orientieren sich daran, woher der Markt seinen Nachwuchs rekrutiert und welche Universitäten die attraktivsten Finanzierungsmöglichkeiten für Studiengebühren anbieten. Die Hochschulen ihrerseits werben auf Messen, eigenen Informationsveranstaltungen und Tagen der Offenen Tür und in Summer Schools für Schüler um die besten Studierenden. Erstklassige Studenten und Professoren aller Nationalitäten studieren, lehren und forschen in Deutschland. Weltweit darf sich der Wissenschaftsstandort Deutschland in besonders qualifizierten Bereichen in Forschung und Lehre zu den Top three der Welt zählen.

Ist das Utopia in Deutschland? Wir glauben nicht. Es ist zu schaffen wenn die Fragen jetzt angepackt werden.

3.3 Die Zukunft des Bildungsföderalismus: Bildungspolitik als wettbewerbliche Ordnungspolitik

Hans Jörg Hennecke

Seit geraumer Zeit befindet sich Deutschland in einem Sinkflug: es erlebt einen hartnäckigen wirtschaftlichen Niedergangsprozess, die öffentliche Verschuldung türmt sich immer weiter auf, und die kollektiven Versicherungssysteme drohen angesichts des demographischen Wandels zur sozialen Falle für ganze Generationen zu werden. Mit punktuellen Eingriffen ist es nicht getan, und dass der Bildungspolitik bei der Suche nach Reformstrategien eine Schlüsselrolle zufallen muss, steht außer Frage. Zu offenkundig ist die Bedeutung des Faktors Bildung für die *Innovations- und Wachstumskraft* einer Wirtschaft, die sich stärker denn je einem globalen Wettbewerb ausgesetzt sieht und deren Wissenskapital immer rascher veraltet und in immer kürzeren Abständen erneuert werden muss, wenn man Anschluss an die dynamische Entwicklung ringsherum halten will. Zu offenkundig ist auch die Bedeutung der Bildungspolitik im Sinne einer *präventiven Sozialpolitik*, denn Bildung hat unter diesen Bedingungen um so entscheidenderen Einfluss darauf, dass die Menschen zum Wachstumsprozess beitragen und an ihm teilhaben können. Kurzum: die Anforderungen an den Einzelnen zum Wissenserwerb, zur Erweiterung des in der Gesellschaft verfügbaren Wissenskapitals und zur Anwendung des Wissens in konkreten ökonomischen Lösungen nehmen unaufhörlich zu. Produktivität, Wachstum und Wohlstand, aber auch Arbeit und soziale Sicherheit sind keine gegebenen Größen, die allenfalls ungleich verteilt sind, sondern sie hängen als dynamische Größen entscheidend von der Fähigkeit zur „schöpferischen Zerstörung" (J. A. Schumpeter) von Wissen ab. Offenbar erfüllen die bestehenden Bildungs- und Forschungsinstitutionen in Deutschland diese Aufgabe nur unzulänglich.

Die Krise des Bildungswesens als Krise des Föderalismus

Gewiss trägt zur relativen Schwäche der deutschen Bildungs- und Forschungsinstitutionen die im OECD-Vergleich auffällige *Unterfinanzierung* des Bildungswesens bei. Die steigenden Kosten der Sozialversicherungssysteme und der öffentlichen Verschuldung schnüren den Spielraum für Politikfelder wie Bildung oder Verteidigung ein. Der Bildungssektor leidet darunter in besonderem Maße, da für dessen Finanzierung überwiegend die Länder zuständig sind, die in Ermangelung eigenständiger Besteuerungskompetenzen in noch größere Haushaltsschwierigkeiten als der Bund geraten sind. Zudem erschweren die hohe Abgabenbelastung und rechtliche Hürden etwa im Stiftungsrecht die Einbindung privaten Kapitals in den Bildungssektor.

Aber noch schwerwiegender als die Unterfinanzierung des Bildungswesens ist der Umstand, dass die Bildungspolitik unter erheblichen *Steuerungsproblemen* leidet. Nicht die absolute Höhe der Anfangsausstattung, sondern die Prinzipien, nach denen die Koordinierung von Ressourcen und Wissen erfolgt, sind ausschlaggebend für die Dynamik einer Ordnung. Nur offene, auf Lern- und Korrekturfähigkeit angelegte Ordnungen sind für Bildung und Forschung angemessen. Aber geradezu lehrbuchartig werden in der Bildungspolitik die Strukturdefekte des deutschen Föderalismus als einer geschlossenen, kaum lern- und korrekturfähigen Ordnung sichtbar. Die Vorteile, die eine föderale Ordnung durch kreativen Wettbewerb und non-zentrale Prozesse der Wissensbildung und Wissensnutzung auszeichnen können, werden nicht genutzt, statt dessen herrschen alle Nachteile vor, die politische Kartellbildungen und Vetokonstellationen mit sich bringen.

Zum einen leidet die Bildungspolitik unter einen schleichenden *Zentralisierung*, die von der vielbeschworenen „Kulturhoheit" der Länder nur noch wenig übrig gelassen hat. Bezeichnenderweise löste die PISA-Studie 2002 mit ihren regional bemerkenswert differenzierten Ergebnissen zuallererst Forderungen nach Zentralisierung der Bildungspolitik und ein bundeseinheitliches Programm für Ganztagsschulen aus. Anstatt zwischen den Bundesländern den Wettbewerb um institutionelle Lösungen im Bildungswesen zuzulassen, greift der Bund immer stärker ein und untersagt non-zentrale Lösungen. So hat die Bundesregierung durch die Einführung der Juniorprofessur und das gleichzeitige Verbot der Habilitation versucht, wettbewerbliche Lösungen der Länder zu unterbinden, und konnte daran erst vom Bundesverfassungsgericht gehindert werden. In verfassungsrechtlich wie politisch gleichfalls bedenklicher Weise wurde auch beim Thema Studiengebühren versucht, zentrale Regelungen - in diesem Falle das Verbot echter Gebührenlösungen - durchzusetzen, ohne dass diese sich im Wettbewerb mit bestehenden oder alternativen Lösungen als überlegen erweisen müssen und neues Wissen erprobt werden könnte.

Der Trend zur Zentralisierung wird inzwischen auch durch die *Europäisierung* der Bildungspolitik verstärkt. Unabhängig davon, ob sich bisherige Studiengänge bewährt haben, wird durch zentrale Normierung der Übergang zu zweistufigen B.A./M.A.-Modellen erzwungen. Deren inhaltliche Legitimierung ist zumindest zweifelhaft: Dass die Abschlüsse international vergleichbar werden, bedeutet nicht, dass damit eine Internationalisierung der Studiengänge verbunden sein wird, denn Hochschulwechsel werden durch die strafferen Studienordnungen sogar erschwert. Auch die angepriesene Berufsorientierung wird nicht per Dekret geschaffen, sondern hängt von Strukturveränderungen an den Hochschulen ab. Die Befürworter sind sich der Überlegenheit dieser Veränderungen jedenfalls so unsicher, dass sie den Wettbewerb mit etablierten Lösungen nach Kräften unterbinden. Auch die Forschungspolitik wird zunehmend europäisiert, ohne dass die damit verbundenen Verwaltungshürden und Formalkriterien der inhaltlichen Ausrichtung der Forschung wirklich immer dienlich sind.

Neben der Zentralisierung leidet die Bildungspolitik auch unter der *Kartellbildung* der Bundesländer. Dort, wo sie noch eigenständige Kompetenzen ausspielen könnten, verzichten die Länder im Sinne einer freiwilligen Selbstfesselung auf Kreativität. Das trägste und innovationsscheueste Land bestimmt das Tempo, und die schludrigste Bildungspolitik stellt den gemeinsamen Nenner für die Definition von Bildungsstandards dar. Das Prinzip der Mitbestimmung, wie es in Kartellrunden der Kultusministerkonferenzen und in der Mitregentschaft des Bundesrates zum Tragen kommt, ist zumindest aus Sicht der Landesregierungen attraktiver als die politisch riskante Selbstbestimmung im Rahmen landespolitischer Autonomie.

Eng mit Zentralisierung und Kartellbildung hängt die *Überregulierung* zusammen, die sich aus den kumulativen Gesetzgebungskompetenzen ergibt. Vereinbarungen auf europäischer Ebene werden durch Bundesrecht konkretisiert, die Rahmengesetzgebung des Bundes wird immer engmaschiger und treibt die unterbeschäftigten Landesgesetzgeber dazu, die Bildungspolitik immer detaillierter und kurzatmiger mit Reformen zweifelhaften Inhalts zu überziehen. Nicht nur die institutionelle Autonomie der Hochschulen bleibt dabei auf der Strecke, sondern auch die inhaltliche Freiheit der Lehre und Forschung. Viel zu selten wird problematisiert, wie stark der Staat durch die Vergabe von Drittmitteln inhaltlich auf das einwirkt, was in Lehre und Forschung auch an sensiblen politischen oder ethischen Fragen bearbeitet wird. Private Drittmittel geraten dagegen schnell in den Geruch, die Wissenschaftsfreiheit zu gefährden.

Die Krise des Bildungswesens als ordnungspolitische Krise

Die Bildungspolitik leidet in Deutschland, durch den defekten Föderalismus erheblich verschärft, an einer ordnungspolitischen Störung prinzipieller Art. Noch ausgeprägter als in anderen Bereichen der Wirtschafts- und Sozialpolitik herrscht in der Bildungspolitik ein *anmaßender Politikbegriff* vor, der planwirtschaftliche und interventionistische Züge trägt. Allzu verbreitet ist die Vorstellung, dass der Staat nicht nur allgemeine Regeln setzen soll, innerhalb derer ein kreativer und spontaner Wettbewerb um geeignete Formen des Wissenserwerbs und der Wissensnutzung erfolgen soll. Den Strukturen der deutschen Bildungspolitik liegt vielmehr die Annahme zugrunde, dass der Staat auch selbst der Hauptanbieter von Bildung sein soll und dass er insbesondere inhaltlich genau definieren könne, welche Bildung vermittelt werden soll, welche Instrumente und Institutionen dafür am besten geeignet sind und welche Innovationen und Forschungen besonders zukunftsträchtig sind. Aus der Logik des demokratischen Prozesses ist dies nur allzu verständlich: Für einen Bildungs-, einen Arbeits- oder Wirtschaftsminister ist es viel ertragreicher und anschaulicher, wenn er Förderprogramme definiert und anschließend mit Blick auf ausgewählte Zielgruppen Schecks für hauptstädtische Elitehochschulen, ostdeutsche Existenzgründer oder langzeitarbeitslose Migranten im Lande verteilen kann. Für den politischen Ertrag ist es unerheblich, dass damit spontanen Entdeckungsprozessen des Marktes zunächst einmal Kapital entzogen und dann mittels Umverteilung eine inhaltliche Steuerung vorgenommen wird, die aufgrund der Vielzahl der Programme oftmals in sich widersprüchlich ist. Besonders handgreiflich wird der „expertokratische Interventionismus" bei der sogenannten „Rechtschreibreform", die durch Eingriffe die Funktionstüchtigkeit, Regelhaftigkeit und Orientierungskraft einer Ordnung vermindert, die über Jahrhunderte hinweg beeindruckend viel unausgesprochenes oder neues Erfahrungswissen in sich aufnehmen konnte, eben weil sie als spontanes, flexibles und freies Regelwerk angelegt war: die Sprache.

Was in solchen Symptomen zum Ausdruck kommt, ist eine konstruktivistische „Anmaßung von Wissen" (F.A. von Hayek), deren Merkmale einer Planwirtschaft im Stile der nicht ganz grundlos gescheiterten DDR verwandt sind. In der Planbildung werden private Anbieter in wichtigen Bereichen diskriminiert oder gar von ihnen ausgeschlossen. An deren Stelle tritt eine staatliche Bildungsproduktion, die zentrale Bildungs- und Innovationsziele nach politischen Vorgaben definiert, durch administrativ geprägte Zielvereinbarungen die nachgeordneten Bildungsbehörden zu Planerfüllung anhält, im Zuge knapper Mittel zu einer Rationierung und strengen Bewirtschaft des Angebotes übergeht und die Konsumenten von Bildung mit suboptimalen Angeboten konfrontiert. Weder werden die Konsumenten zur verantwortlichen und kostensparenden Nutzung des Angebots, noch werden die Mitarbeiter der Bildungseinrichtungen zum effizienten Einsatz der Mittel und zur beständigen Optimierung des Angebots angeregt. Eine wachsende Evaluations- und Kontrollbürokratie, die angesichts knapper Ressourcen auf Kosten der eigentlichen Bildungs- und Forschungsangebote aufgebaut und unterhalten werden muss, ist die Folge. Bei all dem bleibt der produktive Ertrag in Form von Wissensvermittlung, Wissenserweiterung und Wissensanwendung weit hinter den Möglichkeiten und Notwendigkeiten zurück. Gelegentlich werden von der politischen Zentrale „Brain up"-Prämien für besondere, von ihr zu beurteilende Plansollübererfüllungen in Innovationskultur und Elitenbildung ausgelobt, mit denen entweder mehr vom Bestehenden angestrebt oder verwaltungsseitig genehmigte Neuerungen begünstigt werden. Ein solches System, das nicht auf spontanen Wissenszuwachs, sondern auf zentralisierte Wissensverwaltung und Innovationsplanung ausgerichtet ist, muss früher oder später verkalken und im globalen Wettbewerb hinter solchen Konkurrenten zurückbleiben, die von offenen, wettbewerblichen, dynamischen und non-zentralen Steuerungsprinzipien geprägt sind.

Ein derart anmaßendes, sich selbst überschätzendes Politikverständnis, das von der Überlegenheit zentralen Wissens ausgeht, wird in vielen Feldern seine Schwächen offenbaren müssen, ganz besonders aber in den Bereichen Bildung und Forschung, in denen es unmittelbar um den Erwerb, die Verbreitung und Anwendung von Wissen geht. Denn die konstitutive Bedingung bei der Koordinierung des Zusammenwirkens von Individuen ist die Unvollständigkeit und Verstreutheit des Wissens in einer dynamischen Umwelt, die permanent neue Gelegenheiten und Anpassungszwänge schafft. Eine Ordnung, die dieses Wissen zentral zu organisieren und zu lenken beansprucht, muss in ihrer Leistungsfähigkeit hinter einer Ordnung zurückbleiben, die sich darauf konzentriert, günstige Bedingungen für die spontane Koordination und Entdeckung dezentralen oder impliziten Wissens zu schaffen, und dabei selbst lernfähig und anpassungsfähig bleibt, weil sie gefundene Lösungen als nur vorläufig überlegen betrachtet. Die Generierung, Vermittlung und Anwendung von Wissen muss daher von einem „pädagogischen Unternehmertum" (U. van Lith) getragen werden. Ähnlich wie im Gesundheitswesen wird sich die Einsicht durchsetzen müssen, dass die Etablierung eines echten, funktionstüchtigen Marktes auch im Bildungssektor weitaus besser als die staatliche Mängelverwaltung dazu geeignet ist, die individuellen Kenntnisse und Aktivitäten zu koordinieren, höhere Produktivität, Effektivität und Effizienz zu erzielen und den Präferenzen der Menschen Rechnung zu tragen. Dies macht es allerdings auch erforderlich, sich zu einem leistungs- und elitenfreundlichen Bildungsbegriff zu bekennen. Allzu lange war Deutschland von der Dominanz eines egalitären „Bildungsjakobinertums" (W. Röpke) geprägt, das mehr die Sorge *vor Elitenbildung* als *um Elitenbildung* umtrieb. Bildungspolitik muss sich deutlicher als bisher dazu bekennen, dass jeder die Chance zu einer optimalen Bildung erhält und dass sich deshalb auch Leistungseliten bilden müssen. Ein ordnungspolitisch gefasster Wettbewerb, zu dem jeder als Anbieter oder Nachfragender Zugang hat, wird auch die sozialen Zielsetzungen besser gewährleisten können, um derentwillen man vielfach zur staatlichen Bewirtschaftung und Rationierung des Angebots übergegangen ist.

Die Rollen des Staates in der Bildungsordnungspolitik

Dem Staat fallen unter diesem Blickwinkel einer wettbewerblichen Ordnungspolitik wichtige Aufgaben zu.

In seiner *ordnungspolitischen Kernaufgabe* muss er allgemeine Regeln aufstellen und garantieren, unter denen der Wettbewerb um Wissen stattfinden kann. Der Staat wird insbesondere Aufsichtsfunktionen zu gewährleisten haben, um das faire Verhalten der Wettbewerbsteilnehmer zu überwachen und die prinzipielle Offenheit des Bildungsmarktes für neue Anbieter zu sichern. Es wird auch sinnvoll sein, dass der Staat in der allgemeinbildenden Erziehung und in der Ausbildung Standards definiert, an deren Erfüllung die Qualität der Bildungsangebote gemessen werden kann, z. B. in Gestalt von Rahmenrichtlinien oder zentralen Prüfungen und Zertifizierungen. In diesem Sinne gewinnt auch der Bildungsföderalismus seinen eigentlichen Sinn. Die politischen Einheiten können in einen produktiven und kreativen Wettbewerb eintreten, um besonders innovationsoffene Regeln zu finden.

Der Staat kann durchaus auch als *Anbieter von Bildung* auftreten. Die Bundesländer können auch hierbei wettbewerblich auftreten und durch Spezialisierung und Profilierung die Vielfalt institutionellen Wissens erweitern, anstatt konsensual vereinbarte Lösungen nur zu reproduzieren. Es ist sogar vorstellbar, dass der Staat in dieser Rolle innovative Lösungen hervorbringt. Entscheidend ist hierfür, dass er diese Angebote in einem wettbewerblichen Umfeld präsentiert und dass diese neuen Lösungen sich in Konkurrenz zu anderen Angeboten behaupten müssen, anstatt durch zentrale Reglementierung für verbindlich erklärt zu werden. Wenn staatliche Anbieter als Mitbewerber zu privaten Anbieter auftreten, aber erst recht dann, wenn es keine privaten Anbieter gibt, muss dies unter konsequenten Marktbedingungen erfolgen. Die Finanzierung staatlicher Bildungsangebote muss daher von allgemeinen Steuern auf individuelle Gebühren umgestellt werden.

Die Steuerfinanzierung von Schulen und Hochschulen führt dazu, dass deren Angebote sich zu wenig an der dynamischen Nachfrage orientieren und dass zu wenig Kreativität zur Entwicklung neuer Angebote investiert wird. Auch wegen der haushaltsrechtlichen und arbeitsrechtlichen Regulierung reagieren die Anbieter mehr auf die Signale „von oben" als auf die tatsächliche Nachfragentwicklung. Fehlsteuerungen, Misswirtschaft, Verantwortungsscheu und Ressourcenvergeudung sind unvermeidlich. Konsequente Gebührenfinanzierung, die zunächst einmal von den Nachfragenden aufgebracht werden muss, stellt dagegen ein überlegenes Steuerungsinstrument dar. Allerdings werden Gebührenlösungen, die – wie die derzeit in Deutschland praktizierten – nur zur bestehenden, vorwiegend steuerbasierten Finanzierung hinzutreten, lediglich eine begrenzte Wirkung entfalten, indem sie groben Missbrauch und Trittbrettfahrertum bei den Nachfragenden einschränken können. Wirklich wertvoll werden Gebührenlösungen erst dann, wenn sie an die Stelle der bisherigen Steuerfinanzierung gesetzt werden. Die einzelnen Schüler oder Hochschüler könnten dann mit ihren Nachfrageentscheidungen viel größeren, schnelleren und unverfälschteren Einfluss auf die Entwicklung der Bildungsangebotes nehmen. Schulen und Hochschulen, seien sie staatlich oder privat geführt, müssen autonom die Auswahl der Schüler und Studenten sowie ihre Entwicklung und Profilierung vornehmen können, ohne von den goldenen Zügeln zentraler Förderprogramme in ihrer Beweglichkeit eingeschränkt zu werden.

Im Rahmen eines echten Bildungswettbewerbs, bei dem private Anbieter zu kostendeckenden Marktpreisen und staatliche Anbieter zu vergleichbaren Gebührenpreisen auftreten, bleibt dem Staat großer Raum für eine weitere Aufgabe, die sich ordnungskonform gestalten lässt: die *Sicherstellung des Zugangs* zu Bildung für jeden einzelnen als herausragende sozialpolitische Aufgabe. Eine ordnungspolitische Neuausrichtung der Steuerungsprinzipien in der Bildungspolitik wird daher einen wichtigen Paradigmenwechsel vornehmen: von der Subventionierung der Bildungsanbieter zur Förderung der Bildungsnachfrager. Anstatt private oder staatliche Bildungsanbieter direkt durch Zuschüsse oder als abhängige Verwaltungseinrichtungen zu finanzieren und damit die Steuerung des Bildungsmarktes über flexible Preise zu beeinträchtigen, sollte der indirekte Weg über die individuelle Förderung von Bildungsnehmern gewählt werden, entweder in Gestalt von Gutscheinen oder von Darlehen. „Bildungskonten" oder „Arbeitslebensversicherungen" sind in diesem Zusammenhang zu diskutieren. Mit ihnen kann je nach sozialpolitischem Temperament die individuelle Chance auf Bildung gewahrt werden, ohne die Marktordnung durch Eingriffe in das Preisgefüge zu stören.

Fazit

Die Anforderungen an die Leistungsfähigkeit eines Bildungssystems wachsen, je rascher vorhandene Wissensbestände veralten und durch neue ersetzt werden müssen. Die Forderung nach höheren Bildungsetats ist zwar populär, aber mehr vom selben zu finanzieren, ohne neue Steuerungsprinzipien zu etablieren, ist keine zureichende Antwort auf die dynamischen Herausforderungen der Zukunft. Bildung muss daher im Zusammenhang einer umfassenden ordnungspolitischen Neuausrichtung der Bundesrepublik diskutiert werden. Wie auch andere Institutionen der Wirtschafts- und Sozialordnung haben die deutschen Bildungsinstitutionen durch langjährigen Interventionismus, Überregulierung, Kartellbildung und Bürokratisierung an Leistungskraft und Lernfähigkeit eingebüßt. Ordnungspolitische Reformen müssen auch in der Bildungspolitik auf die Stärkung freiheitlicher, non-zentraler, wettbewerblicher und spontaner Entdeckungsverfahren setzen. Es gilt, eine Kultur der Offenheit, Kreativität und Initiative zu befördern und jedem die Chance zu eröffnen, an ihr teilzuhaben. Hierfür müssen und können die Potenziale des Föderalismus besser genutzt werden. Eine trennschärfere Definition der Zuständigkeiten der einzelnen politischen Ebenen, die Vermeidung von Kartell- und Verhandlungsarenen, die Auflösung der Rahmengesetzgebung, die Stärkung des Wettbewerbs zwischen den politischen Einheiten und eine subsidiäre Schwerpunktverlagerung nach unten stellen daher wichtige Zielsetzungen dar, die der Bildungspolitik innerhalb der Logik eines *kreativen Föderalismus* zu neuen Impulsen verhelfen können. Bei der Durchsetzung eines echten Bildungsmarktes fallen dem Staat wichtige Funktionen zu, aber er darf sich nicht anmaßen, die Inhalte von Bildung und Innovation vorab definieren zu können. Auch für die Bildungspolitik gilt, dass Kreativität nicht durch eine staatlich genehmigte „Zivilgesellschaft" gestärkt wird, sondern durch Freiheit und Eigenverantwortung aller Akteure. Die wegweisende Frage in der bildungspolitischen Debatte liegt nicht darin, sich inhaltlich darüber zu verständigen, welche Bildung und welche Innovation wir im Lande haben wollen, sondern sie liegt in der zurückhaltenderen, aber weiterführenden Frage, durch welche Regeln man die Akteure des Bildungswesen in eine wettbewerbliche Ordnung versetzen kann, in der sie selbst permanent nach neuen Antworten auf diese Frage suchen können. Bereits kleine, experimentelle Konzessionen in diese Richtung sind wertvoll.

3.4 Wissenschaft in der Wissensgesellschaft: Autonomie, Planungssicherheit und Wettbewerb als Leitideen eines neuen Wissenschaftsrechts

Marcus Beiner

Zusammenfassung in Thesen

1. Die Gesellschaft erwartet von der Wissenschaft erstens Erkenntnisse als Grundlage für technische Innovationen sowie gesellschaftliche wie individuelle Orientierung und zweitens deren Weitergabe an künftige Generationen. Wissenschaft informiert darüber hinaus über technische, ökonomische und gesellschaftliche Machbarkeiten.
2. Der Umgang mit Wissen ist der entscheidende Faktor für gesellschaftliches Leben, ökonomische Produktivität und kulturelle Vielfalt.
3. Wissenschaft ist nach wie vor der bedeutendste „Produzent" von Wissen.
4. Wissenschaft erarbeitet – künftig noch stärker als heute – Kriterien für das, was als Wissen zählt.
5. Investitionen in die Bildung und Ausbildung ihrer Mitglieder sind *die* Zukunftsinvestitionen einer Wissensgesellschaft schlechthin.
6. Effizienzfragen aus der Gesellschaft an Wissenschaftler sind legitim und vernünftig.
7. Von der Gesellschaft muss erwartet werden, dass sie die Bedeutung von Wissenschaft, Bildung, Forschung und Entwicklung erkennt, hier massiv investiert, den Akteuren in der Wissenschaft Vertrauen entgegenbringt, entsprechend Freiräume gewährt und mit Blick auf den gesellschaftlichen Auftrag der Wissenschaft Geduld aufbringt.
8. Planungssicherheit für die Wissenschaft muss Transparenz in der wissenschaftlichen Erfolgsbilanz gegenüber stehen.
9. Bildung ist der Schüssel auch für die Ausbildung der Zukunft. Ein Studium generale, die geisteswissenschaftlichen Disziplinen sowie die Lehre an den Hochschulen generell stehen vor einer deutlichen Aufwertung.
10. Forschungseinrichtungen und Universitäten bedürfen der vollen inhaltlichen Autonomie – bis hin zur Personalauswahl.
11. Wettbewerb ist in der Wissenschaft das wichtigste Instrument der Leistungssteigerung. Er sorgt auf indirektem Weg für Effizienz im Verhältnis

von Aufwand und wissenschaftlichem Ertrag und ist zugleich effizienter als eine staatliche Detailsteuerung.

12. Der Staat wird der wichtigste Finanzier von Wissenschaft bleiben. Zugleich können aus der Gesellschaft (Unternehmen, Bürgerinnen und Bürger) heraus verstärkt auch finanzielle Beiträge zur Zukunftssicherung durch Wissenschaft erwartet werden.

13. Wissenschaftsrecht sollte sich an den Leitideen von Autonomie, Planungssicherheit und Wettbewerb orientieren und auf Detailregelungen verzichten.

14. Zentrale Aufgaben eines entschlackten Wissenschaftsrechts sind: das Sichern von Mindeststandards und des freien Zugang zu Bildung und Ausbildung, das Gewährleisten von Autonomie für die Forschung sowie das Etablieren von wissenschaftsadäquaten Wettbewerbsregeln und das Überwachen von deren Einhaltung.

15. Es ergeben sich (exemplarisch) 10 konkrete Forderungen für aktuelle wissenschaftspolitische Debatten.

Wenn über das Verhältnis von Recht und Wissenschaft gesprochen wird, dann fällt ein Begriff sehr schnell: der des Rahmens. Wissenschaftsrecht als Rahmen für die Wissenschaft setzt Grenzen, gibt Form, hält zusammen. Das alles ist, zumal in Deutschland, sehr wichtig. Solche Rahmen werden hierzulande geschätzt. Ihre Stabilität und ihre Ornamentik sorgen für eine ganz eigene Dignität. Viele haben sich dafür eingesetzt, oft mit den besten Absichten. Bevor ich zu diesem Rahmen einige Leitideen entwickele, will ich den Blick zunächst in die Bildmitte richten. Es ist der Blick der Gesellschaft auf die Wissenschaft. Was wollen wir von der Wissenschaft? Was dürfen wir von ihr erwarten? Was sind wir bereit zu investieren? Und wie erreichen wir unsere Ziele auf dem besten Weg? Das sind Fragen, die wieder neu zu stellen sind. Dazu möchte ich ein Bild skizzieren, ein Bild, das noch vieler Ausmalungen bedürfen wird – und irgendwann vielleicht auch eines neuen Rahmens, schlicht, modern und klar.

Gesellschaft und Wissenschaft: Was wollen wir von der Wissenschaft? Was dürfen wir von ihr erwarten?

Wissenschaft ist im Wesentlichen zweierlei: Forschung und Lehre. Es geht um Erkenntnis, und es geht um Ausbildung. Erkenntnis ist die Grundlage für technische Innovationen und gesellschaftliche wie individuelle Orientierung. Wissenschaft stellt Wissen bereit, das die Grundlage der heutigen Zivilisation ist. Und Wissenschaft – und hier vor allem die Hochschulen – trägt dafür Sorge, dass das Wissen nicht verloren geht, sondern an folgende Generationen weitergegeben wird, lebendig bleibt und erweitert wird. Es geht um fundamentale Aufgaben der Gesellschaft, es geht um ihre Zukunft und deren Gestaltung. Die Zukunft der Gesellschaft, sei es national, sei es in internationalen Verbünden, sei es global, hängt neben den demokratischen Willensbildungsprozessen vor allem ab von technischen, ökonomischen und gesellschaftlichen Machbarkeiten, über die – in ihren Chancen wie ihren Risiken – nur die Wissenschaften informieren können. Dafür braucht die Gesellschaft die Wissenschaft, hier stellt sie zu Recht ihre Erwartungen, von Generation zu Generation.

Wissenschaft in der Wissensgesellschaft: Was sind wir bereit zu investieren?

Erbärmlich wenig. Die prozentualen Ausgaben des Staates für Wissenschaft, Bildung, Forschung und Entwicklung dümpeln im unteren einstelligen Bereich herum. Die Art der mittelfristigen Zukunftssicherung, welche die Wissenschaften betreiben können, ist uns kaum etwas wert. Dann aber verkennen wir die Bedeutung von Veränderungen, die wir gerne als Schlagworte im Mund führen: Der Umgang mit Wissen wird der entscheidende Faktor für gesellschaftliches Leben, für ökonomische Produktivität und für kulturelle Vielfalt. Wissen ist gerade erst dabei, so ernst genommen zu werden, wie es schon bislang seiner Bedeutung für die Entwicklung der Menschheit entspricht. Deshalb sprechen wir zu Recht von einer Wissensgesellschaft, auf die wir uns zu bewegen. Langsam begreifen wir, dass wir wissen müssen, um handeln zu können. Was wir aber nicht begreifen, ist, dass wir vom Wissenskapital der Vergangenheit leben. Eine Wissensgesellschaft kann nicht genug des Wissens haben und braucht dafür neue Organisationsformen. Es ist eines der merkwürdigsten Paradoxa der Gegenwart, dass eine Gesellschaft, die sich als im Entstehende begriffene Wissensgesellschaft definiert, die Wissenschaft als Hort des Wissens so missachtet, wie dies gegenwärtig geschieht. Dabei ist Wissenschaft nicht nur der Hort des Wissens. Wissenschaft ist, in ökonomischem Vokabular, der bedeutendste Produzent von Wissen. Die Art des wissenschaftlichen Wissens beginnt sich dabei teilweise zu ändern. So richtig die Analysen sind, die den Auszug des Wissens aus der Wissenschaft in die Hände „praktizierender" Experten und die Veränderungen im Zuschnitt der Fragen der Wissenschaft im Zuge gesellschaftlicher und vor allem ökologischer Probleme feststellen, so sehr verschließen sie den Blick für die Tatsache, dass wissenschaftliches Wissen immer noch als das „beste", nämlich methodisch abgesichertes, Wissen, gilt. Im Zweifel zählt das immer noch. Je mehr der Umgang mit Wissen in der Gesellschaft als zentral erkannt wird, desto dringender ist zu wissen, was als Wissen zählen kann. Hier die Kriterien zu liefern, das ist eine Aufgabe, welche die Wissenschaft in der Wissensgesellschaft in

steigendem Maße wird wahrnehmen müssen. Schon dafür braucht die Gesellschaft Wissenschaft. Aber auch die alte Rolle des Wissensproduzenten rechtfer-
tigt massive Investitionen. Was Wissenschaft für die Lebensqualität in den vergangenen Jahrhunderten geleistet hat, erlaubt nämlich insgesamt eine ziemlich
optimistische Zukunftsprognose.

Das „System Wissenschaft" und seine Rolle und sein Wert für die Gesellschaft sind die eine Seite, die einzelnen Menschen sind die andere Seite. Sie sind
die vornehmsten Adressaten, wenn es um Investitionen in die Wissenschaft geht.
Ihre Ausbildung, die immer noch, damit sie gut ist, auch ihre individuelle Bildung sein muss, ist die vordringliche Aufgabe und die wichtigste Zukunftsinvestition, derer sich die Wissensgesellschaft annehmen muss. Es sind die Menschen,
die sich in Wissenswelten bewegen müssen, und es sind die Menschen, die als
einzige dazu in der Lage sind, solange die Anforderungen an Urteilsvermögen in
komplexen Situationen in dem Maße steigen, wie Rechner und Maschinen einfa-
che Arbeiten übernehmen. Was Menschen wissen, ist dabei auch und nicht zuletzt, was sie können. Praktische Tätigkeiten sind in einem erweiterten Verständnis von Wissen einzubeziehen; auch implizites Wissen, wie es ein Können und
ein Geschick voraussetzt, gehört zu den Bereichen, wo sich gesellschaftliche
Investitionen lohnen – hier ist mit intellektualistischen Missverständnissen auf-
zuräumen, die der Wissensbegriff hervorrufen mag.

Die (rechtliche) Organisation von Wissenschaft: Wie erreichen wir unsere Ziele auf dem besten Weg?

Wettbewerb, Autonomie und Planungssicherheit – mit diesen drei Stichworten
sind die wichtigsten Stützpfeiler eines Wissenschaftsrechts genannt, das den
Anforderungen einer Wissensgesellschaft gerecht wird.

Forschung und Effizienz

Wenn Wissenschaft so wichtig ist und genommen werden muss, wie soeben
angedeutet, wenn nicht zuletzt die Investitionen in die Wissenschaft in Zeiten
notorisch knapper Mittel dennoch erhöht werden sollten, dann stellen sich über
Fragen der grundsätzlichen Relevanz hinaus auch und gewichtig Fragen der
Effizienz. Nicht-Wissenschaftler mag das wundern: Die Frage nach der Effizienz
von Wissenschaft wird von vielen Wissenschaftlern als Zumutung empfunden.
Wissenschaftler wissen in aller Regel um den Wert von Wissenschaft, und sie
wissen auch ihre Arbeit zu schätzen. Deren Kosten vergessen sie gern. Lange hat

sich die Wissenschaft einer Wertschätzung erfreut, die Legitimationsfragen erst gar nicht aufkommen ließ. Das hat sich spätestens im letzten Jahrhundert geändert, als die Zerstörungskraft technisch genutzter Wissenschaft von der Atombombe bis zu Umweltkatastrophen in dramatischer Weise bewusst wurde.

Hinzu kommt, dass wissenschaftlicher Erkenntnisgewinn in vielen Wissenschaftszweigen immer teurer wurde. Apparate erfordern heute Millioneninvestitionen – und der Gewinn, auch der Gewinn an Erkenntnis, bleibt unsicher. Wissenschaftler irren, wenn sie Fragen nach der Verwendung von Mitteln zurückweisen, die ihnen von allen zur Verfügung gestellt werden. Was haben wir davon, was haben künftige Generationen davon? Diese Fragen aus der Mitte der Gesellschaft sind legitim und vernünftig. Aber die Antwort ist nicht leicht. Und insofern liegt auch etwas Richtiges im Zurückweisen der Effizienzfrage. Diese Frage entstammt sozusagen der falschen Kategorie. Wer sie ungebrochen stellt, hat von der, technisch gesprochen, Funktionsweise von Wissenschaft nichts verstanden. Wissenschaft fragt nach Erkenntnis und bildet Menschen – wer da vorschnell „Was kostet's" fragt, der hat andere Interessen. Wie lässt sich in dieser Lage vermitteln? Wie soll die Gesellschaft damit umgehen, dass sie die unbegrenzten Mittel nicht hat, welche die Wissenschaft so gut gebrauchen könnte?

- Die Antwort: Die Gesellschaft – und das sind wir alle – muss erstens die Bedeutung von Wissenschaft, Bildung, Forschung und Entwicklung erkennen.
- Sie muss sie zweitens anerkennen, d.h. bereit sein, hier zu investieren und sich Erkenntnis und Bildung etwas kosten lassen.
- Sie muss drittens Vertrauen aufbringen in diejenigen, die sich auf Kosten aller und im Dienste aller darum bemühen.
- Und sie muss viertens Freiräume gewähren, damit genau dies möglich ist.
- Schließlich muss sie – und das ist in demokratischen, in Wahlrhythmen zergliederten Demokratien vielleicht das größte systematische Problem – Geduld aufbringen.

Über die inhaltlichen Gegenleistungen, welche die Gesellschaft von der Wissenschaft legitimerweise erwarten kann, ist schon einiges gesagt worden – in technisch-organisatorischer Hinsicht ergibt sich darüber hinaus eine umfassende Berichtspflicht, und zwar ganz konkret zum Verhältnis von finanziellem Aufwand zu wissenschaftlichem Ertrag. Zum wissenschaftlichen Ertrag – das muss gegen mancherlei kurzsichtige Verrechnung (gegen Patentanmeldungen, Beiträge zum Wirtschaftswachstum und dergleichen mehr) unterstrichen werden! Im diesem Sinne muss die Wissenschaft selbst zu umfassender Transparenz beitragen und darf Fragen zum Verhältnis von Mitteleinsatz und Ertrag um ihrer Legitimation willen nicht scheuen.

Planungssicherheit

Für die Gesellschaftsseite heißt das: Wissenschaft braucht Planungssicherheit. Wissenschaft braucht einen längeren Atem als ihr politisch in der Regel zugestanden wird. Wer die Dynamik von Wissenschaftsprozessen unterstützen, wer von der Wissenschaft im größtmöglichem Maße profitieren will, der muss Wissenschaft paradoxerweise in weiten Teilen in Ruhe lassen. Finanzielle Verlässlichkeit und Planungssicherheit gegen Transparenz in der wissenschaftlichen Erfolgsbilanz – das ist die einzige Rechnung, die auch für eine Gesellschaft aufgeht, die von der Wissensproduktion und Bildung ihrer Mitglieder profitieren will.

Bildung

Der Freiraum, den die Wissenschaft durch Verlässlichkeit in der Finanzplanung gewinnt, hat sein Pendant in dem Freiraum, den Wissenschaft benötigt, um ihrem Ausbildungsauftrag gerecht zu werden. Es gibt eine lange Debatte um diesen Auftrag, die sich um die (vermeintlichen) Oppositionsbegriffe Bildung und Ausbildung rankt. Ausbildung ist dabei eine auf die Ausübung von bestimmten Tätigkeiten ausgerichtete Unterrichtung über Wissensbestände, die allein der optimalen Erfüllung dieser Aufgabe dient. Bildung dagegen gilt als umfassende Persönlichkeitsschulung, die über die Aneignung von Wissensbeständen und die Auseinandersetzung mit diesen den Einzelnen bei seiner intellektuellen Formung unterstützt und so in die Lage versetzt, wechselnden, auch beruflichen Anforderungen gerecht zu werden. Bildung in diesem Sinne wird sich künftig in noch weit stärkeren Maße als notwendig erweisen, um Menschen in die Lage zu versetzen, sich in dynamischen Umwelten, wie sie sich in einer von Wissen und Wissensformen bestimmten Welt in einer Vielzahl ergeben, zurecht zu finden und zu agieren. Vermeintlich alte Hüte wie ein Studium generale, richtig in Studienplänen platziert, dürften zu ganz neuen Ehren kommen – als Grundlage und Ergänzung zu einer Schulung, die sehr fach- und tätigkeitsspezifisch im Sinne einer Ausbildung ist. Auch die unter besonders starkem Legitimationsdruck stehenden Geisteswissenschaften werden von dieser Entwicklung profitieren. Lebenslanges Lernen, wie es gegenwärtig als Anforderung an den Einzelnen formuliert wird, erfordert in erster Linie die Fähigkeit, mit Wissen umzugehen, zu kategorisieren und einzuordnen; reine Wissensbestände im Sinne von Informationen und Fakten werden dagegen künftig noch stärker abrufbar sein als dies heute schon der Fall ist.

Freiräume für die Wissenschaft sind also sowohl für die Forschung als auch für eine moderne Lehre, die (wieder) stark auf Bildung setzt, essentielle Voraussetzung für die Erfüllung der Aufgaben, welche die Gesellschaft von der Wissenschaft erwartet.

Autonomie

Wissenschaft, die von der Gesellschaft Planungssicherheit erwartet und erhält, steht für das Erreichen ihrer Ziele zugleich voll in der Verantwortung. Sie muss dazu autonom agieren können. Forschungseinrichtungen und Universitäten müssen sich selbst regieren können. Schon in der Organisation ist die Wissenschaft mit ihrer Vielzahl von Fachgebieten und Fakultäten so komplex und hinsichtlich der Wissensbestände darüber hinaus so anspruchsvoll, dass eine Aufsichtsfunktion in organisatorischer oder fachlicher Hinsicht, wie sie von vielen deutschen Wissenschaftsministerien ausgeübt werden soll, nüchtern betrachtet vollends absurd ist. Sie führt zudem dazu, dass notwendige Prioritätenentscheidungen nicht von den Wissenschaftlern selbst ausgehandelt werden. Autonomie für die Universitäten, wie sie gegenwärtig zaghaft eingeführt wird, ist eine zentrale Forderung aller, die Forschung und Bildung, die Wissen und Wissensweitergabe für die Grundlage der entstehenden Wissensgesellschaft halten.

Wettbewerb

Wissenschaft, die Planungssicherheit erhält und auf dieser Grundlage autonom agieren kann – das klingt nach einem paradiesartigen Schutzraum für einen auch im Zustand der chronischen Unterfinanzierung schon teuren Gesellschaftsbereich. Hier drohte in der Tat Lethargie, die angesichts der Erwartungen an die Wissenschaft verheerend wirken könnte – würde nicht der Wettbewerb als Instrument der Leistungsstimulierung hinzutreten. Worüber bislang gesprochen wurde, ist nichts anderes als die Startposition eines Leistungswettbewerbs wissenschaftlicher Institutionen und einzelner Wissenschaftler und Wissenschaftlerteams. Es bedarf des wetteifernden Ringens um Qualität, um die Leistungsfähigkeit zum Nutzen der Gesellschaft zu stimulieren – um wissenschaftliche Leistungen als technische Innovation und Orientierung in der Lebenswelt für die Gesellschaft zu gewinnen. Wettbewerb ist dabei natürlich kein Selbstzweck; er sollte von der Gesellschaft einfach als Instrument eingesetzt werden, um jenen leistungssteigernden Druck zu erzeugen, der sich für autonom agierende Organisationen mit (faktisch auch künftig wohl nur relativer) Planungssicherheit nicht naturwüchsig ergibt.

Natürlich geht es bei diesem Wettbewerb um beides: um Ressourcen genauso wie um wissenschaftliche Reputation. Für ein auf diese Situation angelegtes Wissenschaftsrecht kommt es ganz wesentlich darauf an, passende Startpositionen und vor allem angemessene Spielregeln zu definieren, unter denen autonome wissenschaftliche Einrichtungen in Nutzung ihres Freiraumes leistungsorientiert zum Wohle aller agieren.

Der Wettbewerb – das ist die Idee – sorgt auf indirektem Weg für Effizienz im Verhältnis von Aufwand und wissenschaftlichem Ertrag, und dieser Weg ist selbst effizienter im Sinne einer finanziellen Kosten-Nutzen-Rechnung als eine Detailsteuerung, an der sich der Staat über lange Jahre mit bescheidenem Erfolg versucht hat. Diesen Gedanken zu vermitteln und in Recht für die Wissenschaft umzusetzen – das ist eine der größten Herausforderungen, vor denen wir heute stehen, wenn wir weiter auf dem Weg sind, über den Umgang mit Wissen unseren Wohlstand zu sichern.

Die Rolle des Staates

Bisher ist wenig vom Staat, mehr dagegen von der Gesellschaft die Rede gewesen. Das ist kein Zufall, sondern beinhaltet einen Wechsel im Rollenverständnis des Staates, der nicht leicht zu bewerkstelligen sein dürfte, solange der Staat auch die Auszahlungsagentur des in der Gesellschaft (unter staatlich geregelten Bedingungen) erwirtschafteten Wohlstandes ist. Es steht gar nicht in Frage, dass der Staat über Regelungsfunktionen hinaus, denen er in Gesetzen nachkommt, auch eine Einrichtung zur Umverteilung materieller Ressourcen darstellt. Und, auch darüber sollten keine Illusionen bestehen, für Wissenschaft und Bildung wird er auf lange Sicht ein Geldgeber bleiben müssen. Es ist ja eine seiner Aufgaben, durch Investitionen in diese kostspieligen Gesellschaftsbereiche Zukunftssicherung zu betreiben. Und trotzdem sollte er aus Effizienzgründen der Versuchung widerstehen, dem Motto „Wer zahlt, bestimmt" zu folgen. Das führt im Falle von Wissenschaft und Bildung zu Fehlsteuerungen, die auf jeden Fall vermieden werden müssen. Daher sind ja Autonomie, Planungssicherheit und Wettbewerb die Leitideen für die Organisation von Wissenschaft.

Allerdings steigt auch die Verantwortung auf der Seite der Gesellschaft: Beiträge, nicht zuletzt finanzielle Beiträge, können dort als Zukunftsinvestition für alle Gesellschaftsmitglieder erwartet werden, wo in der Gegenwart relativer

Reichtum vorliegt – sei es bei Unternehmen oder sei es in Familien. Auch die individuelle Bildung und Ausbildung darf etwas kosten, um die Vorteile von Marktsteuerung zu nutzen – aber sie muss für alle – und zum Wohle aller – unabhängig von finanziellen Möglichkeiten frei zugänglich sein. Bildungsgutscheine sind eine Möglichkeit, mit der sich solche Ideen umsetzen ließen. Der freie Zugang zu Wissenschaft und (Aus-) Bildung, Autonomie für die Forschung, die Sicherung von Mindeststandards in der (Aus-)Bildung, das Einhalten von Wettbewerbsregeln – das sind Regelungsaufgaben für ein Wissenschaftsrecht, für das ein Staat sorgt, der sich im Detail zurückhält, weil er sparsam mit den Mitteln umgeht, die er von seinen Bürgern erhält.

Schlaglichter auf aktuelle Debatten

Welche konkreten Forderungen – für das Wissenschaftsrecht und darüber hinaus – ergeben sich aus dem Gesagten mit Blick auf aktuelle wissenschaftspolitische Debatten? Ich will nur einige Schlaglichter werfen:

1. Anders als bislang in vielen Bundesländern üblich müssen vertragliche Vereinbarungen über die Ziele von wissenschaftlichen Einrichtungen und Aufwendungen von staatlicher Seite auf jeden Fall eingehalten werden. Wenn ein „pacta sunt servanda" etwa zwischen Hochschule und Landesregierung nicht mehr gilt, ist die wissenschaftliche Leistungsfähigkeit in Gefahr.
2. Hochschulen benötigen Autonomie sowohl bei der Verwendung eines Globalbudgets als auch in Bezug auf ihre wichtigsten Personalentscheidungen, der Berufung von Professoren.
3. Die Chancengleichheit in Bildung und Ausbildung muss um der Gerechtigkeit wie der Leistungsfähigkeit der Gesellschaft willen auch um den Preis hoher staatlicher, gesellschaftlicher (und ggf. individueller) Aufwendungen gewährleistet werden.
4. Studierende, ausgestattet etwa mit Bildungsgutscheinen, die prinzipiell an jeder Universität eingelöst werden können, erhalten Gelegenheit zu einer „Abstimmung mit den Füßen" – mit Folgen für das Lehrangebot. Nachfrage nach Lehre gilt als Qualitätsbeweis.
5. Die überbürokratisierte Forschungsverwaltung, aufgeteilt in eine Vielzahl von Wissenschaftsorganisationen, muss in ihrer Gesamtheit auf den Prüfstand.

6. Das Verhältnis von Universitäten und außeruniversitären Forschungsein-
    richtungen muss für alle Bereiche der Wissenschaft (neu oder überhaupt)
    bestimmt werden.
7. Der wissenschaftsferne Bundesangestellten-Tarifvertrag muss durch einen
    eigenständigen Tarifvertrag für die Wissenschaft ersetzt werden. Universi-
    täten und Forschungseinrichtungen sind gehalten, sich als Arbeitgeber zu
    organisieren.
8. Klare Karrierewege (mit Leistungsbewertungen und Ausstiegsoptionen)
    müssen die Attraktivität wissenschaftlicher Arbeit für Hochbegabte sichern.
9. Studiengänge müssen international kompatibel sei. Dazu gehört die gegen-
    seitige Anerkennung von Prüfungsleistungen (nach dem European Credit
    Transfer System) genauso wie ein zügiges Verfolgen des mit dem Bologna-
    Prozesses eingeschlagenen Weges (konsekutiver Studienaufbau mit
    B.A./M.A.-Abschluss).
10. Hochschulen müssen professionell gemanagt werden. Professionell heißt
    dabei insbesondere, dass die Führungspersönlichkeiten eine eingehende
    Kenntnis von der Arbeitsweise von Wissenschaftlern und der Funktionswei-
    se von Wissenschaft als Prozess der Erkenntnisgenerierung wie des Wis-
    senstransfers zwischen den Generationen haben. Sie müssen in der Lage
    sein, die Gratwanderung zwischen Steuerungserfordernis einerseits und
    strukturell partizipatorischem Arbeiten in der Wissenschaft andererseits zu
    meistern und persönlich Verantwortung zu übernehmen.

Diese Forderungen sind nicht unmittelbare Folgerungen aus dem skizzierten Bild
von Wissenschaft in der Wissensgesellschaft und den Konsequenzen für die
Leitideen zur rechtlichen Organisation von Wissenschaft, sondern beziehen sich
auf konkrete wissenschaftspolitische Fragen, die gegenwärtig auf der Agenda
stehen – oder stehen sollten. Sie sollten vor dem Hintergrund der Aussagen zum
Verhältnis von Wissenschaft und Gesellschaft, zur Rolle von Wissenschaft in der
Wissensgesellschaft und den organisatorischen Leitideen von Autonomie, Planungssicherheit und Wettbewerb gelesen werden und harren der Umsetzung in
Wissenschaftsrecht. Jene Veränderungen, die Wissen als Leitbegriff der künfti-
gen Gesellschaft rechtfertigen und nicht zuletzt auf die Wissenschaft (zu-
rück)wirken, üben einen Druck aus, der auch das schwere Gebälk des rahmenden
Wissenschaftsrechts arg strapaziert. Wissenschaft bedarf einer leichteren Rah-
mung, stabil im Kern, das Material ziemlich flexibel, um der Gesellschaft ein
Garant für Erkenntnis, Bildung und Wohlstand zu bleiben. Sie bedarf eines
Rechts, das ihren genuinen Anforderungen entspricht – das sollten wir ihr, zum
Nutzen aller, zugestehen.

4. Kapitel: „Bildung neu finanzieren!"

4.1 Bildung neu denken lernen: Strategien für Deutschland

Peer Ederer, Philipp Schuller und Stephan Willms

Das Land der Dichter und Denker hat sein Erbe verspielt. Die Bildungsleistung geht überall – ob in der Spitze oder in der Breite – zurück. Diese ernüchternde Erkenntnis ist die direkte und indirekte Folge der Bildungsrevolution der 70er Jahre und dem verpassten Wandel mit der Zeit: das institutionelle Angebot expandierte ohne Rücksicht auf die Nachfrage; die ökonomische Aufgabe der Bildung wurde ideologisch ausgeblendet; und Gebührenfreiheit führte zu Bildungskonsum statt zu Leistung. Ein neues Bildungsparadigma muss her: Bildung als Investition in die persönliche und gesellschaftliche Zukunft. Wie ein solches Paradigma mehr als nur eine Phrase, sondern Anleitung zum politischen Handeln sein kann zeigen einige pragmatische Vorschläge.

Die Ausgangslage

Auf nahezu allen Feldern der Bildung – ob Kindergarten, Schule, Universität, Erwachsenenbildung oder Forschung – hat Deutschland den Anschluss an die Weltspitze verloren. In den Kindergärten erhalten die Kinder kaum formale Bildung; die Schüler haben im PISA Vergleich und ähnlichen Untersuchungen als unterdurchschnittlich abgeschnitten; die Universitäten sind für ausländische Studenten nicht attraktiv und erreichen auch in Deutschland eine geringere Beteiligungsrate als in den meisten anderen entwickelten Ländern. Viele vielversprechende private Universitätsgründungen der letzten zwei Jahrzehnte mussten entweder ihre Pforten wieder schließen oder überleben nur mit öffentlicher Förderung.

Die schlechte Bildungsbilanz setzt sich auch nach dem Berufseinstieg fort. In der betrieblichen Weiterbildung belegt Deutschland einen Platz im letzten Drittel in Europa. Der private Weiterbildungsmarkt wächst zwar, ist aber im europäischen Vergleich noch immer unterentwickelt. Für die meisten Anstrengungen in der öffentlichen Erwachsenenbildung, sei es durch die Arbeitsämter oder die Volkshochschulen, zeigen vielfältige Studien nur schwache Ergebnisse, trotz hoher finanzieller Aufwendungen. Und schließlich sind die Forschungsausgaben gemessen am BIP auch nicht mehr internationale Spitze.

Bildung in Deutschland ist nicht nur ineffektiv, sondern auch ineffizient, denn am Einsatz von Zeit und Geld mangelt es nicht. Lehrer und Professoren werden fast nirgendwo besser bezahlt als in Deutschland. Zudem haben wir mit dem 13-jährigen Abitur, der dreijährigen Berufsschule und dem durchschnittlich siebenjährigen Studium die lebenszeitaufwendigsten Bildungseinrichtungen aller Industrienationen – ohne entsprechend überdurchschnittliche Ergebnisse zeigen zu können.

An Vorschlägen mangelt es nicht. Neue Konzepte werden formuliert, debattiert, pilotiert und umgesetzt. Aber alle Veränderungen laufen unter einem alten Bildungsparadigma. Noch wollen wir nicht überdenken, welche Rolle Bildung (also auch lebenslanges Lernen), in dem gesellschaftlichen und wirtschaftlichen Gefüge Deutschlands spielen soll. Noch sind wir nicht bereit, ein neues, dem 21. Jahrhundert angemessenes Bildungsparadigma zu formulieren. Dennoch ist klar: Wenn ein gesamter Sektor in allen seinen Bereichen – bei Kindern, Jugendlichen oder Erwachsenen, in der höheren oder einfachen, in der akademischen oder beruflichen Bildung, privat oder öffentlich finanziert – international zurückfällt, dann werden nicht Reformen im Detail wie das flächendeckende Angebot an Ganztagsschulen, sondern grundsätzliche Veränderungen die Antwort liefern. Grundsätzliche, paradigmatische Veränderungen sind möglich – das hat auch die jüngere Geschichte immer wieder eindrucksvoll gezeigt, aber sie brauchen Ziele und Visionen.

Im folgenden Text präsentieren sich die Bestandteile, die dieser Paradigmenwechsel haben müsste. Dabei wird deutlich, dass der Brückenschlag von heute zu diesen Visionen nicht nur einer schrittweisen Umsetzung bedarf, sondern auch wichtige Erkenntnisdefizite über die Aufgaben von Bildung, ihre Effektivität und ihren Zusammenhang mit Wirtschaftswachstum geschlossen werden müssen.

Paradigmenwechsel in der Bildung?

Die politische Motivation zur Bildung

Die Bildungsdebatte wird von einem gesellschafts- und sozialpolitischen Paradigma beherrscht. Die meisten glauben, es sei Aufgabe der Solidargemeinschaft, jeden Bürger mit der Menge Bildung auszurüsten, die es ihm ermöglicht, sein Leben selbstbestimmt zu leben. Bildung ist demnach ein Mittel, um andere, ungleich verteilte Faktoren, wie den sozialen Status oder die finanziellen Möglichkeiten des Elternhauses, soweit zu kompensieren, dass jeder Bürger eine gleiche, mindestens aber gerechte Chance hat. Bildung wird für den sozialen Ausgleich in der Gesellschaft instrumentalisiert.

Aber auch die gesellschaftspolitische Gegenposition unterscheidet sich nicht wesentlich in ihrem Verständnis von der Aufgabe von Bildung. Für sie ist Bildung ebenfalls wichtig, um mündige und eigenverantwortliche Individuen zu erziehen. Bildung steht damit im Mittelpunkt der modernen, individualisierten Gesellschaftsordnung, denn sie dient dem gesellschaftspolitischen Verständnis ganz unterschiedlicher politischer Lager.

Die dahinter stehende Motivation entzieht sich der Kritik: Sozialer Ausgleich, Gerechtigkeit, Eigenverantwortung sind zu recht Konsens in Deutschland.

Beide Positionen bedienen sich derselben Bildungspolitik: eine möglichst umfangreiche und weitgehend gebührenfreie Bereitstellung von Bildungsangeboten und deren größtmögliche Nutzung. In diesem Paradigma scheint bei näherer Betrachtung die Hauptursache der deutschen Bildungsmisere zu liegen, und zwar aus drei Gründen, die im folgenden unter einem neuen – ökonomisch orientierten – Paradigma betrachtet werden:

- Die Gebührenfreiheit enthebt das Bildungssystem geeigneter Anreizstrukturen, und damit der wirksamsten Methode, auch hohe Erträge zu generieren.
- Die Bildungsmaximierung führt – besonders im Rahmen einer Lebenszeitbetrachtung – zu Über- und Fehlinvestitionen in Bildung.
- Die Konzentration auf die gesellschaftspolitische Funktion der Bildung blendet das ökonomische Interesse der Gesellschaft aus.

Geringe Rendite auf Bildungsinvestitionen

Bildung hängt von vielen Faktoren ab, und nicht zuletzt von der Motivation des Bildungserwerbers. Wenn der nicht motiviert ist zu lernen, dann gibt es keinen Bildungserwerb, selbst dann nicht, wenn er physisch bei einer Bildungsveranstaltung präsent ist. Selbst „Lernen" unter externem Druck ist wenig wertvoll, wenn der Lernende hinterher nicht motiviert ist, das Gelernte zu aktivieren. Motivation zum Lernen kann auf vielen Wegen zustande kommen: reines Interesse, soziale Anerkennung, familiäre Verpflichtung oder materielle Belohnung. In einer modernen, meritokratischen Gesellschaft wird Bildung in Form von höheren Erwerbseinkommen belohnt. In diesem Sinne ist Bildung eine materielle Investition mit Kosten und Erträgen.

Da Bildung in Deutschland aber durchweg gebührenfrei angeboten wird, entwickeln sich beim Bildungserwerber wirklichkeitsfremde Investitionsrechnungen. Auf Elternabenden müssen sich Lehrer dafür entschuldigen, dass sie 15 Euro für die Klassenkasse einsammeln möchten; Studenten glauben, sie würden mit ihren Lebensunterhaltungskosten bereits ihr Studium „bezahlen"; Arbeitnehmer besuchen Bildungsveranstaltungen nur, wenn dies als Arbeitszeit gilt. Der typische deutsche Bildungserwerber glaubt, sich seine zukünftige Erwerbssteigerung bereits durch seine Bereitschaft zur Lernanstrengung „verdient" zu haben. Für die expliziten Kosten der Bildung ist die Allgemeinheit da.

Diese Aufteilung führt einerseits zur Überinvestition in Bildung, andererseits zu Minderrenditen. Bei einer derart reduzierten Wahrnehmung der Investitionskosten scheinen bereits relativ bescheidene Mehrverdienste attraktive Renditen zu liefern. Damit erlahmt der Wille zur Maximierung der Bildungserträge, bevor die vollen Kosten der Investition abgedeckt werden. Der Bildungserwerber sieht seinen Mehrverdienst als Ertrag auf seine persönliche Bildungsanstrengung, während die Investition der Gesellschaft nicht gleichermaßen einen Ertrag oder eine „Rückzahlung" verdient.

Wer durch die gebührenfreie Finanzierung von Schule, Ausbildung, Studium und Fortbildungsmaßnahmen des Arbeitgebers geprägt wurde, der wird nur in Ausnahmefällen bereit sein, für lebenslanges Lernen die Initiative zu ergreifen, oder gar eigenes Geld zu investieren. Auch aus diesem Grund bleibt lebenslanges Lernen die Ausnahme. Eine Beteiligung der Bildungserwerber entweder zu Vollkosten oder pro rata zu den Vollkosten würde dagegen nicht nur den schonenden Umgang mit den Ressourcen in der Investitionsphase bewirken, sondern auch Anreize setzen, um in der Ertragsphase – also im Erwerbsleben – die Erträge auf die Bildungsinvestition zugunsten von Bildungserwerber *und* Gesellschaft zu maximieren.

Fehl- und Überinvestitionen in Bildung

In Deutschland wird viel – und immer mehr – Bildung angeboten. Davon wird aber relativ wenig und unter zu hohem Zeitaufwand aufgenommen. Offenbar passt das Angebot nicht auf die Nachfrage nach Bildung. Die Bildungsexpansion der 60er und 70er Jahre und die neuerliche Zuwendung in den letzten Jahren zu diesem Thema haben sich auf die Erweiterung des Bildungsangebots und in der Folge auf den Ausbau der Bildungsinstitutionen konzentriert, ohne gleichzeitig das Augenmerk auf die Weiterentwicklung der Pädagogik – also eine Veränderung der Nachfrage – zu richten. Der Wert der Bildung richtet sich nicht nach ihrem Angebot, sondern nach ihrer Aufnahme. Gleichzeitig werden die Wechselwirkungen der Bildungsphasen mit anderen Lebensphasen ignoriert, so dass das gestiegene Bildungsangebot nur bei einer Überverwendung von Lebenszeit in Bildungseinrichtungen wahrgenommen werden kann. Beides – Angebotsfokussierung und hoher Zeitaufwand – führt zu hohen Bildungskosten in Relation zum erzielten Ergebnis.

Wie sehr sich das deutsche Bildungssystem den Bildungsinstitutionen und nicht dem Ergebnis verpflichtet fühlt, lässt sich beispielsweise daran ablesen, dass es keine Schüler-Lehrer Bewertungen, keine Bewertungen der Lehrer untereinander und keine Einflussnahme der Eltern auf die Schule gibt. Es gibt noch nicht einmal eine verbindliche Definition von alternativen Pädagogikkonzepten. Nur Bundesländer mit zentralen Prüfungssystemen bieten wenigstens den Anreiz, einen bestimmten Lehrplan einzuhalten. Die pädagogischen Leistungen der Lehrer und Professoren haben also auch keinen Einfluss auf Karriere oder gar Gehalt.

Ähnlich ergebnisindifferent funktioniert das Notensystem, das sich auf die Bewertung des absoluten Wissenstandes beschränkt. Für die Motivation zum Lernen ist jedoch nicht die absolute Wissenserzielung wichtig, sondern drei relative Maßstäbe: 1) die Differenz zwischen Vorwissen und erzieltem Wissen, 2) die notwendige Anstrengung, um diese Differenz zu erzielen, und 3) der Vergleich mit einer Referenzgruppe. Damit erweisen sich die deutschen Notensysteme nur in geringem Ausmaß als pädagogisch förderlich.

Andererseits ist die institutionelle Expansion des Bildungsangebots auch verschwenderisch zeitintensiv. Die hohen Lebenszeitkosten ziehen sich wie ein roter Faden durch alle Bildungseinrichtungen. Anstatt die Kinder in der Grundschule pädagogisch vollständig zu betreuen, werden sie mit Hausaufgaben nach Hause geschickt. Wie sie dort damit zurecht kommen, bleibt dann dem Zufall überlassen. In der Sekundarstufe wird an Facheinheiten von 45 Minuten festgehalten, die recht willkürlich über die Woche verteilt werden, obwohl dadurch das sinnvolle Lernen erschwert wird. Das Abitur reicht bis zur 13. Klasse, und ein durchschnittliches Universitätsstudium dauert 7 Jahre. Allerdings setzen sich drei Jahre davon aus vorlesungsfreien Semesterferien zusammen, die für einen Beruf zu kurz, und für das Leben zu lang sind. Die Verantwortung für den effizienten Bildungserwerb liegt allein beim Empfänger. Das Bildungssystem leistet dazu keinen Beitrag, es erschwert vielmehr die sinnvolle Integration in den Rest des Lebens.

Das herrschende Bildungsparadigma unterstellt also, dass die gewünschten Ziele durch eine Erweiterung des institutionalisierten Bildungsangebots erreicht werden können. Schon in Schule und Universität führt das nur zu marginalem Zuwachs an Bildungserwerb bei gleichzeitig hohen Zeitverlusten. Im lebenslangen Lernen muss dieses Prinzip vollends versagen. Denn hier sind nur eine Pädagogik und Bildungsstrukturen denkbar, die mit dem Arbeits- und Lebensumfeld verzahnt und integriert sind. Man kann davon ausgehen, dass das Bildungsangebot für Erwachsenenbildung ohnehin vorhanden ist – oder ohne großen Aufwand angeboten würde – wenn die Nachfrage auf diese Weise mobilisiert werden könnte. Die eigentliche Lösung der deutschen Bildungsmisere kann nur mit einem besonderen Augenmerk auf die Bildungsnachfrage, also die Wünsche und Ziele der Bildungsempfänger gelingen.

Ausweitung des gesellschaftlichen Interesses

Bildung ist zwar ein privates Gut zum Aufbau und Erhaltung der persönlichen Erwerbsfähigkeit und damit der Eigenständigkeit in der Gesellschaft. Nach dem gängigen Gesellschaftsvertrag aber haben die Bürger einen Anspruch auf die staatliche Finanzierung der Bildung. Besonders jene, die nicht oder noch nicht über ausreichende wirtschaftliche Potenz verfügen, besitzen einen vorrangigen Anspruch auf Bildungsangebote. Es ist Aufgabe der Gesellschaft, ihre Mitglieder grundsätzlich leistungsfähig zu machen.

In dieser Perspektive erschöpft sich die Verantwortung des Staates in der Bereitstellung eines – möglichst hohen – Minimumniveaus. Es zählt die Bildungsbeteiligung, nicht die Bildungsleistung. Diese Bildung bedient gesellschaftspolitische Interessen, aber die wirtschaftlichen Interessen der Gesellschaft bleiben unberücksichtigt. Denn die Bildungsinvestition in bereits gut Ausgebildete und sozial nicht Schwache kann noch sinnvoller sein als die Bildungsinvestition in Benachteiligte, wenn erstere ihre Leistung, zum Beispiel durch höhere Steuerzahlungen, in den Dienst der Gesellschaft stellen. Aus wirtschaftlicher Sicht ist nicht nur interessant, das Niveau der Mindestbildung zu heben, sondern die individuelle Bildungsmaximierung aller Bürger voranzutreiben.

Bildung wird zu Humankapital, in das Individuen und Gesellschaft gemeinsam investieren und auf das sie gemeinsam Erträge erzielen. Um seine Erträge zu maximieren, muss der Staat sich auch für die Förderung von Personen mit sehr hohem Humankapital einsetzen – wobei diese Förderung nicht zwingend finanziell sein muss. Elitenförderung nicht nur in der Schule, sondern auf allen Ebenen, auch im lebenslangen Lernen, zum Beispiel durch den Ausbau von Bildungszentren, Stipendien für Forschungsleistung oder Sabbaticals, wären selbstverständliche Instrumente öffentlicher Investitionen und der Maximierung der Erträge auf diese Investitionen.

Ein neues Paradigma

Um das deutsche Bildungssystem international wieder zu Spitzenleistungen zu bringen und einen breiten Teppich lebenslangen Lernens zu knüpfen, darf Bildung nicht länger ausschließlich unter einem gesellschaftspolitischen Paradigma behandelt werden. Es bedarf einer – durchaus kompatiblen – Ergänzung durch ein ökonomisches Paradigma:

- Individuelle Bildungserwerber sind für eine angemessene Rendite auf die gesamte Bildungsinvestition verantwortlich, nicht nur auf die von ihnen selbst eingebrachte Lernanstrengung.
- Die Aufgabe von Bildungspolitik erschöpft sich nicht in der Maximierung des Bildungsangebots und der Bildungseinrichtungen, sondern ihr Ziel müssen die Bildungsergebnisse sein.
- Das öffentliche Interesse an der Bildung konzentriert sich nicht auf die Minimuminvestition, sondern auf die Maximierung der Gesamtinvestition in der Volkswirtschaft.

Dieses Paradigma wird im folgenden anhand von (a) konkreten Visionen, (b) Forschungsprogrammen und (c) umsetzungsorientierten Aktionen beschrieben.

Visionen

Jeder maximiert sein Humankapital.

Die individuelle Maximierung von Humankapital wird zur persönlichen Verpflichtung in jeder Altersstufe – im Rahmen der aktuellen Lebenssituation und der vorhandenen Talente. In Zukunft wird es völlig normal sein, sich ein Leben lang zu bilden. Wie in der Trimm-dich-Bewegung der Siebziger Jahre treten Bürger in einen regelmäßigen Wettstreit um Bildung. Jeder wird in seiner persönlichen Entwicklung gefördert, aber er übernimmt selbst Verantwortung für seine Bildung. Der Volkssport Bildung wird wichtigstes Thema an den Stammtischen der Republik.

Jeder kennt sein Humankapital.

Bildungsvermögen ist schon heute das wichtigste und größte Vermögen jedes Deutschen, aber die meisten kennen es nicht. In Zukunft wird jeder Einzelne –

und jeder Betrieb – in regelmäßigen „Bildungsbilanzen" darüber Buch führen, wie sich sein Bildungsvermögen entwickelt hat. Eine formalisierte Berichterstattung wird es erlauben, ein Absinken der arbeitsmarktrelevanten Bildung zu erkennen, bevor Arbeitslosigkeit durch Bildungslosigkeit droht. Dadurch können rechtzeitig Gegenmaßnahmen ergriffen werden. Betriebe, deren wichtigster Faktor Humankapital ist, können gegenüber Interessierten (Aktionäre, Geschäftspartner, Arbeitnehmer, etc.) darlegen, über wie viel Bildungskapital sie verfügen.

Humankapital liegt nicht länger brach.

Heute liegt Bildung auf vielfältige Weise brach: späte Berufseinsteiger, Arbeitslose, kindererziehende Eltern, die gerne (Teilzeit) arbeiten würden, arbeitsfähige Frühruhständler und Ruheständler usw. In Zukunft ist der Arbeitsmarkt durch eine Vielzahl intelligenter Modelle gekennzeichnet, die es in jeder Lebenssituation ermöglichen, sich seiner jeweiligen Leistungsfähigkeit entsprechend in die Gesellschaft einzubringen. Arbeitslosigkeit und Frühverrentung werden der Vergangenheit angehören. Erziehung und Beruf werden sich problemlos miteinander kombinieren lassen. Humankapital wird in Deutschland nicht mehr brachliegen.

Generationen lernen miteinander und voneinander

Bisher haben die Jungen von den Alten gelernt. Lebenslanges Lernen stellt diese Rollenverteilung in Frage. In Zukunft lernen die Alten auch von den Jungen. Keiner verschließt sich dem Neuen, etwa weil der „Lehrer" jünger ist. In Schulen und Berufsschulen lernen tagsüber die Schüler, und abends die Eltern. Aber auch außerhalb der Schulen muss lernen stattfinden – in Theatern, Werkstätten, Fabriken und Büros.

Analysen – Forschungsprogramme

Wie sieht eine geeignete Erwachsenenpädagogik aus?

Eine alternde Gesellschaft muss sich immer stärker auch auf die Alten in der Gesellschaft verlassen. Diese sind heute durchschnittlich gesünder und geistig reger als noch vor zehn oder zwanzig Jahren. Das alte Vorurteil, das Lernalter sei biologisch begrenzt, ist inzwischen eindeutig widerlegt. Menschen können bis ins hohe Alter lernen. Allerdings lernen sie anders als in jungem Alter. Nur eine nach Alter differenzierte Erwachsenenpädagogik kann den gewandelten Anforderungen der Gesellschaft gerecht werden.

Welche Bildungsinvestition hat welche Einkommenseffekte?

Die Erforschung von Weiterbildung und Arbeitsmarktmaßnahmen beschränkt sich seit vielen Jahren auf deren Effektivität: Teilnahme und Erwerbstätigkeit – ein direkter Ausfluss des gesellschaftlichen Paradigmas, Bildung als Kompensation zu sehen. Für die Effizienz solcher Maßnahmen ist aber die Frage der Kosten und erzielten Einkommenseffekte mindestens ebenso wichtig. Hier sind wichtige empirische Lücken zur Beurteilung der richtigen und effizientesten Bildungspolitik zu schließen.

Was ist der Zusammenhang von Arbeitslosigkeit und Bildungslosigkeit?

Das Risiko, arbeitslos zu werden, steigt mit abnehmender Bildung. Je monotoner der Arbeitsplatz und je repetitiver die Arbeit, desto größer ist die Gefahr, nach Verlust des Arbeitsplatzes nicht mehr fähig zu sein, andere Aufgaben zu übernehmen. Dabei handelt es sich vermutlich nicht um ein statisches Verhältnis: Wer am Arbeitsplatz lange nichts Neues mehr gemacht und so sein Bildungsniveau „heruntergefahren" hat, ist ebenfalls gefährdet. Diese Hypothese müsste eine Langzeitstudie untersuchen. Erst dann kann eine Art „Frühwarnsystem" für Firmen und Mitarbeiter installiert werden, das ein Gegensteuern durch Bildungsinitiativen ermöglicht.

Welche Lösungen haben Erfolg gezeigt?

Über Bildung wurde bisher nur sehr wenig ökonomisch und empirisch geforscht. Vor allem mangelt es an Daten zu betrieblichem Anbieter- und Nachfragerverhalten, zu der Höhe der Steuerausfälle bei staatlich geförderter Weiterbildung, zu der Nutzung von Weiterbildung nach Altersgruppen und über lange Reihen. Auch der gesamte Bereich des informellen Lernens ist weder in seinen Ausmaßen bekannt, noch wurde bisher über die Wirksamkeit und Steuerbarkeit von informellem Lernen nachgedacht.

Aktionen – Konkrete Vorschläge

Vieles von dem oben Geschilderten könnte in Gang gebracht werden, wenn mehr objektive Transparenz in das existierende Humankapital gebracht würde.

Bonifikation auf Beiträge zur Arbeitslosenversicherung

Beiträge zur Arbeitslosenversicherung werden gestaffelt. Wer Investitionen in sein Humankapital nachweisen kann (Weiterbildungsteilnahme, Zertifizierung von learning-on-the-job, Aufgabenwechsel in anspruchsvollere Aufgaben), zahlt günstigere Beiträge als Arbeitnehmer, für die dieser Nachweis nicht geführt werden kann. Diese Bonifikation kommt Arbeitnehmern und Arbeitgebern gleichermaßen zugute.

Erweiterung der Arbeitslosen- / Sozialhilfe um Bildungsleistungen

Um auch Transferempfängern Zukunftschancen zu ermöglichen, muss in deren Humankapital investiert werden. Als Teil der zur Arbeit verpflichtenden Reform der Sozialhilfe und der Zusammenlegung von Arbeitslosenhilfe und Sozialhilfe, wird eine Selbstverpflichtung zur Bildung / Qualifikation eingeführt. Eine individuelle Analyse der Erwerbsfähigkeit schließt die Empfehlung der geeigneten Bildungsinvestition mit ein. In der Regel wird es dabei um Basisqualifikationen wie Lesen, Schreiben und Rechnen gehen, aber auch um Weiterbildung oder Umschulung.

Transparenz über Lernmöglichkeiten

Über die vielfältig bestehenden Angebote zum lebenslangen Lernen (klassische Erwachsenenbildungszentren, Berufsschulen, Universitäten und private Anbieter) wird mehr Transparenz geschaffen. Miteinander koordinierte Informationsstellen beraten den Bürger darüber, welche Angebote auf ihn passen und entwickeln gemeinsam mit ihm langfristige „Bildungskarrieren". Diese Bildungskarrieren werden formal dokumentiert und entwickeln sich dann zu dem zuvor beschriebenen Instrument der „Bildungsbilanzen" weiter, die sowohl auf individueller als auch auf betrieblicher Ebene geführt werden. Ähnlich der betrieblichen Qualitätsoffensive ISO 9000 der 90er Jahre, kann eine Bildungsoffensive mit geeigneten Dokumentationsmaßnahmen auf rein privatwirtschaftlicher Basis schneeballartig umgesetzt werden. So wird sowohl die individuelle wie betriebliche Motivation erheblich verstärkt, sich über sein gesamtes Leben immer wieder auf den neuesten Stand zu bringen - nicht nur in seinem Beruf, sondern auch in zentralen gesellschaftlichen Kompetenzen. Lernzentren werden dadurch auch gleichzeitig Mittelpunkte gesellschaftlichen Lebens in den Kommunen.

Bildungsgutscheine und alternative Finanzierungsmodelle

Leider existiert gerade in diesem Bereich fast kein Markt, eine sinnvolle Allokation der auch hier knappen Ressourcen findet nicht statt. Zwangsläufig wird es in naher Zukunft an immer mehr Hochschulen Studiengebührenmodelle geben. Um in dieser Situation Chancengleichheit zu garantieren, muss darüber nachgedacht werden, wie Kapitalmarktinstrumente auch bei der Finanzierung von Studenten genutzt werden können. Gerade innovative Humankapitalfonds bieten hier eine faire Finanzierungsmöglichkeit.

Bildungsgutscheine entkoppeln die Bildungsnachfrage von den individuellen Einkommensverhältnissen. Jeder Bürger erhält entsprechend seiner Lebensphase Bildungsgutscheine, die er für das auf ihn passende Bildungsangebot verwenden kann. Es entsteht ein Markt, wo sich die Anbieter von Bildung bestmöglich den Nachfragern anpassen müssen und gezwungen werden, hohe Qualität zu liefern, da die Kunden nicht automatisch kommen. Die entsprechenden Gutscheinmodelle existieren bereits und müssen nur umgesetzt werden.

4.2 Lebenslanges Lernen und Bildungskonten: Thesen zur Einrichtung individueller Bildungskonten

Oliver Bruttel

Die Deutschen bilden aufgrund falscher staatlicher Weichenstellungen bislang Humankapital zu ineffektiv.

Zu lange Erstausbildungszeiten stehen mangelhaften Weiterbildungsinvestitionen während des Berufslebens gegenüber. Die hier skizzierten Bildungskonten sind eine Möglichkeit, im Verbund mit einer Reform der Hochschulausbildung dieses Ungleichgewicht zu beseitigen. Die Bildung von Humankapital, die sich in Deutschland zu stark auf die 20 bis 25-jährigen konzentriert, könnte mit den richtigen finanziellen Anreizen besser über die gesamte Phase der Berufsfähigkeit verteilt werden.

1. Deutschland hat im Bereich der Weiterbildung erhebliche Defizite.

Die Defizite deutscher Arbeitnehmer im Bereich der beruflichen Weiterbildung sind vielfach belegt. So hebt beispielsweise eine Anfang 2003 erschienene Studie des Bundesinstituts zur Berufsbildung (BiBB) hervor, dass zwar 75 Prozent der deutschen Unternehmen Maßnahmen der betrieblichen Weiterbildung anbieten (Platz 9 unter 25 Ländern), allerdings liegt die Chance eines Arbeitnehmers an einer solchen teilzunehmen bei gerade einmal 36 Prozent (Platz 16 von 25). Beim Weiterbildungsvolumen erreicht Deutschland mit 27 Stunden je Teilnehmer lediglich Platz 22 (von 25). Die BiBB-Studie unterstreicht damit frühere Ergebnisse aus anderen Analysen (z.B. der OECD). Deutschland setzt auf zu lange Ausbildungszeiten während der Erstausbildung (insbesondere an den Universitäten) und vernachlässigt dabei die kontinuierliche Investition in Humankapital über die gesamte Erwerbsbiographie. In einer Zeit, in der die Halbwertszeit von Wissen immer weiter sinkt und die Erwerbsverläufe zunehmend brüchiger und von vermehrten Übergängen geprägt sind, bedarf es neuer Strategien, um die Flexibilität und Anpassungsfähigkeit der Arbeitnehmer zu sichern.

2. Gerechte Verteilung von Kosten und Nutzen der Bildungsausgaben.

Die heute 30- bis 40-jährigen tragen mit ihrer Arbeit einen wesentlichen Anteil zum wirtschaftlichen Erfolg der Bundesrepublik und den staatlichen Steuereinnahmen bei. Gleichzeitig gehen mehr als 50 Prozent der Bildungstransfers an die Gruppe der 18- bis 26-jährigen. Angesichts der Tatsache, dass die 30- bis 40-jährigen aufgrund der demographischen Entwicklungen deutlich länger arbeiten werden (müssen), ist es erforderlich, auch den Schwerpunkt der Bildungsausgaben zu verlagern. Die Erstausbildung ist weiterhin zwar die wichtigste Grundlage für beruflichen Erfolg. Aber es darf nicht vergessen werden, dass gerade die berufliche Weiterbildung die individuelle Gefahr, von Arbeitslosigkeit betroffen zu sein, signifikant reduziert und zur Erhaltung der Beschäftigungsfähigkeit bis zum Renteneintrittsalter beiträgt. Deshalb bedarf es eines neuen Rahmens für die Weiterbildung, der die junge Generation von den langen Erstausbildungszeiten entlastet und stärker auf berufsbegleitende Wissensvermittlung setzt.

3. Individuelle Bildungskonten sind ein relativ neues Instrument zur Finanzierung und Förderung einer lebenslangen Weiterbildung.

Das originäre Konzept sieht vor, dass der Arbeitnehmer einen Teil seines Einkommens auf einem separaten Bildungskonto anspart, um davon die Weiterbildung zu finanzieren. Der Staat fördert dann jeden gesparten Euro mit einer entsprechenden Matching-Prämie. International sind zumeist virtuelle Konten zu finden, bei denen der Staat jede Fördermaßnahme des Arbeitnehmers direkt mit 50 Prozent (bzw. bis zu einer Maximalgrenze) finanziell unterstützt. Oder es bleibt nur der Name, während es, wie in Österreich, im Kern um eine reine anteilige, nachträgliche Kostenerstattung geht. Grundsätzlich aber ist die Idee immer dieselbe: Die Eigeninitiative des Arbeitnehmers zur individuellen Weiterbildung soll mit einem finanziellen Beitrag von Seiten des Staates gefördert und unterstützt werden.

4. Die staatliche Förderung von beruflicher Weiterbildung durch die Einführung individueller Bildungskonten erweist sich als wirkungsvolle Maßnahme.

Obwohl nun zwar in Großbritannien, das hinsichtlich individueller Bildungskonten eine Vorreiterrolle übernommen hat, die Individual Learning Accounts (ILAs) wegen der Ausschöpfung des Budgets und mangelnder Qualitätssteuerung ausgesetzt wurden, hat sich das Prinzip bislang als erfolgreich erwiesen.

Deutlich mehr Arbeitnehmer als erwartet haben sich für ein solches Bildungs-konto angemeldet. Geplant war zunächst, bis Ende 2002 eine Million Lernkonten zu eröffnen. Dieses Ziel war bereits Mitte 2001 erreicht. Zudem zeigte sich bei einer Evaluation der ILAs in England, dass 44 Prozent der Befragten Bildungs-kontoinhaber ihre Weiterbildung ohne die materielle Unterstützung des Staates nicht hätten finanzieren können. In einer weiteren Evaluation nach Aussetzung der ILAs in England gaben sogar 80 Prozent der ehemaligen Kontoinhaber an, dass die Einrichtung von ILAs bei ihnen zu einem höheren Maß an Weiterbil-dung geführt hätte. Der Umfang der Weiterbildung, insbesondere unter einkom-mensschwachen und gering qualifizierten Bevölkerungsschichten, kann durch den Einsatz von Bildungskonten also nachhaltig erweitert werden.

5. Die Einrichtung „realer" Konten fördert die Motivation zur Weiterbildung.

Dies wurde bei einer ersten Evaluation zahlreicher Pilotprojekte in den Nieder-landen festgestellt. Während „Bildungskonten" bzw. „Bildungsschecks" in Ös-terreich eine reine nachträgliche Kostenerstattung von Kursgebühren bedeuten, findet bei realen Bildungskonten eine gezielte Förderung statt. Das Bewusstsein, durch eigenes Ansparen nun über ein eigenes Bildungsbudget zu verfügen, moti-viert den Kontoinhaber, dieses Selbstgesparte auch sinnvoll zu investieren. Au-ßerdem wird die Konstanz und Nachhaltigkeit der Weiterbildung verstärkt, da die einmal eingegangene Verpflichtung des Bildungssparens zu einem kontinu-ierlichen Anwachsen der Bildungsersparnisse führt. Die Verwaltung kann von staatlichen Agenturen ebenso übernommen werden wie von tatsächlichen Ge-schäftsbanken. Sinnvoll scheint jedoch in jedem Fall die Einrichtung zusätzlicher Beratungsstellen, so dass die Weiterbildung zielführend strukturiert werden kann.

6. Die Hauptverantwortung der Bildungskonten sollte beim Arbeitnehmer liegen.

Entsprechend ist es der Arbeitnehmer, der die Inhalte der Weiterbildung im We-sentlichen nach seinen Wünschen gestaltet. Dies kommt einem Paradigmen-wechsel gleich. Weiterbildung wird nicht mehr von den Bedürfnissen bzw. An-geboten des Arbeitgebers bestimmt, sondern von der Nachfrage des Arbeitneh-mers nach bestimmten Weiterbildungsformen und -inhalten. Dieser Sichtwechsel folgt insofern den Veränderungen auf dem Arbeitsmarkt. Die traditionelle Be-schäftigungsstruktur, die geprägt war durch eine mehr oder weniger lebenslange Anstellung bei nur einem Arbeitgeber, verliert an Bedeutung. An ihre Stelle

treten neue Lebensläufe, die durch mehrfach wechselnde Beschäftigungsverhält-
nisse und auch Brüche in der Erwerbsbiographie, wie beispielsweise neue Tätig-
keitsbereiche oder mehrmonatige bis mehrjährige Beschäftigungspausen, geprägt
sind. Es scheint also wünschenswert, dass der Arbeitnehmer die Weiterbildungsinhalte *selbst* bestimmt, um so auch flexibel zu bleiben und nicht durch
firmenspezifische Bildungsinhalte an einem Beschäftigungswechsel gehindert zu
werden.

Diese gezielte Ausrichtung auf den Arbeitnehmer schränkt natürlich auch
die Finanzierungsquellen ein. Ein derartiges System, das den Arbeitnehmer als
Entscheidungsträger in den Mittelpunkt der Weiterbildung stellt, wird sich natürlich nur begrenzt auf die Finanzierung der Bildungskonten durch die Arbeitgeber stützen können. Dies schließt natürlich nicht aus, dass zukünftig bei Tarifverhandlungen Teile der Lohnerhöhungen nicht in Form direkter Lohneinkom-
men, sondern in Form von Einzahlungen auf Bildungskonten erfolgen. Interessant ist auch die Möglichkeit, die in Schweden derzeit überlegt wird. Hierbei
können Arbeitgeber ebenfalls Beträge auf das individuelle Bildungskonto des
Arbeitnehmers einzahlen und erhalten dadurch Nachlässe bei den Sozialabgaben.

Die Einrichtung von Bildungskonten schließt natürlich nicht aus, dass der
Arbeitgeber auch weiterhin firmenspezifische Weiterbildung anbietet und auch
finanziert.

7. Die mögliche Einbindung der Tarifpartner erscheint wünschenswert.

Auch wenn die Hauptverantwortung für die *individuellen* Bildungskonten bei
den Arbeitnehmern liegen sollte, könnte es sinnvoll erscheinen, die Tarifpartner
einzubinden. Die einfachste Form wäre zunächst die Möglichkeit der verstärkten
Öffentlichkeitsarbeit. Aus Großbritannien ist beispielsweise bekannt, dass gerade
die geringer qualifizierten Arbeitnehmer sich durch den Zuspruch von Gewerk-
schaftsvertretern zur Einrichtung von Bildungskonten haben motivieren lassen.

Interessanter könnte sich aber die Ausgestaltung auf Ebene der Tarifver-
tragsverhandlungen gestalten. Eine Öffnung der Konzeption für die partielle
Verbindung von Bildungskonten und Tarifverträgen wäre zu überlegen. Hierbei
könnten Anreize für die Tarifpartner geschaffen werden, dem Bereich Weiterbildung stärker als bislang Beachtung in den Tarifverhandlungen zu schenken.
Möglich wäre beispielsweise, dass Lohnerhöhungen teilweise in Form von Einzahlungen auf Bildungskonten erfolgen. Diese Einzahlungen könnten dann steu-
erbefreit erfolgen, würden also eine direkte Nettozahlung bedeuten, so dass ein
Interesse bestünde, Lohnerhöhung auf diese Weise auszugestalten. Bei der Umsetzung bedürfte es einer Obergrenze, so dass die Steuerausfälle des Staates

kalkulierbar wären. Aber ein Anreiz wäre natürlich gesetzt, Teile der Lohnerhöhungen zweckgebunden der Weiterbildung zuzuführen und damit investiv zu verwenden. Neben der Sicherung der zukünftigen Beschäftigungsfähigkeit der Arbeitnehmer wäre hierdurch auch eine nachhaltige Förderung der institutionellen Innovation „individuelle Bildungskonten" zu erreichen.

8. Die Weiterbildungsinhalte sollten zwischen Arbeitgeber und Arbeitnehmer koordiniert werden.

Bei zahlreichen Pilotprojekten in den Niederlanden wurde versucht, die individuellen Bildungskonten in einen breiteren Kontext der persönlichen Karriereentwicklung zu stellen. Die Zusammenarbeit zwischen Arbeitnehmern, externen Beratern in den lokalen Lernzentren (in England „Individual Learning Account Centres" genannt) und den Personalentwicklungsabteilungen der Unternehmen kann daher nur förderlich sein. Ohne die Kompetenz der Arbeitnehmer für die Weiterbildungsentscheidung einschränken zu wollen, scheint es doch möglich, dass die betriebliche Personalentwicklung durchaus positive Impulse (keine Vorgaben!) zu den (allgemeinen) Weiterbildungsinhalten beisteuern kann. Die Einbeziehung externer Berater schließlich vermag die Objektivität und Balance zwischen Arbeitnehmer und Arbeitgeber zu wahren. In Deutschland hat hierbei der Qualifizierungs-Tarifvertrag von IG-Metall und Südwestmetall im vergangenen Juni eine Vorreiterrolle eingenommen. Er sieht beispielsweise vor, dass regelmäßige Personalgespräche zur Feststellung des individuellen Qualifizierungsbedarfs auf Betriebsebene stattfinden.

9. Die Förderungsrichtlinien sollten einfach und transparent sein.

Um eine rasche, reibungslose und erfolgreiche Einführung zu ermöglichen, sollte die Struktur der Bildungskonten möglichst einfach und transparent sein. Was vermieden werden sollte, ist einen Förderdschungel zu errichten, der eine Vielzahl von Sonderförderungen und Ausnahmen vorsieht. Nur eine klare Formulierung führt dazu, Arbeitnehmer für die Einrichtung und Nutzung von individuellen Bildungskonten zu motivieren und die Verwaltungskosten gering zu halten.

Neben der Finanzierung erscheint es auch wichtig, die förderungswürdigen Weiterbildungsinhalte und -organisationen möglichst transparent darzustellen. Eine entsprechende Datenbank im Internet bzw. eine Hardcopy-Version sollten rasch aufgebaut und zugänglich gemacht werden.

10. Die Finanzierung sollte in Form von direkten Zuschüssen erfolgen.

Dies hat den Vorteil, dass der einzelne Arbeitnehmer die finanziellen Vorteile sofort und direkt wahrnimmt. In dieser Hinsicht ist die Konzeption in Schweden kritisch zu beurteilen. Hier werden die Zuschüsse größtenteils in Form von Steuervergünstigungen gegeben. Dies könnte dazu führen, dass der einzelne Weiterbildungsteilnehmer die staatliche Unterstützung nicht in ihrem vollen Ausmaß wahrnimmt bzw. schätzt und dadurch auch weniger motiviert wird. Zudem erhöht die zusätzliche Einbeziehung der Bildungskonten in das Steuersystem die Komplexität des Fördersystems (vom Steuersystem ganz zu schweigen), was nicht im Sinne der Einfachheit und Transparenz sein kann.

11. Die Wahrung von Qualitätsstandards ist unverzichtbar.

Die Einstellung der Bemühungen in Großbritannien ist unter anderem auf die schlechte Qualität bei einigen Anbietern zurückzuführen. Ebenso sind Betrugsfälle bekannt geworden, bei denen es zu Scheinverträgen zwischen Arbeitnehmern und Weiterbildungseinrichtungen gekommen ist. Dieser Entwicklung kann jedoch in Zukunft entgegengetreten werden. Eine Akkreditierung der Weiterbildungseinrichtungen könnte auf regionaler Ebene erfolgen bzw. zumindest auf dieser unteren Ebene effektiv kontrolliert werden. Möglicherweise kann auf bestehende Daten aus der Förderungsstruktur des BMBF zurückgegriffen werden. Zudem könnte eine Kursevaluation durch die Teilnehmer am Ende einer Weiterbildungsmaßnahme erfolgen. Des Weiteren ermöglicht auch die Ausweitung des Qualitätsmanagements auf den Bereich der Dienstleistungen und Weiterbildungen (Stichwort ISO 9000ff.) einen anerkannten Standard zu Qualitätssicherung. Die Volkshochschulen sind nur ein Beispiel neben vielen anderen bereits anerkannten und etablierten Weiterbildungsreinrichtungen, die ggf. weiter ausgebaut werden könnten. Überhaupt scheint eine Aufteilung der Zuständigkeiten sinnvoll: die Registrierung und Kontoführung sollte auf zentraler Ebene erfolgen, die konkrete Beratung und Weiterbildung aber auf regionaler Ebene (vgl. Arbeitsamtstruktur). Die Registrierung und Kontoführung auf zentraler Ebene erscheint neben der Kontrollfunktion vor allem hinsichtlich der zunehmenden örtlichen Mobilität der Kontoinhaber sinnvoll.

Neben der Qualitätssicherung auf Seiten der Anbieter sind natürlich auch auf Seiten der Teilnehmer gewisse Regulierungen nötig. Die Ausstellung von Teilnahmezertifikaten und bei längeren Weiterbildungsmaßnahmen auch Leistungsnachweisen sollte standardisiert und vereinheitlicht werden sowie einer Qualitätskontrolle unterliegen. Zudem sollte eine sinnvolle Kursstrukturierung, beispielsweise in Form von aufeinander aufbauenden Teilkursen mit entsprechenden Teilnahmevoraussetzungen erfolgen. Eine Einstufung der Teilnehmer bzw. Prüfung ihrer Vorkenntnisse scheint ebenfalls geboten.

12. Die förderungswürdigen Inhalte der Weiterbildung müssen gezielt festgelegt werden.

Obwohl dem Arbeitnehmer eine möglichst große Autonomie bei der Auswahl seiner Weiterbildung ermöglicht werden sollte, kann der Staat aufgrund seiner finanziellen Beteiligung eine Tendenz vorgeben. Nicht alle Kurse, die unter die Rubrik Weiterbildung fallen, müssen auch förderungswürdig sein. Allerdings muss auch klar sein, dass die Breite der Inhalte weit über den bestehenden Standardkanon der EDV- und Fremdsprachenkenntnisse hinausgehen sollte. So kann es zum Beispiel für einen Außendienstmitarbeiter förderlich sein, an einem Kurs zur Kommunikation und Verhandlungsführung teilzunehmen. Neben einer Beschränkung der förderungswürdigen Angebote könnte man auch über PR-Arbeit und vielleicht angebotsgesteuert jedes Jahr bestimmte Förderungsschwerpunkte setzen, die dann besonders gefördert würden. Beispielsweise wurden in England IT-Kurse mit 80 Prozent, andere Kurse hingegen nur mit 20 Prozent gefördert. Eine Differenzierung, die jedoch nicht in Intransparenz münden darf, ist also angezeigt.

13. Zu überlegen wäre auch, inwiefern eine soziale oder regionale Komponente einzufügen ist.

Die unteren Bildungsschichten sollten besonders zur Fortbildung motiviert und unterstützt werden. Gleichzeitig stehen sie aber den striktesten privaten Budgetbeschränkungen gegenüber. Denkbar wäre hier z.B. eine Einführung von Pauschalzahlungen je Fördermaßnahme. Es kann davon ausgegangen werden, dass die Weiterbildung im Bereich der geringqualifizierten Arbeitskräfte relativ kostengünstig ist. Hier könnten die Pauschalzahlungen einen Großteil der Kosten abdecken, während ihre relative Bedeutung bei steigenden Kurskosten sinken würde. Dennoch muss die Komponente eines Eigenbeitrages aufrechterhalten werden, um das Engagement der Arbeitnehmer bei der Weiterbildungsmaßnahme nicht zu entkräften.

Zu überlegen wäre auch, inwiefern eine regionale Förderung wünschenswert ist bzw. forciert werden könnte. Abhängig vom Wohn- bzw. Arbeitsort des Kontoinhabers könnte es zu einer weiteren finanziellen Unterstützung kommen (z.B. in Form von Anhebungen des maximalen Förderungszuschusses, was dann zu einer größeren Inanspruchnahme von Kursen führen könnte).

Dass die Expertenkommission „Finanzierung Lebenslangen Lernens" das Konzept individueller Bildungskonten in ihrem Entwurf zum Abschlussbericht berücksichtigt hat, ist ein erstes hoffnungsvolles Signal.

4.3 Bildungskonten durch die Abschaffung der Arbeitslosenversicherung ermöglichen

Alexandra Pirzer

Zusammenfassung

Insgesamt ist der Text ein Plädoyer für die Einführung von Bildungskonten im Bereich der Finanzierung von Bildung und Weiterbildung. Damit könnten einige zentrale Probleme des deutschen Bildungssystems wie die mangelnde Qualität, die anreizverzerrende Förderung, die Ungleichbehandlung von allgemeiner und beruflicher Bildung gelöst werden. Gleichzeitig würde eine Reihe neuer Probleme wie z.B. der Administration oder der zusätzlichen Kostenbelastung entstehen. Um überhaupt finanziellen Spielraum für die Einführung von Bildungskonten zu erhalten, wird vorgeschlagen, die Beitragsbelastung in der Arbeitslosenversicherung auf 3 Prozent zu reduzieren und diesen Teilaspekt in das Konzept des Bildungskontos zu integrieren.

1. Derzeit existiert kein konsistentes staatliches Finanzierungsmodell für berufliche Bildung und Weiterbildung in Deutschland

Bislang existiert in Deutschland kein konsistentes staatliches Modell zur Finanzierung beruflicher Bildung bzw. Weiterbildung. Im Bereich der staatlichen Unterstützung von Bildung und Weiterbildung werden in Deutschland gemäß des gegliederten Bildungssystems unterschiedlichste Förderinstrumentarien vorgesehen. Diese sind in der Regel nicht aufeinander abgestimmt.

Im Bereich der beruflichen Bildung wird derzeit das Hochschulstudium durch das kostenlose Angebot des Staates im Gegensatz zu allen anderen Arten der beruflichen Bildung in besonderem Umfang staatlich gefördert. Neben dem kostenlosen Angebot umfasst die staatliche Förderung dabei mit dem BAföG (Leistungen nach dem Bundesausbildungsförderungsgesetz) sogar eine Leistung zur Sicherstellung des Lebensunterhalts während der Zeit der Bildung.

Personen, die eine berufliche Ausbildung im dualen System absolvieren, erhalten das schulische Angebot ebenfalls kostenlos, dies umfasst aber einen deutlich geringeren Zeitraum als die gymnasiale Oberstufe und ein darauf aufbauendes Hochschulstudium; bei einer dualen Ausbildung müssen die Kosten der Sicherung des Lebensunterhalts aber aus eigenen Mitteln gedeckt werden. Wird nach dem Abschluss einer beruflichen Ausbildung eine Weiterbildung angestrebt, so muss diese Aufstiegsfortbildung in der Regel vom Berufstätigen selbst finanziert werden. Mit dem sog. Meister-BAföG wurde in Deutschland erstmals 1996 ein Instrument zur finanziellen Unterstützung von weiterbildungswilligen Personen im Rahmen einer Aufstiegsfortbildung eingeführt.

„Verlierer" sind im deutschen System Personen, die nach Beendigung der Pflichtschulzeit ohne weitere Investition in ihr Humankapital in eine Erwerbstätigkeit eintreten. Aufgrund ihres niedrigen Humankapitals müssen sich diese Personen mit geringer Entlohnung und unsicheren Arbeitsbedingungen zufrieden geben. Ihr Risiko arbeitslos zu werden und zu bleiben, ist gegenüber Hochschulabsolventen deutlich erhöht. Staatlicherseits unterstützt werden Bildungsbemühungen dieses Personenkreises nicht. Ausnahmen bestehen nur bei arbeitslosen Personen, die über die Bundesagentur für Arbeit im Rahmen der haushaltlichen Möglichkeiten mit der Übernahme der Maßnahmekosten und der Unterhaltskosten während einer Weiterbildung gefördert werden können.

Berufliche Weiterbildung von Berufstätigen wird in Deutschland übergreifend nur über das Steuerrecht indirekt gefördert. Der Staat berücksichtigt die Kosten für die berufliche Weiterbildung und die damit verminderte Leistungsfähigkeit steuermindernd bei der Festsetzung der Steuerschuld. Von dieser Förderung können indes nur Personen profitieren, die über ein höheres Einkommen verfügen als das sog. steuerfreie Existenzminimum. Besonders für Gering- und Niedrigverdiener bringen die Steuererleichterungen in der Regel keinerlei Anreize, in die berufliche Weiterbildung zu investieren.

Daneben wird berufliche Weiterbildung für Arbeitslose und Behinderte über die Bundesagentur für Arbeit (BA) überwiegend beitragsfinanziert angeboten. Dabei besteht kein Rechtsanspruch auf Weiterbildung. Gefördert wird die Weiterbildung idealtypisch in der Regel nur, wenn Personen ihre Arbeitslosigkeit durch die Maßnahmen schneller beenden und eine Beschäftigung am Arbeitsmarkt finden können. Damit wird ein kurativer und kein präventiver Ansatz verfolgt.

Besonders privilegiert ist die berufliche Weiterbildung, wenn sie nach Abschluss einer ersten Ausbildung durch ein Hochschulstudium erfolgt. Hier werden dann sowohl Ausbildungskosten voll staatlich übernommen, als auch die Kosten des Lebensunterhalts über BAföG abgesichert.

In Deutschland wird über die staatlichen Ausgaben überwiegend die Erstausbildung an Schulen und Hochschulen gefördert. Durch das kostenlose Angebot treten oftmals Defizite in der Qualität der Ausbildung auf, die in internationalen Tests deutlich zu Tage treten. Die Qualitätsmängel betreffen dabei sowohl das Schulsystem als auch das deutsche Hochschulsystem. Die monetäre Unterstützung des Staates für die kostenlose Erstausbildung privilegiert derzeit vor allem die Mittel- und Oberschicht-Kinder, nachdem ein kostenloses Hochschulstudium von diesen überproportional genutzt wird.

Das derzeitige System der staatlichen Förderung beruflicher Weiterbildung und der Bildung entspricht insgesamt nicht den Zielsetzungen Förderung der Chancengleichheit und Gleichwertigkeit von beruflicher und allgemeiner Bildung. Vielmehr wird die Erstausbildung, z.b. ein Hochschulstudium, gegenüber Formen der berufsbegleitenden Aufstiegsfortbildung von staatlicher Seite einseitig begünstigt. Dies ist auch ein Erklärungsversuch für den starken Anstieg der Zahl der Studierenden an Hochschulen[1] sowie für die im internationalen Vergleich langen Studienzeiten[2], die als Zeichen einer überoptimalen Nutzung interpretiert werden können.[3]

Für den Bereich der Weiterbildung besteht derzeit kein konsistentes Modell, individuelle Weiterbildungsanstrengungen auch von Geringqualifizierten gezielt zu fördern und zu unterstützen.

2. Die Einführung von Bildungsgutscheinen steigert die Qualität und den Wettbewerb der Bildungsanbieter

Bildungsgutscheine können eine Alternative zur direkten staatlichen Begünstigung durch ein kostenloses Angebot sein. Mittels Bildungsgutscheinen wird ein Nachfrager nach (Weiter-) Bildung mit zweckgebundener Kaufkraft ausgestattet. Bildungsgutscheine können bei verschiedensten Bildungsinstitutionen gegen Inanspruchnahme von Bildungsleistungen eingelöst werden. Die Institutionen wiederum bekommen von staatlicher Seite Mittel je nach Anzahl der bei ihnen eingelösten Bildungsgutscheine gutgeschrieben. Der entscheidende Vorteil die-

---

[1] Die Zahl der Studienanfänger in Westdeutschland stieg von 1960 74.000 (7,9 % des entsprechenden Altersjahrgangs), auf 120.000 (15,9 % des entsprechenden Altersjahrgangs) im Jahr 1970, und weiter auf 183.000 (19,5 %) im Jahr 1980. Die höchste absolute Anzahl der Studienanfänger war 1990 zu verzeichnen (255.000). Die höchste relative Studierbeteiligung war 1993 zu verzeichnen. 37,1 % der Personen des entsprechenden Altersjahrgangs begannen in diesem Jahr ein Hochschulstudium (vgl. BMB+F).

[2] Im Jahr 1996 betrug die durchschnittliche Studiendauer an Universitäten von der Erstimmatrikulation bis zur Ablegung der Prüfung im Schnitt 6,5 Jahre. Die Absolventen waren im Schnitt 27,8 Jahre alt (vgl. BMB+F). Dies ist im internationalen Vergleich sehr lang.

[3] Auch das Hintereinanderschalten von Ausbildungen, vor allem die Absolvierung einer Lehre zusätzlich zu einem Hochschulstudium kann als suboptimale Nutzung von Bildung gesehen werden. Nach Schätzungen absolvieren 100.000 junge Erwachsene in Deutschland Lehre und Studium gleichermaßen. Auch ein Hintereinanderschalten von verschiedenen Ausbildungsgängen kann als Indiz für eine suboptimale Anreizstruktur im Bildungs-/Weiterbildungssystem gewertet werden.

ser „Währung für Bildungsleistungen" ist, dass über die Nachfragemacht Steuerungswirkungen entstehen, die auf der Seite der Bildungsanbieter eine effiziente
Bereitstellung von Bildungsgütern fördern sollen.

Bei der Ausgestaltung eines Systems von Bildungsgutscheinen können verschiedene Parameter festgelegt werden. Diese Parameter sind z.b. der bezugsbe-
rechtigte Personenkreis und die einlöseberechtigten Anbieter von Bildungs- und
Weiterbildungsangeboten. Über eine Akkreditierung der Bildungsanbieter kann
so eine notwendige Mindestqualität gesichert werden.

Bildungsgutscheine eröffnen auch die Option der Aufstockung - sei es
durch den Staat oder durch private Eigenmittel. So könnte z.b. eine staatliche
Subventionierung vom individuellen Einkommen abhängig gemacht werden.
Insbesondere für Geringverdiener oder Arbeitslose könnte eine staatliche Aufstockung vorgesehen werden. Auch die Höhe der Selbstbeteiligung der Bildungsgutscheine ist variabel. So können Umverteilungsaspekte und ein sozialer
Ausgleich berücksichtigt werden. Im Vergleich zur steuerlichen Begünstigung
von Weiterbildungsaufwendungen der höheren Einkommensgruppen im Ein-
kommensteuerrecht erscheint eine solche Option unter distributiven Zielsetzungen zweckmäßiger zu sein.

Im Zuge der Forderung nach Gleichwertigkeit von allgemeiner und beruflicher Bildung bzw. der Forderung nach Chancengleichheit, können Personen
unabhängig von der Wahl spezifischer Aus- und Weiterbildungsformen die gleiche Anzahl an Bildungsgutscheinen staatlicherseits zugeteilt bekommen. Voraussetzung dafür ist, dass berufliche Weiterbildung überhaupt in ein System der
staatlichen Bildungssubvention einbezogen wird. Obwohl Bildungsgutscheine
vor allem für die Finanzierung von bislang staatlich angebotenen Pflichtschul-
leistungen diskutiert werden, erscheint auch eine Finanzierung von Weiterbildung mittels staatlich subventionierten Bildungsgutscheinen erwägenswert. Für
eine Finanzierung von beruflicher Weiterbildung durch Bildungsgutscheine
spricht, dass dadurch eine Integration von Bildung und Weiterbildung in ein
einheitliches Förderungssystem geschaffen werden könnte. Bildungsgutscheine
können bei entsprechender Ausgestaltung ein geeignetes Instrument zur gleich-
mäßigen Begünstigung unterschiedlicher Bildungswege und -richtungen sein
(vgl. die Diskussion um die Gleichwertigkeit von allgemeiner und beruflicher
Bildung).

Als Vorteile einer Finanzierung von Bildungsleistungen über Gutscheine ist
eine höhere Ausbildungsqualität anzuführen, die sich durch den Wettbewerb um
Bildungswillige einstellt. Zusätzlich wird sich das Bildungsangebot mehr an den
Wünschen der Bildungsnachfrager entsprechen. Bildungsnachfrager würden sich
bei Einführung von Gutscheinen vermehrt über die Qualität und Relevanz von
Bildungsangeboten informieren und eher Kosten und Nutzen verschiedener Bil-

dungsanbieter vergleichen, bevor sie eigenverantwortlich eine Bildungsentscheidung treffen.

Seit kurzem gibt es in Deutschland erste Erfahrungen mit dem Instrument „Bildungsgutschein". Im Bereich der Arbeitsförderung wurde im Teilsegment der Förderung der beruflichen Weiterbildung ein Gutscheinsystem eingeführt. Der Arbeitsberater stellt den Weiterbildungsbedarf und ein Weiterbildungsziel fest und gibt dem Arbeitslosen einen Gutschein. Der Arbeitslose kann diesen Gutschein bei einem Weiterbildungsinstitut seiner Wahl einsetzen. Die Bundesagentur für Arbeit finanziert schließlich die Weiterbildung. Leitgedanke dieser Reform war, über die Nachfragemacht des Arbeitslosen die Ressourcen möglichst effizient einzusetzen.

Problematisch im Gutscheinsystem ist die Hinterlegung der Gutscheine mit Preisen. Ein funktionierender Markt wird erleichtert, wenn Bildungsanbieter ihre Bildungsleistungen mit Preisen kalkulieren und anbieten können. So kann über die Dimensionen Preis und Qualität ein Wettbewerb entstehen und unter Beachtung von gewissen Mindestqualitätsstandards kann der Nachfrager entscheiden, in welchen Verhältnis er die beiden Variablen gewichten möchte. Ein Preissystem wäre darüber hinaus flexibler, wenn in unterschiedlichen Bereichen des (Weiter-)Bildungssystems unterschiedliche lange und teuere Bildungsleistungen angeboten werden. Der Nachfrager könnte in eigener Souveränität entscheiden, ob er zwei halbjährige, aber sehr teuere berufsbegleitende Qualifizierungen im Ausland statt eines dreijährigen Hochschulstudiums in „Normalqualität" absolvieren möchte.

Bildungsgutscheine haben also positive Steuerungseffekte bezüglich der optimalen Bildungsnachfrage und bezüglich der Qualität von (Weiter-)Bildungsmaßnahmen. Die Hinterlegung mit Preisen und die Verbuchung der Zahlungsströme der eingelösten Gutscheine sind aber das eigentliche administrative Problem.

3. Der Vorschlag des Sachverständigenrates Bildung zur Einführung von Bildungskonten

Das Bildungskonto ist ein Vorschlag zur vollständigen Umfinanzierung des deutschen Bildungssystems, der das Konzept des Bildungsgutscheins in ein Gesamtkonzept integriert. Der 1997 auf Betreiben verschiedener Gewerkschaften gegründete Sachverständigenrat Bildung (im Folgenden abgekürzt SVR Bildung) hat dieses Reformkonzept zur Bildungsfinanzierung erarbeitet und empfiehlt für alle Heranwachsenden ein Bildungskonto ab Geburt einzurichten. Zuflüsse auf das Konto erfolgen monetär und durch Bildungsgutscheine.

Einzahlungen werden von den Kontoinhabern und Dritten vorgenommen. Das Bildungssparen wird durch degressiv gestaltete steuerliche Begünstigungen attraktiv gestaltet. Zusätzlich zahlt der Staat „sozial gestaffelte" Ausbildungszuschüsse auf das Bildungskonto ein. Nach Beendigung der allgemeinen Pflichtschulzeit zahlt der Staat diese Zuschüsse nur, wenn der Kontoinhaber über kein eigenes Einkommen verfügt. Finanziert werden diese Zuschüsse durch die Abschaffung aller sonstigen Leistungen für über 16-jährige Personen in (Aus)Bildung. Dazu zählen Steuer- bzw. Ausbildungsfreibeträge sowie das Kindergeld.

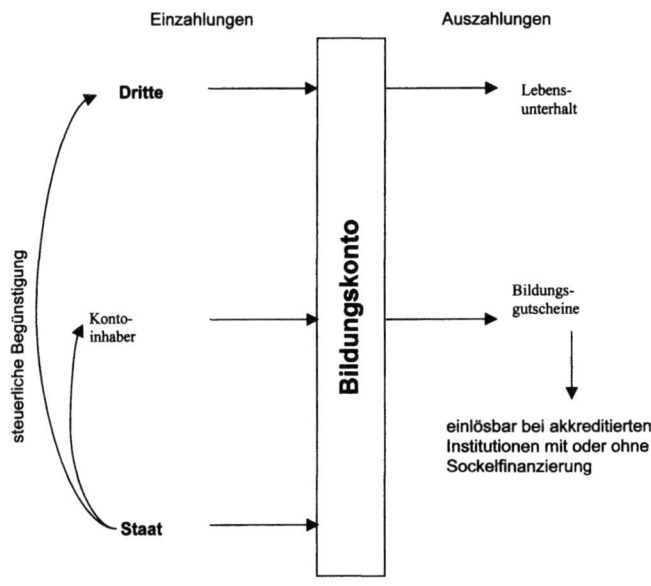

Abbildung 3: Konzept des Bildungskontos
Quelle: Eigene Darstellung in Anlehnung an die Darstellung SVR Bildung.

Außerdem schreibt der Staat dem Bildungskonto Bezugsrechte für Bildungsgutscheine gut. Das Gesamtvolumen dieser Gutscheine „orientiert sich an der anspruchsvollsten Aus- und Weiterbildung (dem verzögerungsfreien Durchlauf durch die gymnasiale Oberstufe und der Regelstudienzeit eines Universitätsstudiums)". Die Einlösung der Bezugsrechte setzt eine Zuzahlung des Bildungswilligen voraus, die „sozial gestaffelt" sein soll. Die staatlichen Bezugsrechte sind unverfallbar, d.h. sie können jederzeit eingelöst werden. Darüber hinaus trägt der Staat wie bisher weiterhin durch folgende Maßnahmen zur Bildungsfinanzierung bei:

- Öffentliche Bildungsinstitutionen werden über eine Sockelfinanzierung teilfinanziert.
- Staatliche Bildungsdarlehen mit wiederum „sozial gestaffelten" Zinssätzen werden Bildungsinteressierten angeboten, deren Bildungskonto nicht die erforderliche Deckung aufweist.

Die Gesamtnachfrage nach Bildung ist durch die staatlich vergebenen Bildungsgutscheine nicht limitiert. Bildungswillige können durch Einkauf - allerdings ohne staatliche Subventionierung - weitere Bildungsgutscheine erwerben. Entnahmen aus dem Bildungskonto können sowohl für die Finanzierung des Lebensunterhalts während der Teilnahme an (Weiter)Bildung getätigt werden als auch zur Finanzierung von Bildungsangeboten.

4. Pro und Contra der Einführung von Bildungskonten nach dem Modell des SVR Bildung

Mit dem Modell der Bildungskonten sollen zwei Schwächen des deutschen Bildungssystems behoben werden: So ist die Teilnahme an Bildung und Ausbildung „in einem hohen Maße sozial selektiv". Zum anderen ist die Bildungs- und Ausbildungsqualität unter Berücksichtigung des hohen finanziellen und zeitlichen Aufwands für Bildung mangelhaft. Beide Ergebnisse wurden im Kern auch durch die PISA-Studie als große Mängel unseres deutschen Bildungssystems festgehalten.

Durch das vorgestellte Modell des Bildungskontos wird die Bildungsnachfrage unabhängig von der Wahl unterschiedlicher Bildungswege vom Staat jeweils gleich unterstützt, weil für jeden die gleiche Anzahl Bildungsgutscheine zur Verfügung gestellt wird. Damit impliziert das Modell, dass die Wahl zwischen unterschiedlichen Möglichkeiten der Erstausbildung und darauf aufbauenden Weiterbildungsgängen nicht durch unterschiedliche Finanzierungssysteme von staatlicher Seite verzerrt wird. Durch diese Gestaltung wird sichergestellt, dass alle Personen, die in unterschiedlicher Weise am Bildungssystem partizipieren, in gleicher Weise staatlich unterstützt werden. Insbesondere die einseitige Begünstigung der Hochschulausbildung gegenüber einer beruflichen Aus- und Weiterbildung kann so vermieden werden. Des Weiteren wird durch die unlimitierte Einlösemöglichkeit der Bildungsgutscheine verhindert, dass im Rahmen der Erstausbildung kostenlose Bildungsangebote des Staates vor Beginn der Erwerbsphase im Übermaß genützt werden. Vielmehr wäre es dann für Individuen überlegenswert, nur einen Teil der Bildungsgutscheine am Anfang des Erwerbslebens einzusetzen und den Rest gemäß der Philosophie des lebenslangen Lernens zu einem späteren Zeitpunkt einzulösen und zu verwerten. Dies wäre ein wichtiger Schritt, um die Länge der Erstausbildung nicht weiter zu maximieren, sondern eine über den Lebenslauf gleichmäßigere Nachfrage nach Bildung zu induzieren. Unter diesem Gesichtspunkt ist das Bildungskonto bisherigen Finanzierungssystemen überlegen. Die Bildungsnachfrage würde durch eine generelle Darlehensoption für alle Bildungs- und Weiterbildungsarten gestärkt.

Die Einführung eines individuell zurechenbaren Bildungskontos hat darüber hinaus den Vorteil, dass Zu- und Abflüsse für den Einzelnen nachvollziehbar bleiben. Eigene Sparbemühungen werden durch Steuervorteile und die Dokumentation des „Kontostandes" begünstigt. Weil für Bildung nun über die Bildungsgutscheine Eigenmittel eingesetzt werden müssen, treten positive Steuerungswirkungen auf. Nachfrager nach Bildung werden vermehrt Bildungsanbieter nachfragen, von deren Qualität sie überzeugt sind. Bislang werden Steuerungswirkungen im Bildungssystem von Nachfragern nur dadurch induziert, dass bei der Wahl eines falschen oder ungeeigneten Bildungsgangs Opportunitätskosten getragen werden müssen.

Auffällig am Modell sind die vielfältigen vorgesehenen Eingriffe des Staates, der durch „soziale Staffelung" von Zuschüssen und Steuervergünstigungen aktiv steuernd eingreift und ferner die Zielsetzung, Bildungsbeteiligung unabhängiger von der sozialen Lage der Herkunftsfamilie zu machen als im derzeitigen System. In der hier ausgeprägten Variante tragen diese Eingriffe nicht dazu bei, das System einfach und transparent zu erhalten. In der Regel profitieren von komplizierten Regelungen die besser gebildeten Personen, obwohl vielfach durch Detailregelungen gerade Geringverdiener profitieren sollen (vgl. Riesterrente, Eigenheimzulage etc.). Die Einführung eines Bildungskontos für alle müsste daher noch einfacher ausgestaltet sein als das Referenzmodell des SVR Bildung.

Nicht berücksichtigt und nicht beschrieben ist leider auch der administrative Aufwand, der mit einem derartigen System verbunden ist. Sollten für alle Personen Bildungskonten geführt werden, muss eine „Buch führende" Behörde geschaffen werden. Parallelen könnten zur Bundesversicherungsanstalt für Angestellte (BfA) und zur Bundesagentur für Arbeit (BA) gezogen werden. Während bei ersterer rund 74.000 Mitarbeiter beschäftigt sind, sollten die bislang rund 90.000 Mitarbeiter der BA nun wegen der Hartz IV-Reform sogar aufgestockt werden. Beide Zahlen vermitteln eine Größenordnung für die mit Gesetzen und ihrer Administration und Umsetzung verbundenen Kosten, die nicht außer Acht gelassen werden dürfen. Diese Administrationskosten müssen durch die Vorteile des Systems überwogen werden.

Ein derartiges Bildungskonto würde natürlich auch gewaltige Finanzströme in andere Richtungen lenken. So betrug das Bildungsbudget für Deutschland gesamt insgesamt 125,9 Mrd. Euro im Jahr 2000. Die Aufwendungen allein für Personalausgaben betrugen im Jahr 2000 an Schulen 34,8 Mrd. Euro, an Hochschulen 8 Mrd. Euro, insgesamt also mehr als 47 Mrd. Euro. Erstaunlich ist in diesem Zusammenhang, dass der „Ertrag" oder der Output des Einsatzes von finanziellen Mitteln in dieser Größenordnung in Deutschland bisher nur sehr sporadisch und in ersten Ansätzen einer kritischen Betrachtung unterzogen worden ist.

Bei einer Umlenkung der Finanzströme sind auch Aspekte der Aufteilung der Kompetenzen der Bildungsfinanzierung zwischen Bund, Ländern und Kommunen in erheblicher Größenordnung berührt. Ferner wird das Angebot von Bildungsleistungen stark berührt. Nachgefragt werden wohl überwiegend Bildungs- und Weiterbildungsgänge, die sich unmittelbar auf dem Arbeitsmarkt verwerten lassen. Exotische und ausgefallene Fächer, die nur in geringem Ausmaß direkt am Arbeitsmarkt verwertbar sind, werden über die mangelnde Finanzierung finanziell ausgetrocknet und müssen am Ende unter Umständen sogar gänzlich eingestellt werden.

Fraglich ist auch, in welcher Art und Weise durch die Einführung von Bildungskonten die Staatsfinanzen betroffen sind. Werden z.B. für alle Neugeborenen Konten eingerichtet und ihren vom Staat Bildungsgutscheine gutgeschrieben, könnte dies als implizite Staatsverschuldung verstanden und ausgewiesen werden. Werden diese Leistungen auf dem höchsten Niveau – Absolvieren der gymnasialen Oberstufe plus dreijährigem Bachelorstudium - allen berechtigten Personen zu einem Stichtag gutgeschrieben, so sind damit Mehrausgaben des Staates verbunden.

Die Einführung eines Bildungskontos ähnlich dem Modell des SVR Bildung beseitigt mit Sicherheit einige der gravierenden Steuerungsdefizite des derzeitigen Bildungs- und Weiterbildungssystems. Unerlässlich ist aber eine genaue Bestimmung der relevanten Parameter, eine exakte Berechnung der damit verbundenen Kosten und der möglichen Einspareffekte für Individuum und Gesellschaft.

5. Weiterbildungsförderung bei der Bundesagentur für Arbeit als Mittel der Arbeitsmarktpolitik muss sparsam eingesetzt werden und kann in das Konzept des Bildungskontos integriert werden

Mit dem Modell Bildungskonto könnte eine Integration der bisher im Rahmen der Arbeitsförderung durchgeführten Bildungsmaßnahmen erwogen werden. Im Bereich der Arbeitsförderung wird derzeit vorwiegend beitragsfinanziert vor allem die Förderung beruflicher Weiterbildung von Arbeitslosen betrieben. Deren Zweckmäßigkeit und Effizienz steht stark in der Kritik, obwohl Weiterbildung von Arbeitslosen eine zweckmäßige Möglichkeit ist, Humankapitalverfall während der Arbeitslosigkeitsphase zu vermeiden. Ein zentrales Problem in diesem Zusammenhang ist das Auseinanderfallen von Begünstigten (Arbeitslosen bzw. Weiterbildungsteilnehmern), Zahlern (Beitragszahlern und/oder Steuerpflichtigen) und der vermittelnden Institution (BA) sowie den für den Vermittlungserfolg entscheidenden einstellenden Unternehmen.

Würde die Weiterbildungsförderung der BA in ein System von Bildungskonten integriert, würden Erwerbstätige entweder aus Eigenverantwortung oder auf Grund einer staatlichen Pflicht während der Erwerbstätigkeit für Bildungsphasen Geld zurückzulegen. Nicht im Rahmen der Erstausbildung eingelöste Bildungsgutscheine könnten eingelöst werden, um sich die persönliche Erwerbsfähigkeit durch kontinuierliche Weiterbildung auch während einer Arbeitslosigkeitsphase zu erhalten. Zudem könnte die berufliche Rehabilitation für Behinderte in dieses Modell einbezogen werden. Eine Eigenbeteiligung von Behinderten bei ihrer Qualifizierung ergänzt um staatliche Zuschüsse würde dem Prinzip der Eigenverantwortung entsprechen. Eine Entnahme von Bildungskonto wäre sinnvoller als die Bildungskosten dieser Personengruppe vollkommen zu sozialisieren und von den Beitragszahlern der BA finanzieren zu lassen.

Bei der Konzeption von berufsbegleitenden Weiterbildungsmaßnahmen könnte auch mit Betrieben zusammengearbeitet werden. Betriebe wissen sehr genau, welche Qualifikationen Erwerbslosen fehlen und wie Arbeitslose durch den Erwerb spezifischer Qualifikationen ihre Einstellungschancen verbessern können. Daher könnten Bildungsgutscheine auch bei Betrieben als „weiterbildende" Institution eingelöst werden.

6. Eine Abschaffung der herkömmlichen Arbeitslosenversicherung schafft die nötigen finanziellen Spielräume zur Einführung von Bildungskonten

Stimmt man mit der These überein, dass Bildungskonten und die Ausgabe von Bildungsgutscheinen ein sinnvolles Instrument zur anreizneutralen Finanzierung von staatlichen und individuellen Bildungs- und Weiterbildungsaktivitäten sind, müssen Überlegungen angestellt werden, wie diese eingeführt werden können. In erster Linie ist wichtig, wie sowohl für den Staat als auch den einzelnen Beschäftigten finanzielle Freiräume geschaffen werden können, die dann für die Finanzierung von Bildungskonten und –gutscheinen genutzt werden können.

Den 27 Mio. sozialversicherungspflichtig Beschäftigten, auf deren Schultern die Hauptlast der Finanzierung nahezu des gesamten Systems der sozialen Sicherung ruht (Renten-, Kranken-, Pflege- und Arbeitslosenversicherung), kann nur schwerlich vermittelt werden, dass sie nun additiv zur Finanzierung ihrer Weiterbildung zusätzlich auf einen Teil ihres Einkommens verzichten müssen, um auf einem Bildungskonto anzusparen.

Derzeit ist die Belastung des Einkommens aus abhängiger Beschäftigung in Deutschland bereits auf einem sehr hohen Niveau. Für die soziale Sicherung werden den Arbeitnehmern mehr als 20 Prozent ihres Einkommens abgezogen, daneben müssen direkte Steuern in Höhe von 20 bis 45 Prozent abgeführt werden.

Eine zusätzliche Belastung, z.B. durch die Pflicht einen Teil des Einkommens auf einem Bildungskonto anzusparen, hat prinzipiell die gleichen negativen Effekte auf Beschäftigungsniveau und den individuellen Anreiz, Arbeit anzubieten und nachzufragen, wie jede Beitragssatzerhöhung in der Sozialversicherung. Es entstehen Anreize, die Abgabe z.B. durch Angebot und Nachfrage von Schwarzarbeit zu umgehen. Daher scheint ein Bildungskonto nur sinnvoll, wenn es das bislang wenig wirksame und intransparente System der Arbeitslosenversicherung, insbesondere der Finanzierung arbeitsmarktpolitischer Maßnahmen ersetzt.

So wurden 2002 beispielsweise 22, 4 Mrd. Euro für arbeitsmarktpolitische Maßnahmen bei der Bundesagentur für Arbeit ausgegeben. Über den Erfolg wissen wir nicht recht viel mehr als dass 41 Prozent der Absolventen nach der Maßnahme arbeitslos waren, bzw. dass im Jahr 2001 44 Prozent der Absolventen 6 Monate nach Ablauf der Maßnahme eine sozialversicherungspflichtige Beschäftigung aufgenommen hatten. Ob dies wegen oder trotz der Maßnahmen der aktiven Arbeitsmarktpolitik war, wissen wir nicht! Daher sollte die Arbeitslosenversicherung im Kern auf eine begrenzte Absicherung des Risikos Arbeitslosigkeit begrenzt werden. Maßnahmen der aktiven Arbeitsmarktpolitik sollten ersatzlos gestrichen werden. Bildungsförderung in das Konzept eines Bildungskontos integriert werden. Nur so könnte man Raum für eine deutliche Beitragssatzsenkung bei der Arbeitslosenversicherung schaffen. Würde der Beitragssatz von derzeit 6,5 Prozent auf z.B. 3 Prozent abgesenkt würde dies Möglichkeiten schaffen, für ein Bildungskonto Eigenvorsorge zu betreiben oder aber tarifliche oder betriebliche Regelungen zu treffen.

Zudem sollten in ein Konzept von Bildungskonten auch alle Erwerbstätigen und nicht nur die sozialversicherungspflichtig Beschäftigten einbezogen werden, so wie dies z.b. im Modell der Vereinigung der Bayerischen Wirtschaft zur Einführung von Pauschalprämien in der gesetzlichen Krankenversicherung bereits vorgesehen ist.

7. Mehr professionelle Bildungs- und Weiterbildungsberatung über alle Sektoren des Bildungssystems hinweg ist nötig

Für ein System der eigenverantwortlichen Investition in das eigene Wissen ist es unerlässlich das Wissen der Bürger über Bildungswege, Karriere- und Einkommens- und Arbeitsmarktchancen zu stärken. Nur auf der Basis eines soliden Wissens über Wirkungsmechanismen sind rationale Investitionsentscheidungen in Bildung und Weiterbildung möglich. Würden z.b. viele Jugendliche, die eine Ausbildung abbrechen oder gar nicht erst anstreben, wissen, dass die Arbeitslosenquote der Ungelernten rund fünf Mal so hoch ist, wie die der Hochschulabsolventen, würde diese Entscheidung womöglich im einen oder anderen Fall noch einmal überdacht.

Der Sachverstand der Bundesagentur für Arbeit bei der Beratung und Information von weiterbildungswilligen Arbeitslosen sollte für alle nutzbar gemacht werden. So existiert im Bereich der Bundesagentur für Arbeit eine bundesweite Datenbank mit allen Möglichkeiten der Aus- und Weiterbildung, die zu Recherchezwecken zur Verfügung steht. Diese Beratungsleistungen müssen aber in Zukunft strikt steuerfinanziert werden, um eine finanzwissenschaftlich adäquate Finanzierung in Zukunft zu gewährleisten.

8. Fazit: Mehr Chancengleichheit durch Bildungsgutscheine und Bildungskonten, aber komplexe Umstellung des gesamten Bildungssystems

Das deutsche Bildungs- und Weiterbildungssystem muss als Ganzes auf des Prüfstand. Eine Einzelbetrachtung unterschiedlicher Segmente des Bildungssystems hilft zwar im einzelnen Bereich, der große Wurf wird jedoch nicht gelingen.

Der Aspekt der Chancengleichheit muss im gesamten deutschen Bildungs- und Weiterbildungssystem neu bedacht werden. Bildung muss auch über den gesamten Lebensverlauf hinweg besser, anlassbezogen sowie aktuell und nicht auf Vorrat vermittelt werden. Es müssen mehr Instrumente einer präventiven Qualifizierung in das deutsche Bildungssystem integriert werden. Vor allem eine selektive Förderung von Problemgruppen des Arbeitsmarktes im Vorfeld von

Arbeitslosigkeit ist sinnvoll. Dazu ist auch die Weiterbildungsbereitschaft bildungsungewohnter Personen zu wecken. So sollte z.b. auch das Nachholen eines Berufsabschlusses für bereits erwerbstätige Personen mittels großzügiger Vergabe von Darlehen für diese Zwecke gefördert werden.

Als besonders geeignetes Modell der anreizneutralen staatlichen Förderung von Bildung und Ausbildung sollte die Einführung von individuellen Bildungskonten erwogen werden. Wenn allen Personen unabhängig von ihrer Aus- und Weiterbildungswahl eine vergleichbare staatliche Förderung zuteil würde, würde damit im Vergleich zum derzeitigen segmentierten Förderungssystem sowohl die Startgleichheit gewährleistet als auch die Gleichwertigkeit von schulischer und beruflicher Bildung gegeben. Dabei wäre die Einführung von Bildungskonten zunächst für einen Teilbereich und später für das gesamte Bildungssystem zu überlegen. Dies ist eine Mammutaufgabe, angesichts eines Bildungsbudgets im Jahr 2000 in Deutschland von 125,9 Mrd. Euro und damit 6,2 % des BIP.

Weiterbildung und lebenslanges Lernen sind wichtige Voraussetzungen, um im internationalen Standortwettbewerb in Zukunft bestehen zu können. Zuletzt die Ergebnisse der PISA-Studie zeigen, dass in Deutschland im Bereich des Bildungs- und Weiterbildungssystems erheblicher Reformbedarf besteht. Hier müssen Politiker die Probleme anerkennen und mittels geeigneter Reformmaßnahmen zügig bekämpfen. Die Einführung von Bildungskonten könnte als Finanzierungsreform geeignet sein, die Qualität des Bildungssystems zu steigern und die Bildungsleistungen über Wettbewerb insgesamt kostengünstiger anzubieten. Bildungskonten, die auch individuelle Sparleistungen vorsehen, können jedoch nur durch eine strikte Verschlankung bei der Arbeitslosenversicherung und eine damit einhergehende Beitragssatzsenkung ermöglicht werden.

Weiterführende Literatur

Bundesministerium für Bildung und Forschung (2002): Grund- und Strukturdaten 2001/2002. Bonn.

Alexandra Pirzer (2000): Staatliche Förderung der beruflichen Weiterbildung. Ziele, Maßnahmen und Zweckmäßigkeit. Hohengehren: Schneider.

Sachverständigenrat Bildung (1998): Für ein verändertes System der Bildungsfinanzierung. Diskussionspapier Nr. 1, Oktober 1998. Hrsg. von der Hans-Böckler-Stiftung.

Autorenverzeichnis

Dr. Markus Baumanns, geb. 1965, ist seit September 2001 Geschäftsführer/Kanzler der Bucerius Law School und Geschäftsführer der Bucerius Law School GmbH in Hamburg. Das Studium der Geschichtswissenschaften, Politologie und Literaturwissenschaften schloss er mit dem Magisterexamen (1990) und dem Dr. phil. nach Studien- und Forschungsaufenthalten in Oxford, Paris, Wien und Berlin schließlich an der Universität Köln (1994) ab und übernahm 1990 eine Referententätigkeit im Presse- und Informationsamt der Bundesregierung. Dort arbeitete er bis 1994 in verschiedenen Bereichen der Presse- und Öffentlichkeitsarbeit der Bundesregierung mit. Anschließend trat er in den Dienst des Auswärtigen Amts und war von 1995 bis 1999 als Presse-, Politik- und Kulturattaché an der deutschen Botschaft in Bogotá/Kolumbien. 1999 wurde er stellvertretender Referatsleiter im Presse- und Informationsamt der Bundesregierung in Berlin, befasst mit den außenpolitischen Fragestellungen beim Aufbau der Internetpräsenz der Bundesregierung. Von Februar 2000 bis August 2001 war er in der ZEIT-Stiftung Ebelin und Gerd Bucerius, Hamburg, als Programmleiter für Internationale Programme und die Presse- und Öffentlichkeitsarbeit der Stiftung verantwortlich. Markus Baumanns ist Vorstandsmitglied in zwei Stiftungen, die im Wissenschaftsbereich fördern, und Mitglied des Innovationsrats der nächsten Generation von berlinpolis e.V. Er ist verheiratet und hat 3 Kinder.

Dr. Marcus Beiner (geb. 1968), Studium der Philosophie, Geschichte und Germanistik an den Universitäten Bonn und Frankfurt/Main. Magister Artium 1993. Promotion in an der Technischen Hochschule (RWTH) Aachen 1997. 1994 bis 1998 Referent der Interdisziplinären Foren und Geschäftsführer des Forums Technik und Gesellschaft der RWTH. Seit 2000 Referent in der Abteilung Geistes- und Gesellschaftswissenschaften der Volkswagen-Stiftung in Hannover.

Dr. Dominik Böllhoff (geb. 1973) ist seit Juni 2003 Referent im Bundesministerium des Innern in Berlin. Er studierte Verwaltungswissenschaft mit Abschluss eines Masters of Public Administration (MPA) in Liverpool (1998) und Diplom in Potsdam (1999). Darauf folgte ein dreijähriger Forschungsaufenthalt bei der Max-Planck-Projektgruppe Recht der Gemeinschaftsgüter in Bonn, wo er insbesondere über staatliche Regulierung liberalisierter Netzwerkindustrien forschte und 2003 seine Promotion zum Dr. rer. pol. an der Universität Potsdam abschloss. Neben seiner Tätigkeit im Bundesministerium des Innern ist er Lehrbeauftragter an der Fachhochschule für Verwaltung und Rechtspflege, Berlin.

Oliver Bruttel, Jahrgang 1977, hat an den Universitäten Bonn und Warwick (Großbritannien) Volkswirtschaftslehre, Politikwissenschaft und Öffentliches Recht studiert. Von Juli bis Dezember 2002 arbeitete er als wissenschaftlicher Mitarbeiter in der Abteilung „Arbeitsmarktpolitik und Beschäftigung" am Wissenschaftszentrum Berlin für Sozialforschung (WZB). Dort unterstützte er Prof. Dr. Günther Schmid bei dessen Mitarbeit in der Hartz-Kommission. Seit Januar 2003 promoviert er, gefördert durch ein Stipendium der Studienstiftung des deutschen Volkes, zur Privatisierung der öffentlichen Arbeitsverwaltung im internationalen Vergleich (Australien, Niederlande und Großbritannien). Ein weiterer Forschungsschwerpunkte ist die Bildungspolitik (Bildungskonten, GBIII-Bildungsgutschein).

Dr. Peer Ederer ist Unternehmer und Strategieexperte. Seit 2002 ist er Partner der Strategy Academy in Rotterdam, gründete davor drei Unternehmen im Bereich Medizin/Wellness, arbeitete von 1994 bis 1998 bei McKinsey & Co als Strategieberater und von 1989 bis 1992 bei der Deutschen Bank in Tokio als Derivatehändler. Er promovierte an der Universität Witten/Herdecke über „Lebensbilanzen – die finanziellen Beziehungen zwischen Bürger und Staat", und hält einen MBA von der Harvard Business School mit hoher Auszeichnung (Baker Scholar) und einen BA der Sophia Universität in Japan als Jahrgangsbester. Gemeinsam mit seinem Vater Günter Ederer veröffentlichte er 1995 den Wirtschaftsbestseller „Das Erbe der Egoisten".

Dr. Gert Dahlmanns, M.C.L. Special Advisor to the President, Zeppelin University. Nach dem Studium von Rechtswissenschaft, Volkswirtschaft und Geschichte in Deutschland und in den Vereinigten Staaten war er unter anderen: Research Associate an der Harvard Law School, Cambridge, Mass., USA (1964 – 1966), Dozent für Bürgerliches Recht, Handelsrecht und Internationales Privatrecht an der Philipps-Universität Marburg (1972 – 1976), Stadtrat, dann hauptamtlicher Bürgermeister der Stadt Marburg (1976 – 1985) sowie Alleinvorstand der politikberatenden Stiftung Marktwirtschaft und Politik mit ihrem Beirat, dem Kronberger Kreis (1986 – 2001).
Seit 2002 Selbständiger Unternehmer-Berater mit den Schwerpunkten Mittelstandsfinanzierung und Humankapital. Begleitend hat er sich in der gezielten Förderung von Wissenschaft, ordnungspolitischen Bewusstsein und internationaler Zusammenarbeit engagiert, unter anderem als Geschäftsführer der Herbert-Quandt-Stiftung und Organisator der dortigen „Sinclair-Haus Gespräche" oder als Gründungsvorstand der transatlantischen Initiative Council on Public Policy. Er hat neben rechtswissenschaftlichen Monographien laufend veröffentlicht,

darunter mehrere hundert Beiträge zu wirtschafts-, wissenschafts- und gesellschaftsbezogenen Themen.

Daniel Dettling, Jurist und Politikwissenschaftler, ist Gründer und Vorsitzender von berlinpolis. Nach seinem Zivildienst in Israel studierte er Rechts-, Politik- und Verwaltungswissenschaften sowie Politische Ökonomie an den Universitäten Freiburg, Fribourg (CH) und Potsdam (2. Staatsexamen Jura.). Er ist Herausgeber der Edition Berliner Republik, Mitgründer der Deutschen Gesellschaft für Politikberatung (degepol) und Vorstandsmitglied des Club von Berlin. Zahlreiche Veröffentlichungen zu Fragen der Netzdemokratie, Sozial- und Wirtschaftspolitik und politischen Kommunikation. 2004 gründete er den „Innovationsrat der nächsten Generation". Letzte Veröffentlichung: „Marke D – Das Projekt der nächsten Generation" (Leske+Budrich 2003). Dettling gehört zu den 100 wichtigsten jungen Deutschen (NEON). e-Mail: daniel.dettling@berlinpolis.de

Birte Gall, Diplom-Regionalwissenschaftlerin Lateinamerika, studierte an den Universitäten Nürnberg und Köln und lebte mehrere Jahre in Kolumbien und den USA. Seit Februar 2004 leitet sie das International Exchange Program an der Bucerius Law School – Hochschule für Rechtswissenschaft – in Hamburg. (birte.gall@law-school.de)

Thomas Gawlitta (Diplom Ökonom) studierte Wirtschaftswissenschaften an den Universitäten Göttingen und Kassel sowie an der UCLA in Kalifornien, USA. Zunächst arbeitete er als Investment Manager bei dem Venture Capital Unternehmen Econa AG sowie als Gründungsmanager bei einem Berliner Medienunternehmen. Dann war er Gründer und Geschäftsführer des auf Mobile Commerce spezialisierten Unternehmens Akomo GmbH. Aktuell schreibt er an seiner Promotionsarbeit über Wissenstransfer im Rahmen von Unternehmensübernahmen. Er ist stell-vertretender Vorstandsvorsitzender von berlinpolis.

Tim Göbel. Jahrgang 1978, studierte Wirtschaftswissenschaften an der Universität Witten/Herdecke, an der EBS London sowie der Hong Kong University of Science & Technology. Praktische Erfahrung sammelte er vor allem in Unternehmen der Konsumgüterindustrie, in denen er sich mit Fragestellungen der Vereinbarkeit von Standardisierung und Differenzierung beschäftigte. Seit 2003 ist er als Assistent des Präsidenten verantwortlich für den Bereich Hochschulentwicklung der Zeppelin University in Friedrichshafen/Bodensee und befasst sich als wissenschaftlicher Mitarbeiter am Lehrstuhl für Strategische Organisation und Finanzierung (SOFI) vor allem mit den Veränderungen des deutschen Bildungsmarktes sowie Strategieentwicklung und organisationalen Moden.

Thomas Haberkamm, geb.1965, studierte Rechts- und Verwaltungswissenschaften an den Universitäten Bonn, Lausanne und Speyer. Während und nach seinem Studium arbeitete er für einige Bundestagsabgeordnete in Bonn, zuletzt als Büroleiter. Anschließend war er als Rechtsanwalt in Unternehmensberatungen in Bonn und Berlin tätig. Zuletzt hatte Thomas Haberkamm eine Stabsstelle bei Aventis Deutschland in Frankfurt a. M. inne. Seit August 2002 ist er Leiter Konzernpolitik der ALTANA AG mit Sitz in Berlin und seit April 2004 zudem Leiter des ALTANA Forums für Bildung und Wissenschaft.

PD Dr. phil. habil. Hans-Jörg Hennecke wurde 1971 in Zülpich geboren. Nach einem Studium der Politischen Wissenschaft, Mittelalterlichen und Neueren Geschichte sowie des Staatsrechts in Bonn und Wien wurde er 1999 an der Universität Bonn mit einer Biographie über den Wirtschaftsnobelpreisträger F.A. Hayek promoviert. Seit 1999 lehrt er als wissenschaftlicher Assistent am Institut für Politik- und Verwaltungswissenschaften der Universität Rostock, wo er sich 2003 habilitierte.
Publikationen (u.a.):
Friedrich August von Hayek. Die Tradition der Freiheit, Düsseldorf 2000. Parteien und Politik in Mecklenburg-Vorpommern, München 2000 (Hg. mit Nikolaus Werz) Die dritte Republik. Aufbruch und Ernüchterung, München 2003.

Prof. Dr. rer. pol. Stephan A. Jansen. Gründungspräsident und Geschäftsführer der Zeppelin University GmbH und Inhaber des Lehrstuhls für Strategische Organisation und Finanzierung (SOFI).
Nach der Lehre zum Bankkaufmann von 1993 bis 1997 Studium der Wirtschaftswissenschaft an der Universität Witten/Herdecke und der Tokio Keizai University als Stipendiat der Studienstiftung und des DAAD. 1998 bis 2003 Gründer und General Manager des „Institute for Mergers & Acquisitions (IMA)" an der Universität Witten/Herdecke. Forschungsaufenthalte: Das Jahr 1999 als Visiting Fellow an der Stanford University (Studie: High Tech-M&A) und 2000 bis 2001 als Visiting Professor an der Harvard Business School (Case: DaimlerChrysler Post Merger Integration). 2000 bis 2003 Geschäftsführender Gründungsgesellschafter der cosinex GmbH, eines der marktführenden Software- und Beratungshäuser für Electronic Government.
Zahlreiche Monografien u.a. Mergers & Acquisitions (Gabler, 4. Auflage), Electronic Government (Klett-Cotta), Management von Unternehmenszusammen-

schlüssen (Klett-Cotta), Internationales Fusionsmanagement (Schäffer-Poeschel), Oszillodox (Klett-Cotta, Wirtschaftsbuch des Jahres 2001).

Jeppe F. Jörgensen (geb 1973 in Hobro, Dänemark) M.A. Staatswissenschaft (Universität Aarhus, Dänemark), Dipl.-Sozialwissenschaften (Humboldt-Universität zu Berlin). Seit 2003 Promotionsstudium im Rahmen des „European Network of Socio-Economics and Statistics". Projektmitarbeiter beim Think Tank berlinpolis, assoziierter Mitarbeiter am Wissenschaftszentrum Berlin für Sozialforschung (WZB) sowie Lehrbeauftragter an der Humboldt-Universität zu Berlin und der Fachhochschule für Wirtschaft (FHW), Berlin.

Stefanie Killinger, Dipl.-Kffr., Studium der Betriebswirtschaftslehre an der Universität Augsburg. Von Mai 1994 bis September 1995 Unternehmensberaterin bei Bossard Consultants in München und Paris. Von Oktober 1995 bis Mai 1997 wissenschaftliche Mitarbeiterin am Lehrstuhl für Marketing an der European Business School, Schwerpunkte: Dienstleistungs- und Social Marketing. 1997 bis 2001 freiberuflich tätig u. a. für Reinhard Springer London, Who's Who Europa Magazin in Wiesbaden und Hamburg. Seit 2001 Leitung der Öffentlichkeitsarbeit an der Bucerius Law School in Hamburg.

Stefan Kooths studierte von 1988 bis 1993 Volkswirtschaftslehre an der Universität Münster und war von 1988 bis 1997 Stipendiat der Studienstiftung des deutschen Volkes; 1992 Deutsch-Österreichischer Hochschulsoftwarepreis für die CAL-Software MAKROMAT; 1998 Promotion bei Professor Gustav Dieckheuer über KI-Ansätze in der Konjunkturtheorie (ausgezeichnet mit dem Promotionspreis der Universität Münster), seitdem Arbeit an der Habilitationsschrift und -software auf dem Gebiet der Wettbewerbspolitik; 1999 und 2002 Finalteilnahme beim Multimedia Transfer und European Academic Software Award.
Während des Studiums studentische Hilfskraft- und Tutorentätigkeit an verschiedenen wirtschaftswissenschaftlichen Instituten, von 1993 bis 1998 Wissenschaftlicher Mitarbeiter am Institut für industriewirtschaftliche Forschung der Universität Münster; anschließend dort Hochschulassistent und seit August 2002 Geschäftsführer des Muenster Institute for Computational Economics (MICE); parallel dazu Lehrtätigkeit an der Fachhochschule Münster und der Business and Information Technology School (BiTS) in Iserlohn; Leitung verschiedener Drittmittelprojekte im Bereich Computergestützter Lehre für das Land Nordrhein-Westfalen und zum Softwaremarkt im Auftrag von Microsoft Deutschland.

Clifford Larsen, 1958 in New Orleans geboren, ist Professor für Rechtsvergleichung an der Washington and Lee University, Lexington, Virginia, USA. Professor Larsen erwarb sein B.A. an der Tulane University, New Orleans, sein M.A. an der Oxford University, England, und sein J.D. an der University of Virginia. Er war Rotary Ambassadorial Scholar an der Universität Hamburg und Cecil Rhodes Stipendiat an der Oxford University. Er hat u.a. an der Tulane University, University of San Diego, Université de Paris X (Nanterre) und University of California unterrichtet. 2002-2003 war er Commerzbank Visiting Professor of Law und Fulbright Senior Scholar an der Bucerius Hochschule für Rechtswissenschaft, Hamburg. Professor Larsen hat als Anwalt bei den internationalen Kanzleien White & Case (New York) und S.G. Archibald (Paris) gearbeitet. Er ist Mitglied der Anwaltskammer von New York und Louisiana und Avocat à la Cour de Paris. Professor Larsen forscht und lehrt u.a. über Bildungswesen, den Länderfinanzausgleich, Rentensysteme und Raumordnung, alles aus rechtsvergleichender Sicht. Mit seiner deutschen Frau und seinen zwei Kindern lebt er zeitweilig in Deutschland und den USA.

Dr. Alexandra Pirzer ist Sozialwissenschaftlerin mit besonderem Interesse an sozial- und arbeitsmarktpolitischen Fragestellungen. Nach einer Tätigkeit als wissenschaftliche Mitarbeiterin an der Professur für Sozialpolitik der wirtschafts- und sozialwissenschaftlichen Fakultät der Universität Erlangen-Nürnberg, ist sie als Referentin für Arbeitsmarkt und Soziales bei der Vereinigung der Bayerischen Wirtschaft in München tätig.

Dipl.-Hdl. Dr. rer. pol. Christof Prechtl, Jahrgang 1969; Studium der Wirtschaftspädagogik, Soziologie und Politikwissenschaft an der Wirtschafts- und Sozialwissenschaftlichen Fakultät der Universität Erlangen-Nürnberg; 1996 Promotion zum Dr. rer. pol.; seit 1996 Lehrbeauftragter der Universität Erlangen-Nürnberg; nach dem Referendariat von 1998 bis 2000 Studienrat z. A. an der staatlichen Berufs- und Wirtschaftsschule in Weiden i. d. Opf.; 2000 bis 2002 Referent in der Abteilung Bildungspolitik bei der Vereinigung der Bayerischen Wirtschaft (vbw) und dem Verband der Bayerischen Metall- und Elektro-Industrie (VBM) in München; 2002 Abteilungsleiter und 2004 Berufung zum Geschäftsführer der Verbände (vbw, VBM und BayME).

Michaela Riediger absolvierte den Diplomstudiengang Psychologie im Jahr 1997 an der Humboldt-Universität, Berlin und promovierte im Jahr 2001 an der Freien Universität Berlin. In ihrer Dissertation untersuchte sie den Einfluss von Zielkonflikt und Zielkonvergenz auf das Erleben und Verhalten jüngerer und älterer Erwachsener. Bis 2002 war sie als Postdoktorandin im Forschungsbereich Entwicklungspsychologie des Max-Planck-Instituts für Bildungsforschung unter der Leitung von Prof. Paul B. Baltes tätig. Seit 2003 arbeit sie dort als wissenschaftliche Mitarbeiterin. Ihre empirischen Arbeiten fokussieren primär auf die Untersuchung der Entwicklung und Funktion intentionaler und nicht-intentionaler motivationaler Prozesse im Lebensverlauf.

Dr. Philipp Schuller ist Director bei terrafirma GmbH einer Private-Equity-Gesellschaft in Frankfurt. Zuvor war er bei der Deutschen Bank als Assistent des Vorstandssprechers Dr. Rolf - E. Breuer und als Firmenkundenbetreuer in Berlin und Tokio tätig. Er war in Tokio Visiting Research Fellow am Institute for International Policy Studies sowie Berater des ehemaligen Premierministers Yasuhiro Nakasone. Die Dissertation an der Universität Oxford hatte politischen Reformen in Japan in der zweiten Hälfte des 20. Jahrhunderts zum Thema. Er hält einen B.A. in Geschichte und einen M.A. in East Asian Regional Studies der Harvard University. Gemeinsam mit Peer Ederer veröffentlichte er 1999 den Bestseller „Geschäftsbericht Deutschland AG", in welchem der Staat als Unternehmen betrachtet wird, und zusammen mit Peer Ederer und Stephan Willms gründete er 2000 den Think Tank „Deutschland Denken! e.V.

Dr. Sascha Spoun (geb. 1969) Nachwuchsdozent für Betriebswirtschaftslehre, leitet seit 1999 das Projekt der Neukonzeption der Lehre der Universität St. Gallen. Er ist programmverantwortlich für das Kontextstudium, Handlungskompetenz, und leitet das sich im Aufbau befindliche Center for Public Leadership (www.cpl.unisg.ch). Studium der Politik- und Wirtschaftswissenschaften in Ann Arbor (USA), Paris (HEC, Sciences Po) und in St. Gallen, wo er auch promovierte. Während der Studienzeit war er 2 Jahre Präsident der Studentenschaft der Universität St. Gallen. Seine jüngste Publikation zum Thema (als Herausgeber zusammen mit Werner Wunderlich): *Universität und Persönlichkeitsbildung. Konzepte - Kompetenzen - Konsequenzen.* Frankfurt a.M.: Campus 2005.

Prof. Dr. Thomas Straubhaar (Hamburgisches Welt-Wirtschafts-Archiv (HWWA) und Universität Hamburg) wurde am 2. August 1957 in Unterseen (Schweiz) geboren. Sein Studium der Volkswirtschaftslehre an der Universität Bern, mit den Nebenfächern Operations Research und Mathematik, schloss er 1981 mit dem Diplom (Lic.rer.pol.) ab. 1983 erfolgte die Promotion zum Dr.rer.pol. an der Universität Bern. 1985-86 folgte ein Forschungsaufenthalt an der University of California in Berkeley. Mit der Schrift „On the Economics of International Labor Migration" erwarb er 1987 seine Habilitation an der Universität Bern.
Er war 1989-90 Lehrbeauftragter im Aufbaustudium „Internationale Wirtschaftsbeziehungen" der Universität Konstanz und 1989-92 Lehrbeauftragter an der Universität Basel für „Ausgewählte Gebiete der Wirtschaftspolitik". 1991-92

war er für 2 Semester Vertreter des C4-Lehrstuhls für „Wirtschaftspolitik, insbesondere Wirtschaftspolitik der Entwicklungsländer" an der Universität Freiburg i.Br.
1992 wurde er zum ord. Universitätsprofessor (C4) für Volkswirtschaftslehre an die Universität der Bundeswehr Hamburg berufen. Zunächst als Programmleiter und später als Sprecher unterstützte er das Graduiertenkolleg „Integrationsforschung" der Universität Hamburg und der Universität der Bundeswehr Hamburg, das am Europa-Kolleg Hamburg durchgeführt wurde. 1998 wurde er dann Direktor des Instituts für Integrationsforschung des Europa-Kolleg Hamburg – eine Funktion, die er auch heute noch inne hat.
1999 wurde er zum Präsidenten des Hamburgischen Welt-Wirtschafts-Archivs (HWWA) berufen. Damit verbunden ist eine Universitätsprofessur (C4) für „Volkswirtschaftslehre, insbesondere Wirtschaftspolitik" der Universität Hamburg. 2001 wurde er zum Vorsitzenden der Arbeitsgemeinschaft Deutscher Wirtschaftswissenschaftlicher Forschungsinstitute e.V. (ARGE) gewählt.
Außerdem ist er ist kooptiertes Mitglied des Ausschusses für Bevölkerungsökonomie im Verein für Socialpolitik (seit 1991), kooptiertes Mitglied des Studienkreises Internationale Beziehungen (seit 1993), kooptiertes Mitglied des Ausschusses für Wirtschaftspolitik im Verein für Socialpolitik (seit 1994) und Vertrauensdozent der Friedrich-Naumann-Stiftung (seit 1994). Er schreibt regelmäßig für überregionale Tageszeitungen, Monatshefte und gibt Interviews in Presse, Hörfunk und Fernsehen.

Stephan Willms ist Managing Director der Internationalisierungsberatung e-nablers International Ltd. in Frankfurt. Er studierte Volkswirtschaftslehre an der Universität Complutense in Madrid und Betriebswirtschaftslehre an der Universität Bayreuth, wo er seinen Abschluss zum Diplomkaufmann machte. Als Bundesvorsitzender der internationalen Studentenorganisation AIESEC repräsentierte er die deutsche Organisation auf internationalen Veranstaltungen und koordinierte die Beziehungen mit anderen AIESEC-Ländern. Parallel zum Studium hat er in verschiedenen Ländern Lateinamerikas und Europas Organisations- und Investitionsprojekte durchgeführt

Über dieses Buch

Im Frühjahr 2004 hat berlinpolis zusammen mit der Vereinigung der Bayerischen Wirtschaft e.V. und unterstützt vom Verband der bayerischen Metall- und Elektro-Industrie e.V. das Projekt „Für ein attraktives und dynamisches Deutschland 2020" gestartet. Die überparteiliche und gemeinnützige Initiative richtet sich an Politik, Verbände und Unternehmen. In Gesprächen mit Spitzenpolitikern und Verbandsvertretern werden die wichtigsten Reformfelder diskutiert und Vorschläge für das Bildungssystem von morgen erarbeitet (www.berlinpolis.de/innovation). Das Projekt wird 2005 fortgesetzt und hat sein Ziel erreicht, wenn kein Kind in Deutschland die Schule ohne einen Abschluss verlässt.

Kontakt:

Daniel Dettling
Vorsitzender berlinpolis e.V.
Torstr. 98
10119 Berlin

Tel. 030-44047 805
Fax: 030-44047 806

www.berlinpolis.de

Neu im Programm
Politikwissenschaft

Martin Greiffenhagen,
Sylvia Greiffenhagen (Hrsg.)

Handwörterbuch zur politischen Kultur der Bundesrepublik Deutschland

2., völlig überarb. und akt. Aufl. 2002.
674 S. Geb. EUR 44,90
ISBN 3-531-13209-1

In diesem Handwörterbuch wird die Summe der politischen Kulturforschung in Deutschland vorgelegt. Die 115 Beiträge des Bandes erschließen vollständig das gesamte Fachgebiet. Dabei wurde für die völlig erneuerte 2. Auflage besonders die Entwicklung der politischen Kultur seit der deutschen Vereinigung berücksichtigt. Das Buch dient sowohl als Grundlage für Studium, Beruf und politische Bildung als auch als Lesebuch zu allen wichtigen Grundfragen unseres Gemeinwesens.

Thomas Leif, Rudolf Speth (Hrsg.)

Die stille Macht

Lobbyismus in Deutschland
2003. 385 S. Br. EUR 32,90
ISBN 3-531-14132-5

Lobbyisten scheuen das Licht der Öffentlichkeit, gewinnen in der Berliner Republik aber immer mehr an politischem Einfluss. In diesem Buch wird der Lobbyismus umfassend analysiert und der ständig wachsende Einflussbereich von Wirtschaft auf politische Entscheidungen neu vermessen. Die politische und wissenschaftliche Analyse zur aktuellen Entwicklung der politischen Lobbyarbeit wird durch neue Studien und zahlreiche Fallbeispiele ergänzt. Erstmals werden unbekannte Einflusszonen aufgedeckt, die wichtigsten Akteure und ihre Machttechniken beschrieben.

Jürgen Hartmann

Das politische System der Bundesrepublik Deutschland im Kontext

Eine Einführung
2004. 311 S. Br. EUR 21,90
ISBN 3-531-14113-9

Diese Einführung in das politische System der Bundesrepublik schildert den Parlamentarismus, den Bundesstaat, die Parteien, die Gesetzgebung und die politische Verwaltung, die Praxis der Koalitionsregierung und das Verfassungsgericht. Das Buch wählt eine vergleichende Perspektive, um diese tragenden Strukturen des politischen Systems zu beleuchten.

Erhältlich im Buchhandel oder beim Verlag.
Änderungen vorbehalten. Stand: Juli 2004.

www.vs-verlag.de

VS VERLAG FÜR SOZIALWISSENSCHAFTEN

Abraham-Lincoln-Straße 46
65189 Wiesbaden
Tel. 0611.7878-722
Fax 0611.7878-400

Neu im Programm
Politikwissenschaft

Andreas Kost,
Hans-Georg Wehling (Hrsg.)

Kommunalpolitik in den deutschen Ländern

Eine Einführung
2003. 356 S. Br. EUR 29,90
ISBN 3-531-13651-8

Dieser Band behandelt systematisch die Kommunalpolitik und -verfassung in allen deutschen Bundesländern. Neben den Einzeldarstellungen zu den Ländern werden auch allgemeine Aspekte wie kommunale Finanzen in Deutschland, Formen direkter Demokratie und die Kommunalpolitik im politischen System der Bundesrepublik Deutschland behandelt. Damit ist der Band ein unentbehrliches Hilfsmittel für Studium, Beruf und politische Bildung.

Franz Walter

Abschied von der Toskana

Die SPD in der Ära Schröder
2004. 186 S. Br. EUR 19,90
ISBN 3-531-14268-2

Seit 1998 regiert die SPD. Aber einen kraftvollen oder gar stolzen Eindruck machen die Sozialdemokraten nicht. Die Partei wirkt vielmehr verwirrt, oft ratlos, auch ermattet und erschöpft.

Sie verliert massenhaft Wähler und Mitglieder. Vor allem die früheren Kernschichten wenden sich ab. Auch haben die überlieferten Leitbilder keine orientierende Funktion mehr. Führungsnachwuchs ist rar geworden. Was erleben wir also derzeit? Die ganz triviale Depression einer Partei in der Regierung? Oder vielleicht doch die erste Implosion einer Volkspartei in Deutschland? Das ist das Thema dieses Essaybandes.

Antonia Gohr,
Martin Seeleib-Kaiser (Hrsg.)

Sozial- und Wirtschaftspolitik unter Rot-Grün

2003. 361 S. Br. EUR 34,90
ISBN 3-531-14064-7

Dieser Sammelband legt eine empirische Bestandsaufnahme der Wirtschafts- und Sozialpolitik nach fünfjähriger rot-grüner Regierungszeit vor. Gefragt wird nach Kontinuität und Wandel in Programmatik und umgesetzten Maßnahmen in der Sozial- und Wirtschaftspolitik von Rot-Grün im Vergleich zur Regierung Kohl.

Erhältlich im Buchhandel oder beim Verlag.
Änderungen vorbehalten. Stand: Juli 2004.

www.vs-verlag.de

VS VERLAG FÜR SOZIALWISSENSCHAFTEN

Abraham-Lincoln-Straße 46
65189 Wiesbaden
Tel. 0611.7878-722
Fax 0611.7878-400

MIX
Papier aus verantwortungsvollen Quellen
Paper from responsible sources
FSC® C105338

If you have any concerns about our products,
you can contact us on
ProductSafety@springernature.com

In case Publisher is established outside the EU,
the EU authorized representative is:
Springer Nature Customer Service Center GmbH
Europaplatz 3, 69115 Heidelberg, Germany

Printed by Libri Plureos GmbH
in Hamburg, Germany